普通高等教育"十一五"国家级规划教材
职业高等教育工程造价(经济)专业系列教材

工程经济学

(第四版)

主编 时 思

科学出版社
北 京

内 容 简 介

本书坚持立德树人、德技并修的根本要求，坚持“四个自信”，坚持类型教育的基本定位。深入挖掘提炼本课程蕴含的思政要素，将“培养什么人”“教什么”的根本问题与课程体系改革建设、“三教”改革有机结合起来，创新课程思政的教学设计思路。通过课程教学培养学生复杂工程的“经济性评价与选择”的综合职业能力，弘扬工匠精神。

本书系统地介绍了工程经济学的基本原理、基本知识、经济分析方法及其在工程中的应用，列举了大量工程设计、施工及建设项目评价和运营中的经济分析案例，将社会进步、经济发展、技术创新等新内容与思维方式的变化融入教材，注重学生综合职业能力提升。在每章末均附思考题、习题及习题参考答案、解题要点。各主要章节后还配有一套模拟自测题及答案，以便学生掌握和巩固所学内容。

为贯彻落实《国家职业教育改革实施方案》的要求和贯彻全国职业教育大会的精神，革新教学方法，教材第 9 章针对执业标准和工作过程，以任务引领、行动导向设计了四个学习实训情境；编写了一套综合模拟试题、一套硕士学位研究生入学考试试题，同时配备了完整的评分标准及参考答案。

本书可作为高等职业教育工程造价、建筑工程管理、建筑经济管理、建筑工程技术、工程监理等工程管理类、土建施工类和房地产类相关专业的教材，也可作为相关工程技术人员执业资格考试参考用书。

图书在版编目(CIP)数据

工程经济学/时思主编．—4 版．—北京：科学出版社，2022.6

(普通高等教育“十一五”国家级规划教材・职业高等教育工程造价（经济）专业系列教材)

ISBN 978-7-03-067792-1

Ⅰ.①工…　Ⅱ.①时…　Ⅲ.①工程经济学-高等职业教育-教材

Ⅳ.①F062.4

中国版本图书馆 CIP 数据核字(2020)第 270350 号

责任编辑：万瑞达/责任校对：王万红

责任印制：吕春珉/封面设计：曹　来

科学出版社 出版

北京东黄城根北街 16 号

邮政编码：100717

http://www.sciencep.com

三河市骏杰印刷有限公司印刷

科学出版社发行　各地新华书店经销

*

2004 年 7 月第一版　2024 年 1 月第三十六次印刷

2011 年 2 月第二版　开本：787×1092　1/16

2016 年 1 月第三版　印张：17

2022 年 4 月第四版　字数：408 000

定价：56.00 元

（如有印装质量问题，我社负责调换〈骏杰〉）

销售部电话 010-62136230　编辑部电话 010-62130874（VA03）

第四版前言

“工程经济学”是高职土木建筑类相关专业一门综合性、理论性及实践性均较强的专业基础课程，是注册造价师、注册建造师等执业资格考试的主要内容之一。

本书自2004年出版以来受到各大院校师生的好评，目前已重印了三十余次。本书2006年被教育部评为普通高等教育“十一五”国家级规划教材；2009年本书荣获中国科学院教材建设专家委员会土建大类优秀教材（部级）一等奖。

“（冶金）建筑工程技术专业及其专业群建设”是昆明冶金高等专科学校第三批“国家示范性高等职业院校建设”项目的子项目之一。2009年编者带着“工程经济学”课程建设及教材建设任务赴德国进行为期一个半月的学习，回国后又代表本期出国学习人员在教育部做了学习成果汇报。2011～2013年昆明冶金高等专科学校工程造价专业及其专业群作为“中央财政支持高等职业学校提升专业服务产业能力建设项目”进行了全面建设，建设后工程造价专业课程体系更加科学合理。在项目建设期间编者对“工程经济学”课程进行了全面建设，同时对本书进行了修订，突出接近实际工作过程的实训实践。本书于2012年11月荣获昆明冶金高等专科学校高等教育校级教学成果一等奖；2013年10月“提升专业服务产业能力建设项目”通过教育部财政部的验收，并作为唯一代表云南省专业建设成果汇报项目参加了教育部优秀教学成果展。

本书第四版按照《国家职业教育改革实施方案》《职业教育提质培优行动计划（2020—2023年）》《深化新时代教育评价改革总体方案》等文件的有关精神，提出和设计了“课程思政”的教学要求，如中国式PPP模式是党中央、国务院作出的一项重大决策部署，制度自信、理论自信来自党中央对重大现实问题的科学应对。首先，通过对这一典型思政要素的提炼分析归纳，展现了中国特色社会主义制度的本质特征和治理体系具有强大生命力和巨大优越性，为当代中国发展进步提供了根本制度保障，是我们坚定制度自信和理论自信的最好诠释。其次，强化类型定位，实施“三教改革”。打破学科体系的束缚，坚持面向能力、强化实践，面向人人、有教无类，加强与生产生活的联系，让学生在“做中学、学中做、边做边学、边学边做”。第9章设计了4个以工作过程为导向，任务驱动形式的“课程实践与应用项目”教学情境，解决教学系统中“谁来教、教什么、如何教”的问题，让教学过程变得轻松；从第2章开始，教师引导学生分小组面向市场与社会分阶段实施完成以上项目，通过答辩取得小组成绩。最后，在教学内容上针对岗位对复合型、创新型高素质技术技能人才的要求，对接职业标准和工作过程。在考核评价上，突出学生是学习的主体，注重过程考核，由单一因素向多维因素评价转变（全过程学习与实践、沟通、交流、情感、心智、激发学习动力等）。在认知规律上，让学生动手做，遵循从简单到复杂、从单一到综合的学习认知规律，设计了一套理论与实训结合的教学模式和参考样题。在教学方式上，关注点由教转向学，如何学决定怎么教，创新教学方法，实施跨界教育。

通过“课程实践与应用项目”的教学，融“教、学、做”于课内、课外，把培养劳动精神、工匠精神融入课堂教学、技能培养、实践实训等环节，与课程思政有机衔接，引导学生刻苦学习。本书所设的教学情境符合认知规律，案例典型、重点突出、学训交融，有利于激发学生的学习兴趣和创新激情。这种资讯、计划、决策、实施、检查、评价的教学模式又促使学生进行独立思考、查阅资料、接触岗位、情景模拟，训练了沟通能力，提升了能力与素质。为方便组织教学，教师在教学中可参考样题，与教学进程同步选择相应的实训情境，即第2～5章分别对应完成相应的实训任务9.2.1～9.2.4。

本课程建议教学学时数为45～60学时。对于要求30学时左右的某些专业可重点讲授前4章的理论部分和相关章节，以便掌握本学科的基本理论和基本方法，这样，学生完成“课程实践与应用项目”中的第1项和第2项即可。

本书由昆明冶金高等专科学校时思进行统一修改、定稿。

本书在修订过程中参阅了大量的文献资料，在此谨向相关作者表示衷心感谢。借此机会，向所有使用本书进行教学的老师和同学表示诚挚的感谢。

由于作者水平有限，书中出现的疏漏之处，敬请读者批评指正。

第一版前言

本书主要针对工程造价（经济）等专业的工程技术经济课程的基本要求，结合高职高专教学改革的成果及经验而编写。其目的是为工程造价（经济）专业的主干专业技术基础课程“工程经济学”提供一部从高职高专的培养目标出发，适应教学需要，既能反映现代工程项目建设和管理的发展方向和要求，又能突出、强化学生应用能力和动手能力的具有针对性的教材，使学生掌握工程经济学的基本原理和常用分析方法，初步具备从事建设项目可行性研究及分析评估的技能和基础。

本书在结构编排和内容取舍上突出了以下特点：

1）全程性。21 世纪的工程建设项目管理是投资者从决策开始到项目建成后运营的全过程的管理，本书力求为学生提供一种完整的工程建设的概念和认识。

2）系统性。本教材弥补了高职高专工程造价（经济）专业系统教材中各教材之间内容重复多、知识陈旧、不便教学的缺陷。本书内容顺序合理，思路清晰，概念准确，章节结构紧凑，重点突出，信息量大，配套性好，前后呼应，是一个完整的知识体系。

3）可操作性。工程经济学是一门应用性很强的学科，本书从这一目标出发，在内容和实例分析方面，注重与工程实际相结合，以提高学生的工程实际应用能力为主线，重视培养学生的工程能力素质和动手能力。编者将多年的教学和科研成果融入了教材，吸收并反映了国内外的先进成果、先进经验和先进思想，体现“讲”“练”结合的理念。书中列举的大量工程实例，力求体现我国在工程项目建设和工程经济评价中的现实做法，具有较强的实用性、可读性和可操作性。同时，从教学考虑，教师可根据学时多少和培养目标要求取舍相关内容。

4）新颖性。教材补充了以往此类教材较少涉及的项目融资分析、建设项目的社会评价等内容，并以经常评价案例自成一章，体现了工程建设项目现实发展的方向和实际做法。

本书具体编写分工如下：时思撰写第一、三、四章，郝家龙撰写第二、七章，孙凤艳撰写第五章，蒋军虎撰写第六章，王佳宁撰写第八、九章。全书由时思统一定稿和撰写各章提要。昆明理工大学侯开虎教授、杜葵教授担任主审。

如采用本书作为教材，建议教学时数为 45～60 学时。对于本课程教学时数为 30 学时左右的某些专业，可重点讲授前三章的原理部分和相关章节，以使学生掌握本学科的基本理论和基本方法。

本书在撰写过程中参阅了大量的文献资料，在此谨向它们的作者表示衷心的感谢。

由于作者水平有限，书中难免出现疏漏之处，敬请读者批评指正。

目　录

第1章 工程经济学的研究对象和特点

本章介绍工程经济学的性质、研究对象和特点，指出工程经济学是研究工程技术领域的经济问题、研究技术进步与经济增长之间的相互关系及规律的一门边缘学科。它从项目的经济性角度出发，通过分析、计算、对比和评价寻找工程技术与经济的最佳结合，为项目的投资决策提供科学依据。通过本章内容的学习，应理解“工程经济学”课程的基本任务和基本内容，理解工程技术与经济的相互作用和关系，了解工程经济分析的一般过程及对工程师的基本要求，熟悉工程经济学的发展。

1.1 工程技术与经济

1.1.1 工程经济学的概念

现代科学技术的发展有两个特点：一是向纵深发展，形成许多分支学科；二是向广度发展，形成许多边缘学科。工程经济学（engineering economics）也称技术经济学（technical economics），是介于自然科学和社会科学之间、工程技术学科与经济学科之间的边缘科学，是应用经济学的一个分支。它是根据现代科学技术和社会经济发展的需要，从经济角度解决技术方案的选择问题，这是工程经济学区别于其他经济学的显著标志。因此，工程经济学是一门应用经济学的基本原理，研究工程技术领域经济问题和经济规律，研究如何对项目进行经济分析与评价，研究工程领域内资源的最佳配置，为正确的投资决策提供科学依据的应用性经济学科。在这门学科中，工程技术是基础，经济则处于支配地位。

1.1.2 工程技术与经济的关系

1. 工程技术的概念

这里的工程技术是广义的，是指把科学知识、技术能力和物质手段等要素结合起来所形成的一个能够利用和改造自然的运动系统。它不仅包含劳动者的技艺，还包括部分取代这些技艺的各种生产工具、装备等手段。因此，工程技术是包括劳动工具、劳动对象等一切劳动的物质手段（硬技术）和体现为工艺、方法、程序、信息、经验、技巧和管理能力的非物质手段（软技术）。从另一个角度来分，又可将技术分为自然技术和社会技术。自然技术是根据生产实践和自然科学原理发展形成的各种工艺操作方法、技能和相应的生产工具及其他物质装备。社会技术是指组织生产及流通等的技术。

综上所述，工程技术是实现投资目标的系统的物质形态技术、社会形态技术和组织形态技术等，这里不仅包括相应的生产工具和物资设备，还包括生产的工艺过程或作业程序及方法，以及在劳动生产方面的经验、知识、能力和技巧。

2. 经济的概念

工程经济学中的“经济”主要是指在项目的寿命周期内为实现投资目标或获得单位效用而对投入资源的节约。

在生产实践中，人们越来越体会到工程经济的重要性。因为很多重大工程技术的失误不是由于科学技术上的原因，而是经济分析上的失算，如英法两国联合试制的“协和号”超音速客机在技术上完全达到了原来的设计要求，是世界上最先进的客机，但是由于其耗油量太多，噪声太大，尽管速度快，却不能吸引足够的客商，由此蒙受了极大的经济损失。这是国际上公认的重大工程技术失误的一个案例。因此，一个良好的工程师不仅要对他所提出的方案的技术可能性负责，也必须对其经济合理性负责。

3. 工程技术和经济的关系

工程技术的实践活动常常要面临两个彼此相关且重要的环境，一个是技术环境，另一个是经济环境。技术和经济在人类进行物质生产、交换活动中始终并存，它们相互依存，协调发展，是不可分割的两个方面，两者相互促进又相互制约。技术具有强烈的应用性和明显的经济目的性，没有应用价值和经济效益的技术是没有生命力的；而经济的发展必须依赖于一定的技术手段，世界上不存在没有技术基础的经济发展，同时，任何新技术的产生与应用都需要经济的支持，受到经济的制约。技术与经济的这种特性使得它们之间有着紧密而不可分割的联系。

综观世界各国，凡是科技领先的国家和产品科技含量高的企业，无一不对研发进行高投入。美国、日本、德国、英国、法国等国家的研究与开发费用在20世纪80年代就已占国民生产总值的2.3%～2.8%，而大部分发展中国家由于经济的制约只能在1%以下。对企业来说，重大的技术革新需要大量的投资，具有很高的风险。据统计，美国基础研究的成功率为5%左右，技术开发的成功率为50%左右，一旦研究开发失败，经济上要承受巨大的损失。因此，没有雄厚经济实力的企业是难以支撑新技术的研究与开发的。

与此同时，技术的突破又会对经济产生巨大的推动作用。综观世界经济发展史与技术发展史，无论从世界层面上还是从国家层面上都可以清晰地看到这一点。从世界层面上，科技革命导致了产业革命，产业革命引起的经济高涨又对新技术提出了更高的需求，提供了更好的经济支持，从而引发了新一轮的技术革命。每一轮的技术革命都引发了新兴产业的形成与发展，世界经济就在这种周而复始的运动中得到高涨、繁荣与发展。从国家、企业的层面上，一个国家、一个企业的兴衰从根本上是由技术创新及其有效性决定的。

综观国家与企业的兴衰交替，可以得出一个明确的结论：一方面，科学技术是第一生产力，发展经济必须依靠一定的技术；另一方面，技术的进步要受到经济条件的制约。技术与经济这种相互促进、相互制约的关系，使任何技术的发展和应用都不仅是一个技术问题，也是一个经济问题。

技术革命与经济高涨交替作用，周而复始，将人类带到一个高科技、高经济增长、高生活质量的富裕盛世。

1.2　工程经济学的研究对象和特点

1.2.1　工程经济学的研究对象

20 世纪初，纽约电话公司总工程师卡尔迪（John J. Carty）在审查提交给他的许多工程建议书时，总是要问下面三个问题：

第一，究竟为什么要干这个工程？

第二，为什么要现在干这个工程？

第三，为什么要以这种方式干这个工程？

第一个问题可以延伸为：是否可以执行另一个新的工程建设方案？现在项目是否应当扩大、缩小或报废？现行标准和生产流程是否要加以修改？第二个问题可以延伸为：现在是按超过要求的更高生产能力来建设，还是仅用足够的生产能力来及时满足预期的需要？投资的费用及其他条件是否利于现在这个工程？第三个问题可以延伸为：有没有其他可行的方式？这些方式中哪种更经济？

他所提到的问题是人们在工程技术活动中常遇到的一些问题。工程经济学研究的对象就是解决这类问题的方案和途径，即如何对这类问题进行经济分析和评价。传统工程经济学面对的主要是上述微观技术经济问题，而现代工程经济学面对的问题则越来越广泛，从微观的技术经济问题延伸到宏观的技术经济问题，如能源问题、环境问题、疫情防治问题、网络安全问题、国家的经济制度与政策问题等。

工程经济学研究的对象主要有三个方面。

（1）研究技术方案的经济效果，寻找具有最佳经济效果的方案

经济效果是指实现技术方案的产出与投入比。产出是指技术方案实施后的一切效果；投入是指各种资源的消耗和占用。研究技术方案的经济效果往往是在技术方案实施前，通过对各种可能方案的分析、比较、完善，选择出经济上最佳的技术方案，保证决策的科学性，以减少失误。这是关系到有限资源最佳利用的大事，关系到国家和企业竞争力强弱的重大问题。

（2）研究技术与经济相互促进与协调发展的问题

如前所述，技术与经济是相互促进、相互制约的。技术与经济的协调发展包含着两层含义：其一是技术选择要视经济实力而行，不能脱离实际；其二是协调的目的是发展，发展是中心问题，要创造条件去争取可能条件下的发展速度。

以发展为中心，在发展中协调，在协调中发展，这种动态的概念又是一个重要的

观点。讲发展就要有超前意识，要抓住关键领域、关键部门、关键产品、关键技术的超前发展，从而带动其他领域、部门、产品、技术的协调发展。但超前意识也绝不是越先进越好，而是在量力而行的前提下有所为有所不为。

处理技术与经济的协调发展的核心问题是技术选择问题。从国家层面上要研究在一定的发展阶段内各产业和经济部门的技术政策、技术路线，要明确鼓励什么、限制什么、淘汰什么；从企业层面上要研究技术路线选择、设备选择、加工工艺选择、运输方式选择、"三废"处理技术选择等，这些直接关系到企业的竞争力。

技术政策和技术路线是带有全局性的技术选择问题，关系到全局性的投入产出和技术进步问题，关系到环境保护、低碳经济和可持续发展问题。国家的技术政策、技术路线是企业技术选择的根据，企业的技术选择又是国家技术路线执行的保证。国家明令禁止和淘汰的技术、装备，企业不管有什么理由也要服从大局。例如，国家淘汰落后产能就是为了执行国家的技术政策和环保政策，发展低碳经济。

（3）研究技术创新，推动技术进步，促进经济增长

科学技术是第一生产力，技术创新是促进经济增长的根本动力，是转变经济增长方式的唯一途径。技术创新的这种特殊地位决定了它是工程经济学的重要研究对象。国内外经济发展的历史证明了技术创新是实现经济增长方式转变的突破口，是获得高质量经济增长的唯一途径。

自从1912年美籍奥地利经济学家约瑟夫·阿罗斯·熊彼得（J. A. Joseph Alois Schumpeter）在其著作《经济发展理论》中提出"创新"的概念和理论后，创新理论一直是经济学家们研究的重要内容，技术创新也成为世界性的热门研究课题以及推动经济发展、体现国家核心竞争力的关键。技术创新包括新产品的生产、新技术在生产过程中的应用、原材料新的供应来源的开辟、新市场的开辟和企业新组织的实现。技术创新从本质上说是一个经济概念，它与技术开发不同，后者是一个技术概念。技术创新作为一种"创造性的破坏"，实现了生产要素和生产条件的新组合，强调的是新的技术成果在商业上的第一次运用（追求潜在超额利润的实现），强调的是技术对经济增长的作用。

创新是国家兴旺发达和企业发展的不竭动力。我国把建立国家创新体系和技术创新机制作为建立社会主义市场经济体制的一个重要目标，把建立健全企业的技术创新体系作为建立现代企业制度的重要内容。改革开放以来，我国经济的迅速增长，主要得益于技术创新，其中小部分得益于高新技术的引进，大部分得益于高、中、低技术的模仿扩散。

1.2.2 工程经济学的特点

工程经济学与其他学科相比具有以下特点。

（1）立体性

从自身的内容构成上说，工程经济学是由工程技术学科、经济社会学科以及管理学科互相交叉结合而形成的综合性边缘学科，是一门学科采用另一门学科的理论和方法"整合"而成的新学科，因此它具有边缘学科的特点。但工程经济学又不同于上述

任何一门学科，从研究的范围来讲，工程经济学的研究涵盖了工程经济活动中的所有领域和各个阶段；从研究的方法来看，系统观点和系统分析方法是工程经济研究中非常重要的观点和方法。

（2）实用性

工程经济学之所以具有强大的生命力，就在于它非常实用。工程经济学研究的课题、分析的方案都来源于生产实际和工程建设项目，并紧密结合生产技术和经济活动进行，而它的分析和研究成果又都直接用于指导生产建设实践。

（3）预测性

工程经济分析活动大多在事件发生之前进行，对将要实施的技术政策、措施、方案进行预先的分析、评价、选优，因此首先要进行技术经济预测。通过预测，使技术方案更接近实际，避免盲目性，减少决策的失误。

工程经济的预测性主要有两个特点：

1）尽可能准确地预见某一经济事件的发展趋向和前景，充分掌握各种必要的信息资料，尽量避免决策失误造成的经济损失。

2）预见性包含一定的假设和近似性，它只要求某项工程或某一方案的分析结果尽可能地接近实际，而不要求其绝对准确。

（4）定量性

工程经济学的研究方法是定量计算与定性分析相结合，以定量分析为主。即使有些因素难以定量，也要予以量化估计。

（5）比较性

世界上万物只有通过比较才能辨别孰优孰劣。工程经济分析通过经济效果的比较，从众多可行的技术方案中选择满意的可行方案。

1.3　工程经济分析的一般过程及对工程师的基本要求

1.3.1　工程经济分析的一般过程

工程经济分析的基本程序如图1.1所示。

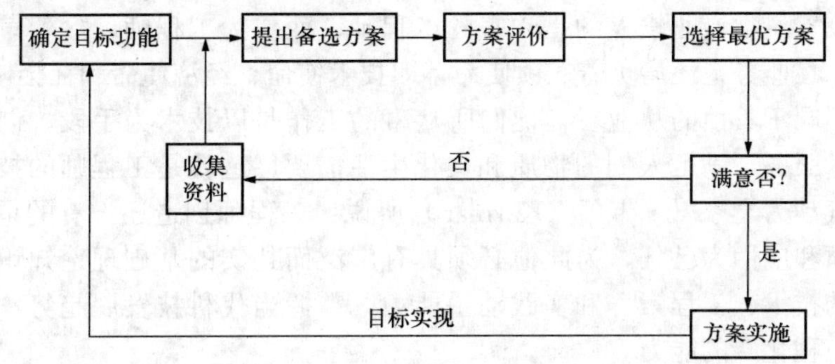

图1.1　工程经济分析的基本程序

第一，确定目标功能，这是建立方案的基础。如果我们预计缺 30 万千瓦电力，那么我们就要建立一个方案来满足 30 万千瓦电力的需要。如果我们是为了解决甲乙两地之间每年 1000 万人次和每年 1000 万吨货物的交通运输问题，那么我们要提出的方案可以是通过铁路也可以是通过公路，可以是通过水运也可以是通过航空，可以是单一方案也可以是复合方案，但都必须能解决这样的运输量。当然，有时方案也可以没有特定社会功能，只有经济功能。例如，某公司现有 3 亿元资金寻找投资方向，其目的只有一个：取得较好的投资回报率。

第二，提出备选方案。通常为了达到一定的目标功能，必须提出很多方案，如为了解决能源问题可以建火电厂、核电厂或水电站，而建核电站又有许多方案可供选择，如采用重水式的、轻水式的……，寻找备选方案，实际上是一项创新活动。人们要求决策者能针对某一特定的问题尽量考虑到各种可能方案，提出“最优”的解决方法，因此决策者必须创新。在实际工作中不可能列出所有可能方案，但绝不能漏掉有可能是最好的方案。方案要尽可能考虑得多，但正式列出的方案要少而精。

第三，评价方案。列出的方案要经过系统的评价。评价的依据是国家的政策法令和反映决策者意愿的指标体系。通过系统评价淘汰不可行方案，保留可行方案。比如产品要符合国家的产业政策、质量标准，出口的产品要符合进口国的标准等。

第四，选择最优方案。决策的核心问题就是对不同方案的经济效果进行衡量和比较，从中选择效果最好的最优方案。

为了运用好工程经济学的基本理论和方法，必须树立系统的观念和动态的观念。动态的观念是用发展的眼光去建立方案，评价方案。方案所处的环境是变化的，因此要用发展的眼光预测未来的效果。项目越大，周期越长，变动的可能性也越大。如果没有一套正确的预测方法和恰当的指标设置，事前的评价与实施后的效果会有很大的出入，甚至完全相反。

系统方法与动态方法要求决策者具有较广博的知识和较丰富的经验，同时也要求评价组必须由各方面的专家组成，包括市场营销专家、技术专家、财务专家、法律专家等。

1.3.2 工程经济分析对工程师的基本要求

高等院校工科类专业培养的是未来的工程师，而作为工程师，除了肩负着崇高的政治使命外，在业务上还肩负着三项使命，即技术使命、经济使命和社会使命。

工程师不同于其他的从业者，他们所从事的工作是以技术为手段，创造和提供工程产品或技术服务，满足人们的物质和文化生活需要，这就是工程师的技术使命。正如著名的空气动力学家冯·卡门（Karman）所说：工程师创造还没有的世界。工程师以发明、革新和应用为己任，为此他必须具有广泛而扎实的基础理论知识，具备本门类工程领域的技术、工程素养和实践动手能力，掌握当代科技发展趋势，具有将科技创新成果“工程化”的能力。

技术作为人类发展生产力的强有力的手段，具有十分明显和突出的经济目的，工程师的每项成果都涉及经济问题。举例来说，设计一幢大楼必须要考虑墙面隔热问题，这对能源的节约有很大影响。从技术上讲，隔热问题很容易解决，除了选用隔热性能优良的材料外还可以加厚墙体，但这样就要增加基本建设费用，否则又要增加能源的损耗，这之间就有一个经济性评价和方案的选择问题。科学管理之父泰勒（Frederick Winslow Taylor）曾经说过一句名言："工程师的职责是以一元钱完成别人必须用两元钱方能完成的工作。"而今，工程师不仅要提出新颖的技术发明，还要能够对其实施的结果进行熟练的财务评价。

此外，现代工程技术与人类社会的关系十分密切，与人类的生存环境、文化发展休戚相关。20 世纪是人类历史上科技发展最迅速、物质文明较发达的时代，但也是人类生态环境破坏最严重的时代。21 世纪的工程师除了要为人类提供价廉物美的产品和服务外，还必须做到环境保护和资源利用的和谐统一，走低碳经济及可持续发展的道路。所谓可持续发展，就是要处理好发展与保护的关系，没有发展的保护是没有意义的，没有保护的发展也是不能持续的。1987 年，环境与开发世界委员会发表的报告书《我们共同的未来》中把"开发、发展"定义为人类"从周围环境获得的最大利益"，把"保护"定义为"人类子孙后代从周围环境获得的最大利益"，从而使开发、发展和保护从人与自然的协调关系上统一了起来。工程师必须要树立这样的观点：地球只有一个，它属于全人类。

综上，工程经济学是一门为工程师准备和创立的经济学。工科学生学习工程经济学的目的是掌握技术方案经济分析与评价的方法、环境保护的经济评价和技术创新的理论等，并树立经济意识、可持续发展意识和技术创新意识。

思 考 题

1. 工程经济学的概念是什么？
2. 为什么在工程实践活动中要讲求经济效果？
3. 试述工程技术与经济的内涵及相互关系。
4. 简述工程经济学研究的对象和范围。
5. 工程经济分析的一般过程是什么？
6. 一个合格工程师的基本要求是什么？
7. 什么是开发、发展和保护？如何保持它们之间的协调关系？
8. 为什么要学习工程经济学？

第2章

资金等值计算与融资分析

在工程项目的研究与论证中，资金的时间价值是不可或缺的重要因素。工程经济学要解决工程建设项目方案的决策问题，而资金时间价值理论及计算方法则是工程经济学的理论基础和重要的经济分析工具。在进行项目经济分析时，要估算确定建设项目的现金流量，并依据我国现行的计息制度和资金等值原理熟练、准确地进行资金的等值计算和比较。本章主要介绍资金时间价值的定义、资金等值计算的原理、现金流量及现金流量图、各种利率的概念及计算等。

2.1 资金等值原理

任何工程项目的建设与运行及其技术方案的实施都有一个时间上的延续过程，对于投资主体来讲，资金的投入与收益的获取往往构成一个在时间上有先后的现金流量序列。简单的静态经济评价并不能对工程项目的经济效益作出准确的评价，因为资金是有时间价值的，不仅不同时点的等同额度的资金和相同时点的不同额度的资金价值不相等，即使相同时点、相同额度的资金价值也不一定相等。例如，现在的10 000元与一年后的10 000元在价值上是不等同的，因为如果不考虑通货膨胀和风险因素，设年利率为2%，以单利计算，现在的10 000元要等于一年后的10 200元，这多出来的200元就是10 000元钱一年的时间价值。因此，客观地评价一个工程项目的经济效果，必须考虑资金的时间价值。

2.1.1 资金时间价值的概念

1. 资金时间价值的定义

资金的时间价值也称为货币的时间价值，是指一定量的货币作为社会资本在生产与流通领域经过一定的时间之后就会带来利润，使自身得到增值的性质。这种增值并不意味着货币本身能够增值，而是指资金代表一定的物化产物，在生产和流通中与劳动相结合，产生的价值的增加。因此，可将资金的时间价值定义为资金在生产和流通过程中随着时间推移而产生的增值。实质上，资金的时间价值就是其纯收益或利息。

资本具有净生产率，即一定量的资本在一定的时期用于投资项目（或存入银行）会带来收益，资本净收益（ΔCAP）与资本量（CAP）之比称为资本的净生产率，即 $r=(\Delta CAP/CAP)\times 100\%$，也就是资金的时间价值率。应当注意的是，资金或货币的时间价值实质上是人们对于以货币表现的资本或资金与其带来的价值增值之间一种量的关系的认识。承认这种关系并不意味着承认时间价值是由货币本身创造的，因为资金的时间价值是由社会劳动创造的。

2. 资金时间价值的度量

资金的时间价值可表示为一定量的资金在一定时间内所带来的利息和收益，它们都可以作为使用资金的报酬。利率与收益率就是资金的价格。资金的时间价值具有两种表现形式，即利息和收益或利率与收益率。利息和收益是衡量资金价值的绝对尺度，利率与收益率则是相对尺度。在工程经济分析中，利息与收益是不同的概念，一般把银行存款获得的资金增值称为利息，把资金用于投资所得的资金增值称为收益。所以，研究某项工程投资的经济效益时经常使用收益或收益率这样的概念，在计算分析资金信贷时则使用利息与利率的概念。显然，这两种概念是因资金用途不同而产生了内涵上的差别。

3. 资金时间价值的决定因素

衡量资金时间价值的尺度就是一定量的资金在一定时间内所带来的利息和收益。一般情况下我们以银行利率表示资金的价格。决定资金时间价值的因素也就是影响利率的因素，主要有以下几个。

(1) 社会平均利润率

通常，利率水平的主要参照物是社会平均利润率。因此，社会平均利润率将直接影响资金的时间价值。

(2) 信贷资金的供求状况

这里包含两个方面的含义，一方面是供求规律起着价格调节的作用。信贷资金供大于求，利率下降，资金时间价值降低；反之，利率上升，资金时间价值增大。另一方面是国家宏观调控政策。当国家的紧缩调控政策的重点指向某个（些)行业时（如 2010 年房地产行业的调控，银行资金将会减少)，则该行业内的信贷资金供应将收紧，信贷资金的利率会上升，资金时间价值增大。

(3) 预期的价格变动率

价格预期看涨，意味着货币的实际购买力下降，资金时间价值减小；反之，则资金时间价值增大。

(4) 社会经济运行周期

社会经济运行周期对资金的时间价值影响非常明显。

(5) 税率

税率是资金时间价值的相抵因素。提高税率会增加经营成本，相对地会减少投资的报酬，导致利率降低；反之，则导致利率提高。

2.1.2 现金流量与现金流量图

1. 现金流量的概念

一个工程建设项目的实施往往要延续一段时间，在项目寿命期内各种资金收入和支出的数额和时间都不尽相同，我们将项目的实际支出称为现金流出，而将资金的收入称为现金流入。同一时点上现金流入与现金流出的代数和称为净现金流量。现金流量是指在拟建项目和整个项目计算期内各个时点上实际发生的现金流入、现金流出，以及净现金流量的序列（不包括逐年摊入产品成本的折旧费、摊销费以及所评价投资项目借款的利息），它是进行工程项目决策评价的主要根据和重要信息之一。现金流量有正负之分，正现金流量表示在一定建设时期内的净收入，它能够增加工程项目的货币资金，主要包括营业收入、回收固定资产余值、回收流动资金及其他现金流入量；而负现金流量则表示在一定建设时期内的净支出，它能够使项目的现实货币资金减少，包括建设投资、流动资金投资、经营成本、各项税款及其他现金流出项目。

2. 现金流量图与现金流量曲线图

现金流量图是描述现金流量作为时间函数的图形，表示资金在不同时间点流入与流出的情况。它包括三个要素，即大小、流向和时间点。现金流量图以横轴表示时间，向右延伸表示时间的延续，轴线等分为若干段，每一间隔表示一个计息期，在轴线的下方以数字 0～n 表示计息期，通常以年为计息单位，特殊情况也以月、季、半年为计息单位；以与横轴垂直的箭线表示现金流入与流出，箭线的长短表示现金流量值的大小。现金流入画在横轴的上方，现金流出画在横轴的下方，箭线上注明的数字表明现金流量的金额，如图 2.1 所示。

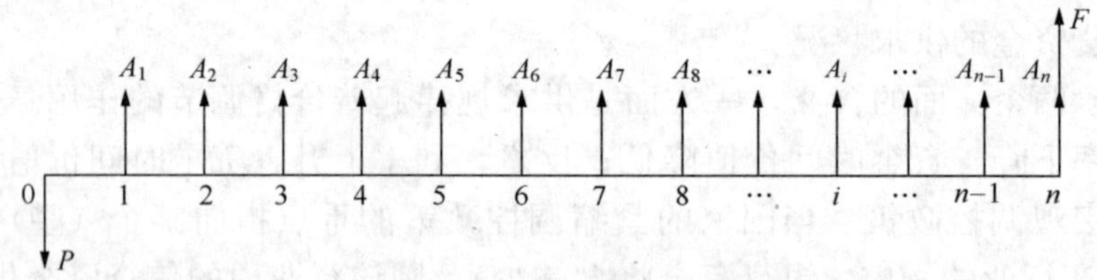

图 2.1 现金流量图

图 2.1 中，P 表示发生在第零年（期）末或第一年（期）初的现金流出，$A_1, A_2, A_3, \cdots, A_n$ 表示第 1,2,3,…,n 年（期）末的现金流入（A_i 为负数表示流出），F 表示发生在未来某一时间的金额［本图指发生在第 n 年（期）末的现金流］。现金流量图具有以下几个方面的作用：一是有助于阐述人们的经济观点；二是主要表示本单位与外单位的现金流量，而不包括本单位各部门的现金流量及折旧费、杂项开支等非实际现金流量；三是现金流量图是表示经济分析中一切现金流量信息的有效而明晰的方法，利用它便于查找、复核数据，可以减少计算利息时发生的误差。

当分析某一具体工程项目的现金流量时，经常还需绘制该工程项目从开始建设至寿命终结时的累计现金流量曲线图，即要把项目研究周期内将要发生的现金流量作出预估与测算（包括建设期各年发生的投资和投产后历年的销售收入与费用支出以及经济寿命终结的残值），然后把所有测算好的现金收支的结果绘制在时间坐标轴上，使分析计算者对项目在整个研究周期中的现金收支一目了然，便于校对和避免出差错，如图 2.2 所示。

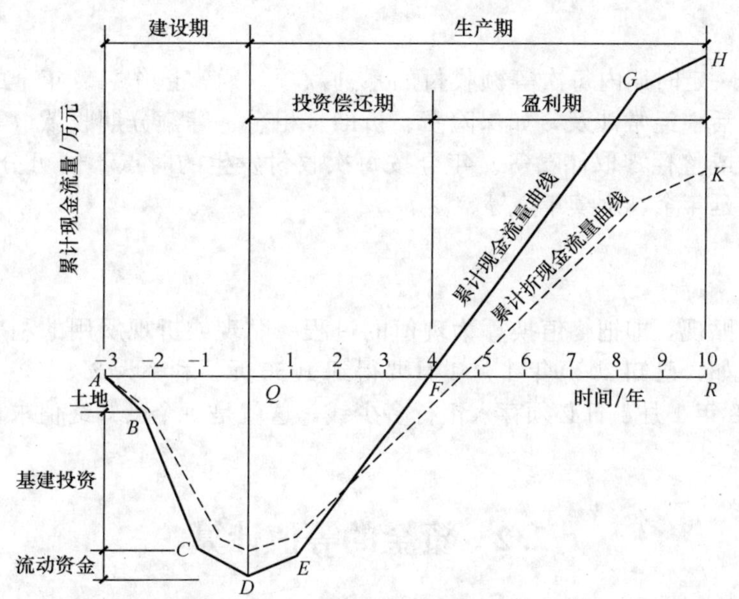

AR. 工程项目经济活动寿命；AB. 前期费用（研究、开发、可行性研究、设计、土地）；
BC. 基建投资；CD. 流动资金；DE. 试车合格产品销售收入；EFGH. 获利性生产；
F. 收支平衡点；QD. 累计最大投资额或累计最大债务。

图 2.2　累计现金流量曲线图

2.1.3　资金的时值、现值、终值、年金及折现

1. 时值

资金的数值因计算利息而随着时间增值。例如，当 $i=2.5\%$时，本金 1000 元于 2021 年 1 月 1 日存入银行，那么在 2020 年 1 月 1 日，如果不考虑利息税，并以单利计息，一年计息一次，时值＝1000×(1＋2.5%)＝1025(元)，而在 2021 年 1 月 1 日时值＝1000×(1＋2×2.5%)＝1050(元)。所谓资金的时值，就是资金在其运动过程中处于某一时点上的价值。

2. 现值

现值又称为初值，常用 P 来表示，即在资金运动过程中把未来一定时间收支的货币折算成计息周期开始时的数值。如前面讲的 2019 年 1 月 1 日时的 1000 元就是 2020 年 1 月 1 日时的 1025 元资金的现值。

3. 终值

终值是指一笔资金在若干个计息期末的价值，即整个计息期的本利和，也称为未来值，常用F来表示。如上述的2019年1月1日的一笔资金，其他条件同上，其在2020年1月1日的终值就是1025元，在2021年1月1日的终值是1050元。

4. 年金

年金是指一定时期内每次等额收付的系列款项，通常记作A。年金的形式多种多样，在现实生活中经常涉及，如保险费、折旧、租金、等额分期收款、等额分期付款以及零存整取或整存零取储蓄等。年金按每次收付发生的时点不同可分为普通年金、即付年金、递延年金、永续年金等。

5. 折现

折现也叫贴现，即把终值换算为现值的过程。贴现或折现所用的利率称为折现率或贴现率。比如，已知2020年1月1日要得到1050元，利率为2.5%，单利计息，那么要求在2018年1月1日必须存入银行多少钱，这就是一个已知终值求现值的资金运算，即贴现。

2.2 资金的等值计算

资金等值是指不同时点绝对值不等而价值相等的资金。利率或收益率一经确定，即可对资金的时间因素作定量的计算。比如，如果利率为4%，现在的1000元一年以后将增加40元，本利和将为1040元，根据资金时间价值的观点，我们就不能认为一年后的1040元比现在的1000元多，而应视为是相当的，这就是等值的涵义。影响资金等值的因素有三个，即资金数额的大小、资金运动时间的长短及资金利率的高低。不同时点上数额不等的资金如果等值，则它们在任何相同时点上的数额必然相等。而所谓的资金等值折算，就是在进行多个现金流量方案的比较时，由于每个方案的资金支出或收入发生的时间与数额不尽相同，因此必须将每个方案的所有资金支出与收入以一定的资金时间价值率（利率）折算到某一规定的时间，在价值相等的前提下进行比较，这种折算称为等值计算，也叫资金的等值换算，它是工程技术经济分析、比较和评价不同时期资金使用效果的重要依据。

2.2.1 计息制度

1. 单利与复利

利息是资本所有者出让资本的使用权而获取的收益，换个角度讲，是因占有资金而支付的费用。出让资本所有权之所以能获取收益，是出于三个方面的原因：一是通货膨胀，通货膨胀致使货币贬值，将来的同等数量的货币在经济价值上小于现在；二是风险因素，经济学上讲“两鸟在林不如一鸟在手”，意思是指现在拥有一笔货币比将来拥有更为可靠，所以资本所有者出让资本，即时使用权需要得到补偿；三是由于资本在运动中的增值，通过投资或经营活动，受让者获得了利益，而资本对此利益的产生起着关键的作用。

利率是在规定时间内所支付的利息与本金之比，一般分为年利率、月利率和日利率三种。年利率常以百分数表示，如年息 3.975%，表示本金 100 元，一年到期利息为 3.975 元；月利率常以千分数表示，如月息 3‰，表示本金 1000 元，一个月到期的利息为 3 元；日利率常以万分数来表示，如日息 2/10 000，表示本金 10 000 元，一天的利息为 2 元。年利率、月利率和日利率之间的换算关系为

$$\text{年利率}=\text{月利率}\times 12=\text{日利率}\times 360$$

$$\text{日利率}=\text{月利率}\div 30=\text{年利率}\div 360$$

$$\text{月利率}=\text{年利率}\div 12=\text{日利率}\times 30$$

资金具有时间价值，除风险与通胀因素外，更主要的原因在于资金转变为生产资料后，在劳动的作用下会产生超出投入的收入，即利润。正因为如此，有时将利息的含义扩展为利润，而利率就相当于利润率。当然，从广义上讲，把资金存入银行或借贷与他人也是一种投资。

利息的计算有三个要素，即本金、时间和利率。本金可以是存款金额，也可以是贷款金额；时间就是存贷款的实际时间；利率是在规定的一定时间内利息与本金之比。利息计算的方法分为单利与复利两种。

所谓单利法，是以本金为基数计算资金的利息，上期利息不计入本金之内，利息不再生息。支付的利息与占用资金的时间、本金及利率成正比，其计算公式为

$$I = Pni \tag{2.1}$$

$$F = P(1+ni) \tag{2.2}$$

式中：I——利息；

F——本利和或终值；

P——本金或现值；

n——计息期数或存贷期限，即资金占用的时间；

i——利率。

【例 2.1】 某储户将 1000 元存入银行 5 年，年利率为 2.5%，求存款到期时的利息及本利和。

【解】 所得利息为

$$1000\times 5\times 2.5\% = 125(\text{元})$$

本利和

$$F = 1000 + 125 = 1125(\text{元})$$

复利法是与单利法的对称，即经过一定期间，将本金所生利息即本利和作为下一期计算利息的本金，逐期滚算，也就是通常所说的“利滚利”，其计算公式为

$$F = P(1+i)^n \tag{2.3}$$

【例 2.2】 某工程投资需贷款 10 万元，年利率为 2.5%，5 年还清，求本利和。

【解】 $$F = 10\times(1+2.5\%)^5 = 11.314(\text{万元})$$

$$I = 11.314 - 10 = 1.314(\text{万元})$$

单利法和复利法在计算利息时存在较大的差别。同样的利率和相同数额的本金，计息时间相同，而利息是不相等的，复利的利息要大于单利的利息，而且时间越长差别越大。由于利息是资金时间价值的体现，而时间是连续不断的，所以利息也可不断地发生。从这个意义上讲，复利计算方法比单利计算方法更能体现资金的时间因素，也更符合客观实际，因此国外普遍采用复利法来计算资金的时间价值，在国内的工程技术经济分析及评价中也大都采用此方法。本章中介绍的资金的时间价值均以复利计算为前提。

2. 名义利率与实际利率

许多情况下，我们研究讨论的利率是年利率，且假定每年复利一次，但实际上复利的计息周期不一定是一年，有可能是季度、月或日，比如某些债券半年计息一次，有的抵押贷款每月计息一次，银行之间的拆借资金每天计息一次。当利率的时间单位与计息周期不一致时，在同样的年利率下，不同计息周期所得的利息不同，这是名义利率与实际利率不同所致。例如，每月存款利率为 3‰，则名义利率为 $3‰ \times 12 = 3.6\%$，而实际利率 $= (1 + 3‰)^{12} - 1 = 3.66\%$。

所谓名义利率，是指按年计息的利率，即计息周期为 1 年；而实际利率是指按实际计息期计息的利率。

对于一年内多次复利的情况，可采取两种方法计算时间价值。

第一种方法：将名义利率调整为实际利率，然后按实际利率计算资金的时间价值，其计算公式为

$$i = (1 + r/m)^m - 1 \tag{2.4}$$

式中：r——名义利率；

m——每年计息次数；

i——实际利率。

【例 2.3】 某企业于年初存款 10 万元，当年利率为 10%，半年复利一次，求到第 10 年末该企业可得的本利和。

【解】 其实际利率为

$$i = (1 + r/m)^m - 1 = \left(1 + \frac{10\%}{2}\right)^2 - 1 = 10.25\%$$

则

$$F = P(1 + i)^n = 10 \times (1 + 10.25\%)^{10} = 26.53(\text{万元})$$

第二种方法：不计算实际利率，而是相应调整有关指标，即利率变为 r/m，计息期数变为 mn（n 为计息年数），其计算公式为

$$F = P(1 + r/m)^{mn} \tag{2.5}$$

例 2.3 用第二种方法计算的本利和为

$$F = P(1 + r/m)^{mn} = 10 \times \left(1 + \frac{10\%}{2}\right)^{2\times 10} = 26.53(\text{万元})$$

实际利率代表了所获得的实际效益，因而可用它来比较不同名义利率的效益。

【例 2.4】 某工程项目为了筹集资金，决定向银行贷款，甲银行年利率为 16%，每年计息一次；乙银行年利率为 15%，每月计息一次。试问：哪个银行的贷款对项目有利？

【解】 计算两银行的实际利率。

$$i_{甲}=16\%$$

$$i_{乙}=(1+r/m)^m-1=\left(1+\frac{15\%}{12}\right)^{12}-1=16.075\%$$

显然，$i_{甲}<i_{乙}$，故甲银行的贷款条件比乙银行对项目更有利，工程建设筹集资金应从甲银行贷款。

在工程经济及技术分析中，计算资金的时间价值必须考虑通货膨胀率。同时，在方案的比较中要注意，当各方案的计息周期不同时采用相同的计算期限和名义利率，还要将名义利率换算为实际利率后再进行计算和比较。

2.2.2 整付类型的等值换算公式

整付又称为一次性支付，是指所分析的现金流量无论是流入还是流出，均在某一时点上一次支付。对于所考虑的系统来讲，如果在考虑资金时间因素的条件下其现金流入恰恰能补偿其现金流出，则终值与现值是等值的。整付分为整付终值和整付现值两类，其典型的现金流量图如图 2.3 所示。

1. 整付终值公式

整付终值公式因采用的计息方法不同也分为两种，即单利的整付终值与复利整付终值公式。

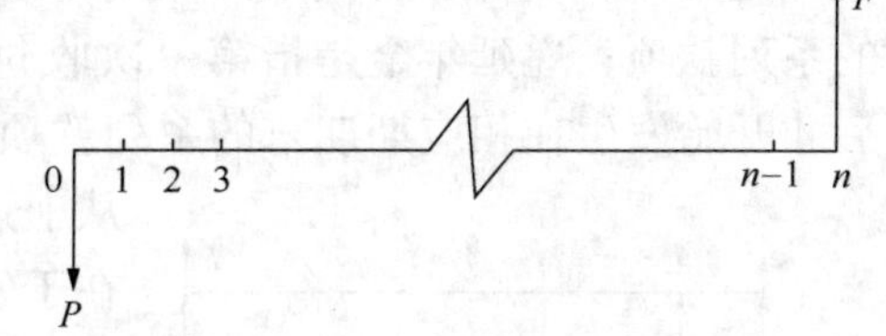

图 2.3　整付类型的现金流量图

单利的整付公式为

$$F=P(1+ni) \tag{2.6}$$

复利的整付公式为

$$F=P(1+i)^n \tag{2.7}$$

公式（2.7）表示在利率为 i 的条件下现值与终值的等值关系。显然，F 表示终值，P 表示现值，式中的 $(1+i)^n$ 称为一次支付终值系数，也称为一次支付复利因子，用符号 $(F/P,i,n)$ 表示，可查复利系数表或直接计算取得。

【例 2.5】 一笔基建贷款 100 万元，年利率为 12%，试求其 5 年后的本利和。

【解】 以单利计算，有

$$F=P(1+ni)=100\times(1+5\times12\%)=160（万元）$$

以复利计算，查复利系数表得 $(F/P,i,n)=1.762$，则

$$F=P(F/P,i,n)=100\times1.762=176.2（万元）$$

显然，二者有较大的差别。

2. 整付现值公式

整付现值公式就是已知终值求现值的资金等值计算公式，是一次支付终值公式的逆运算。同样，因计息方法不同，分为单利现值公式和复利整付现值公式，分别为

$$P = F/(1+ni) \tag{2.8}$$

$$P = F(1+i)^{-n} \tag{2.9}$$

公式（2.9）中的 $(1+i)^{-n}$ 称为一次性收付款项的现值系数，记作 $(P/F,i,n)$，也称为一次支付现值系数。同样，可查表或计算求得。

【例 2.6】 某投资项目预计 6 年后可获得收益 800 万元，按年利率 12%计算，求其现值。

【解】 $P = F(1+i)^{-n} = 800 \times (1+12\%)^{-6} = 800 \times 0.5066 = 405.28$(万元)

2.2.3 等额分付类型

等额分付即等额序列现金流，是多次支付形式中的一种。多次支付是指现金流入和流出在多个时点上发生，而不是集中在某个时点上，现金流量的大小可以是不等的，也可以是相等的。当现金流序列是连续且相等的，则称之为等额现金流或年金，其特点是 n 个等额资金 A 连续地发生在每期。年金的形式多种多样，按其发生的时点不同可分为普通年金、即付年金、递延年金、永续年金等几种。普通年金是指在一定时期内每期期末等额收付系列款项；即付年金是指发生在每期期初的等额收付的系列款项；递延年金是指第一次收付款项发生时间不在第一期期末，而是隔若干期后才开始发生在相应期期末的系列款项；永续年金是指无限期等额收付的系列款项。

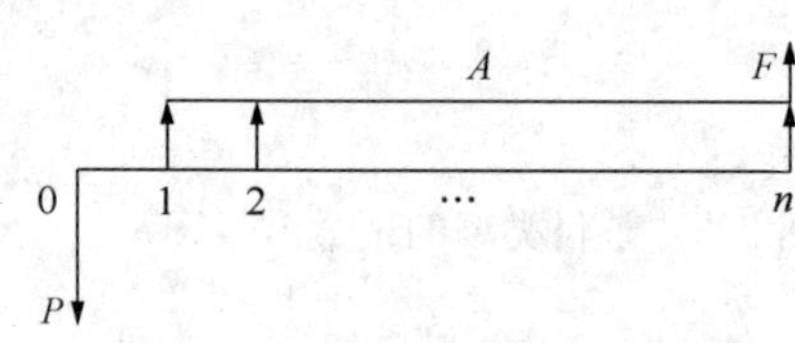

图 2.4　普通年金现金流量图

从上述概念可以看到，即付年金和普通年金的区别在于发生的时间不同，即付年金发生在期初，普通年金发生在期末，而递延年金和永续年金显然是普通年金的特殊形式。本章我们介绍的年金是普通年金，其现金流量图如图 2.4 所示。

等额分付有年金终值公式、偿债（存储）基金公式、年金现值公式、资金回收（还原）公式四个类型，下面分别加以介绍。

1. 年金终值公式

年金的终值犹如等额零存整取的本利和，它是一定时期内每期期末收付款项的复利终值之和，其计算公式为

$$F = A(F/A,i,n)$$

式中：$(F/A,i,n)$ ——年金终值系数或年金终值因子，可直接查表求得。

下面介绍 $(F/A,i,n)$ 的计算。

已知年金为 A，即每期（假设以年为单位）期末收付的款项为 A 元，利率为 i，总期限为 n 年，现金流量图如图 2.4 所示。

首先，将各年的支出 A 用一次支付复利公式分别计算其到 n 年年末的终值，第

一年年末的终值为 $A(1+i)^{n-1}$，第二年年末的终值为 $A(1+i)^{n-2}$，…，第 $n-1$ 年的终值为 $A(1+i)$，第 n 年的终值为 A，上述各项的总和就是年金的终值，故有

$$F = A(1+i)^{n-1} + A(1+i)^{n-2} + \cdots + A(1+i) + A \tag{2.10}$$

这是一个等比数列，两边同时乘以（1+i），得

$$(1+i)F = A(1+i)^{n} + A(1+i)^{n-1} + \cdots + A(1+i)^{2} + A(1+i) \tag{2.11}$$

令公式（2.11）减公式（2.10），得

$$Fi = A(1+i)^{n} - A = A[(1+i)^{n} - 1]$$

整理得

$$F = A\frac{(1+i)^{n}-1}{i} = A(F/A,i,n) \tag{2.12}$$

这里

$$(F/A,i,n) = \frac{(1+i)^{n}-1}{i}$$

【例 2.7】 建筑公司在建设某工程项目时，由于自有资金紧张，在 5 年内每年年末需向银行借款 100 万元才能保证项目的顺利完工，借款利率为 10%，问：该公司在第 5 年年末向银行应付的本利和是多少？

【解】 由公式（2.12）得

$$F = 100 \times (F/A,10\%,5) = 100 \times 6.1051 = 610.51(\text{万元})$$

必须注意，普通年金是在每期期末收付等额的资金，收付的时点是在每期期末，如果不注意这一点，在计算和运用的过程中就容易出错。

2. 偿债（存储）基金公式

偿债基金是指为了在未来偿还一定数额的债务而预先需准备的年金。它是年金终值的逆运算，即已知未来某一时点的终值 F，求为在将来得到这样一笔货币资金每期应收付的等额的货币数额 A，其计算公式为

$$A = F\frac{i}{(1+i)^{n}-1} = F(A/F,\ i,\ n) \tag{2.13}$$

式中：$\frac{i}{(1+i)^{n}-1}$ ——偿债基金因子或系数，用符号（A/F，i，n）表示，可在复利系数表中直接查得。

下面举例说明偿债基金的计算。

【例 2.8】 某项目的资金收益率为 30%，为了在第 6 年年末得到 100 万元资金，问：从现在起每年应将多少资金投入生产？

【解】 先在复利系数表中查得利率为 30%、期限为 6 年的偿债因子，得 $(A/F,i,n) = 0.078\ 39$，代入公式（2.13）求得每年应投入的资金，即年金为

$$A = 100 \times 0.078\ 39 = 7.839(\text{万元})$$

3. 年金现值公式

年金的现值公式是用来研究在考虑资金时间因素的情况下，几年内系统的总现金

流出或流入（当然是等额的）应等于第 0 期期末的多少货币量，即反映的是第 0 期期末的现金流出或流入和从第 1 期期末到第 n 期期末的等值关系。显然，其计算公式应为年金终值公式乘以 $(1+i)^{-n}$。

$$P = A\frac{(1+i)^n-1}{i}(1+i)^{-n} = A\frac{(1+i)^n-1}{i(1+i)^n} = A(P/A,i,n) \tag{2.14}$$

式中：$(P/A,i,n)$ ——年金现值系数或年金现值因子，同样，也可以在复利系数表中查得相应的年金现值系数。

【例 2.9】 有一项目建成后每年可收益 100 万元，项目的寿命周期为 10 年，如果折现率以年利率 8%计算，计算相当于交付使用时的货币值。

【解】 可直接查复利系数表中 $i=8\%$，$n=10$ 时的年金现值系数，得（P/A，8%，10）=6.710 08，则

$$P = A(P/A,8\%,10) = 100\times 6.710\,08 = 671.008(\text{万元})$$

4. 资金回收（还原）公式

资金回收公式用于研究期初借到的一笔款项，在每个计息期末等额偿还本利和，求每期期末应偿还的数额。例如，房地产购买中的抵押贷款就是一个很好的例子。它的实质是已知 P、i、n，求 A，是年金现值的逆运算，其公式为

$$A = P\frac{i(1+i)^n}{(1+i)^n-1} = P(A/P,i,n) \tag{2.15}$$

式中：$(A/P,i,n)$ ——资金回收系数或资金还原系数，$\frac{i(1+i)^n}{(1+i)^n-1}$。

【例 2.10】 某建筑公司从银行借得 100 万元资金，年利率为 5%，要求在借款后的 5 年内每年等额偿还本利和，求每年偿还的金额。

【解】 查表得

$$(A/P,i,n) = 0.230\,97$$

$$A = P\frac{i(1+i)^n}{(1+i)^n-1} = P(A/P,i,n) = 100\times 0.230\,97 = 23.097(\text{万元})$$

2.2.4 变额分付类型

在经济活动中收益经常是变化的，即不等额的，等额的现金流只是一种特殊情况。不等额现金流的现金流量图如图 2.5 所示。其等值计算的一般公式分为终值计算公式和现值计算公式。

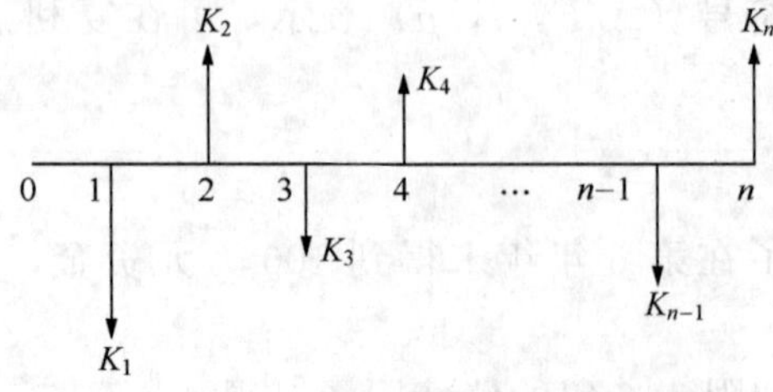

图 2.5 不等额现金流的现金流量图

不等额支付的终值公式为

$$F = K_n + K_{n-1}(1+i) + \cdots + K_1(1+i)^{n-1}$$
$$= \sum_{t=1}^{n} K_t(1+i)^{(n-t)} \tag{2.16}$$

显然，不等额支付的现值公式为

$$P=\frac{K_1}{1+i}+\frac{K_2}{(1+i)^2}+\cdots+\frac{K_n}{(1+i)^n}=\sum_{t=1}^{n}\frac{K_t}{(1+i)^t} \tag{2.17}$$

注意，公式（2.16）和公式（2.17）中的 K_t 有正负之分。

在工程建设中每年的投资不一定相等，因此可利用上述公式将工程的计划投资额换算成现值，比较其工程预算投资的大小，以进行投资决策；也可计算工程的实际投资额，进行经济效果的评价。

【例 2.11】 一项工程预算为 3000 万元，按工程进度，计划第一年投资 1200 万元，第二年投资 1000 万元，第三年投资 800 万元（图 2.6），建设期银行贷款利率为 8%，计算工程投资的现值总额。

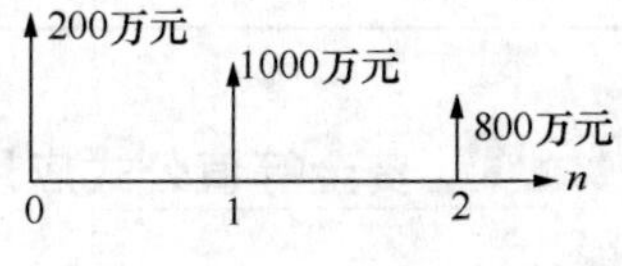

图 2.6　工程投资现金流量图

【解】 根据公式（2.17），该项工程投资现值总额为

$$P=\frac{1200}{1+0.08}+\frac{1000}{(1+0.08)^2}+\frac{800}{(1+0.08)^3}$$

$$=1111.11+857.34+635.07=2603.52(\text{万元})$$

工程建设实际所花的资金只有 2603.52 万元，比预算要少 396.48 万元。可见，缩短工程周期对降低工程建造成本有着相当重要的意义。

对于上例，也可计算其实际投资额，即

$$F=K_n+K_{n-1}(1+i)+\cdots+K_1(1+i)^{n-1}$$

$$=1200\times(1+0.08)^2+1000\times(1+0.08)+800$$

$$=1399.68+1080+800=3279.68(\text{万元})$$

也就是说，到工程建成时，实际所花投资为 3279.68 万元。

不等额支付的两个特殊形式是等差序列现金流量和等比序列现金流量，下面仅扼要介绍等差序列现金流量的概念及计算公式。

等差序列的现金流是指按等额增加或减少的现金流量数列，比如设备维护费用一般是逐年增加的，若每年按一个相对稳定的常数（假设为 G）增加，就构成了一个等差递增现金流量。

综上所述，资金等值计算的基本公式归纳为表 2.1。

表 2.1　资金等值计算的基本公式

序号	公式名称	公式	系数名称及符号系数代号
1	整付终值公式	$F=P(1+i)^n$	一次支付终值系数 $(F/P,i,n)$
2	整付现值公式	$P=F(1+i)^{-n}$	一次支付现值系数 $(P/F,i,n)$
3	年金终值公式	$F=A\frac{(1+i)^n-1}{i}$	年金终值系数 $(F/A,i,n)$
4	偿债基金公式	$A=F\frac{i}{(1+i)^n-1}$	偿债基金系数 $(A/F,i,n)$

续表

序号	公式名称	公式	系数名称及符号系数代号
5	年金现值公式	$P=A\frac{(1+i)^n-1}{i(1+i)^n}$	年金现值系数（$P/A,i,n$）
6	资金回收公式	$A=P\frac{i(1+i)^n}{(1+i)^n-1}$	资金回收系数（$A/P,i,n$）
7	等差现金流量现值公式	$P=\frac{G}{i}\left[\frac{(1+i)^n-1}{i(1+i)^n}-\frac{n}{(1+i)^n}\right]$	等差序列终值系数（$P/G,i,n$）

2.2.5 资金等值公式应用中应注意的问题

1. 资金等值公式应用中应注意的问题

资金的等值公式对于工程方案的决策与经济效果的评价具有重要的作用。然而，上述的资金等值基本公式是在标准条件下推演而得的，而实际情况往往是比较复杂的。一般而言，工程投资的借款的偿付方式不外乎以下几种情况：第一，所借本金在还本期前并不偿还，每年计息期末仅偿付利息，在最后一次偿付利息时，本金一次偿还；第二，所借本金有计划地分期等额偿还，在付息期偿还相应的利息，同时按计划偿还本金，由于本金是逐渐减少的，故支付的利息并不相同，而是递减的；第三，等额偿还本利和；第四，在借款期中本金及利息不进行偿还，在借款到期时一次还本付息。在具体运用资金等值公式时应注意下列问题：

1）方案的初始投资假定发生在方案的寿命期初，即第一年年初，而方案的经常性支出假定在计息期末。

2）P 是在当前年度开始发生的，F 是在当前以后第 n 年年末发生的，A 是考察期各年年末的发生额。当问题包括 P 和 A 时，系列的第一个 A 是在 P 发生一个期间后的期末发生的；当问题包括 F 和 A 时，系列的最后一个 A 与 F 同时发生。

3）要注意弄清公式的原理及其应用条件，能够灵活应用公式。在工程经济分析的实践中有时可能很难直接套用公式，而需要根据具体情况进行具体分析。比如，有时等额支付（年金）是发生在期初的，这种年金称为预付年金；而我们介绍的等值计算公式中的年金是普通年金，这时就要对现金流量进行调整，调整为普通年金后再利用公式进行计算。对于比较复杂的情况，可以根据资金等值的原理进行推导与计算。另一方面，利率的选用也很重要，因为它直接影响了计算的结果，而计算结果是我们评价与决策的依据，因此在选用利率时，通常自有资金可以企业自身的基准收益率作为折现率，借款要以借款合同中确定的偿还利率作为折现率，而银行或信托投资公司等的贷款则要以银行或信托投资公司等的贷款利率作为折现率来计算。对于利率的形式也要注意，即使各方案采用的计算期和名义利率相同，只要它们的计息期不同，那么彼此也不可比。此时，一定要注意先将名义利率转化为实际利率后再进行计算和比较。

现值 P、将来值 F 和年值 A 之间的相互关系如图 2.7 所示。

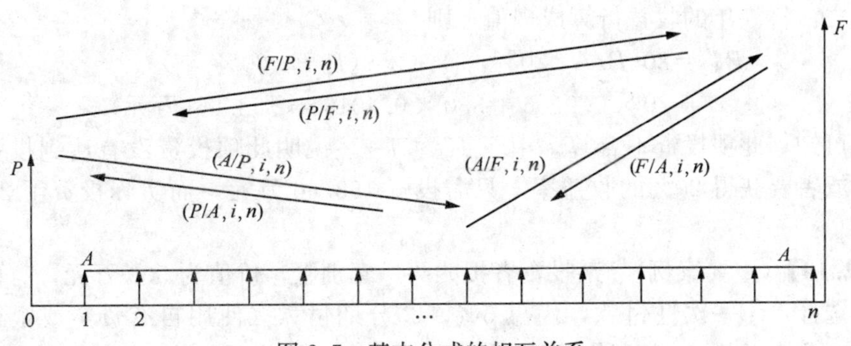

图 2.7　基本公式的相互关系

2. 资金等值计算应用案例

【例 2.12】 年利率为 10%，每半年计息 1 次，从现在起连续 3 年年末等额支付 500 元，试求年实际利率和与其等值的现值。

【解】 1）年实际利率为

$$i=\left(1+\frac{r}{m}\right)^{m}-1=\left(1+\frac{10\%}{2}\right)^{2}-1=10.25\%$$

2）与其等值的现值为

$$P=A\frac{(1+i)^{n}-1}{i(1+i)^{n}}=A(P/A,i,n)=A(P/A,10\%,3)$$

$$=500\times 2.4869=1243.45(\text{元})$$

【例 2.13】（重要案例）　某投资者 5 年前以 200 万元买入一房产，在过去的 5 年内每年获得年净现金收益 20 万元，现在该房产能以 350 万元出售，其现金流量如图 2.8 所示。若投资者要求的年收益率为 20%，问：此项投资是否合算？（假设该投资者过去 5 年的年净现金收益率等于其自有资金的机会成本。）

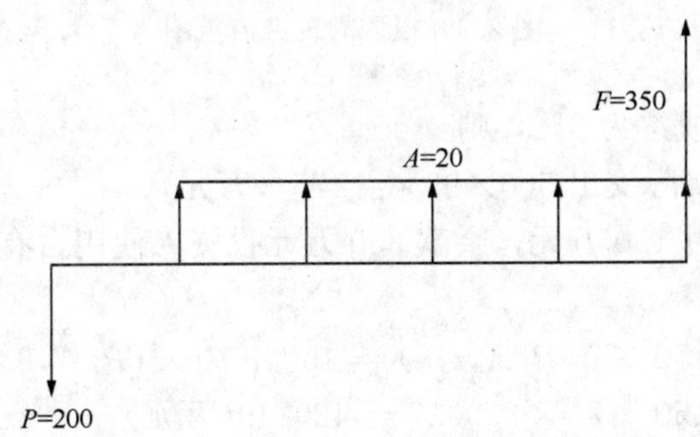

图 2.8　现金流量图（单位：万元）

【解】 判断该项投资是否合算的标准是其年收益率至少要达到 20%。

方法一：按 20%的年收益率，投资 200 万元现在应该获得

$$\text{预期收益 } F_{\text{预}}=200(F/P,20\%,5)=200\times 2.4883=497.66(\text{万元})$$

$$\text{实际收益 } F_{\text{实}}=20(F/A,10\%,5)+350=20\times 6.1051+350=472.10(\text{万元})$$

方法二：将 5 年的收益折算成现值，则

$$P_{预}=20(P/A,20\%,5)+350(P/F,20\%,5)$$
$$=20\times2.9906+350\times0.4019=163.66(万元)$$

由上可知，此项投资不合算。由于 $F_{实}<F_{预}$，说明此项投资没有达到投资者的预期收益；或者要获得 20%的收益率，只需投资 163.66 万元，而实际投资了 200 万元，即 $P_{实}>P_{预}$。

【例 2.14】（重要案例） 某投资者拟购买一套别墅，价值为 500 万元，有两种付款方式可供选择：①一次性付款，优惠 5%；②分期付款（使用自有资金或银行按揭），首付房款 30%，余款 5 年付清，每年年末等额支付，不享受优惠。

试问：投资者为了购买该别墅，应选择哪种付款方式？

1）当采用自有资金时，自有资金的机会成本为 8%。

2）对于以下两种不同的贷款方式，应怎样选择？

① 采用商业贷款进行银行按揭时，贷款利率为 6%。

② 采用公积金进行银行按揭时，贷款利率为 4%。

3）当采用贷款利率为 6%的银行贷款购买该别墅，每年年末支付当年利息，5 年到期后一次偿还本金，计算 5 年的利息总额。（留为课下练习）

【解】 该项目的现金流量图如图 2.9 所示。

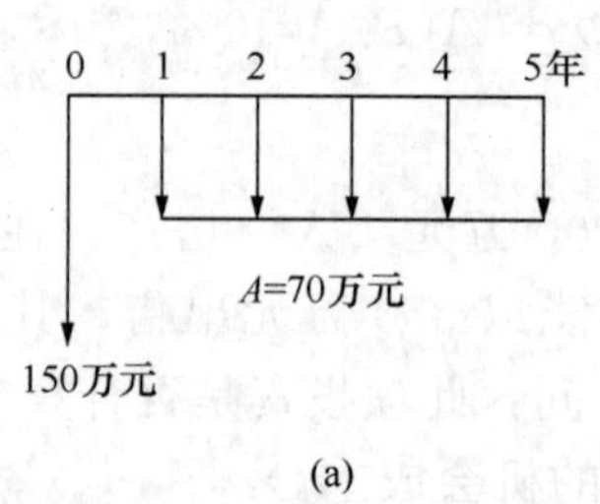

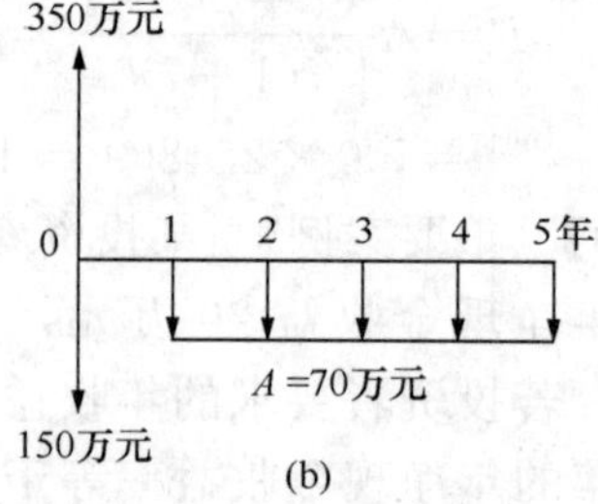

图 2.9 投资的现金流量图

1）若资金的机会成本为 8%，则

① 一次性付款，实际支出 500×95%=475（万元）。

② 分期付款（首付 150 万元，余款 350 万元投资人使用自有资金），则相当于一次性付款

$$P=150+A(P/A,i,n)=150+70\times(P/A,8\%,5)$$
$$=150+70\times3.9927=429.49(万元)$$

或

$$P=150+\sum_{i=1}^{5}A_i(1+i)^{-i}=150+70\times(1+8\%)^{-1}+\cdots+70\times(1+8\%)^{-5}$$
$$=150+70\times(1.08^{-1}+1.08^{-2}+1.08^{-3}+1.08^{-4}+1.08^{-5})=429.49(万元)$$

2）当投资者用银行按揭购买该别墅，贷款利率为 6%，则

① 一次性付款，扣除首付后的实际支出 $P_{一次}=500\times95\%-150=325$（万元），则

$$A_{一次} = P_{一次}(A/P,i,n) = P_{一次}(A/P,6\%,5) = 325 \times 0.2374 = 77.16(万元)$$

但一次性付款按机会成本 8%，投资者损失的是（按 325 万元资金考虑）

$$A_{一次} = P_{一次}(A/P,i,n) = 325 \times (A/P,8\%,5) = 325 \times 0.2505 = 81.41(万元)$$

② 分期付款（首付 150 万元，余款 350 万元采用银行按揭），则

$$A_{分期} = P_{分期}(A/P,i,n) = 350 \times (A/P,6\%,5) = 350 \times 0.2374 = 83.09(万元)$$

若投资者采用公积金进行银行按揭，此时贷款利率为 4%，则

$$A_{分期} = P_{分期}(A/P,i,n) = 350 \times (A/P,4\%,5) = 350 \times 0.2246 = 78.61(万元)$$

由上可知，对投资者来说，若自有资金的机会成本为 8%，则应选用自有资金分期付款。对投资者来说，若采用银行按揭购买该别墅，在不考虑自有资金的机会成本时，则不论贷款利率为多少，都应选择一次性付款，以便获得贷款优惠；在考虑自有资金的机会成本时则要进行比较。本题由于 81.41 万元＜83.09 万元，故选择一次性付款。若采用公积金进行银行按揭，本题由于 78.61 万元＜81.41 万元，故选择分期付款。

习　　题

1. 计息制度有哪几种？如何表示？
2. 利息、利率、现金流量、现值、终值、时值、贴现的含义各是什么？
3. 简述名义利率和实际利率的含义及区别。
4. 什么是现金流量？现金流量图如何绘制？
5. 简述资金为何具有时间价值。
6. 简述资金等值的含义。
7. 什么是资金平均成本？如何计算（写出一般公式）？
8. 有一笔 50 000 元的借款，借期 5 年，按每年 8%的单利计息，试求到期时的本利和。若按复利计息，到期时的本利和又为多少？
9. 某公司设立退休基金，每年年末存入银行 2 万元，若存款利率为 10%，按复利计算，第 5 年末基金总额为多少？
10. 某企业 6 年后需要一笔 500 万元的资金，以作为某项目的投资款项，若知年利率为 8%，那么现在企业应在银行存入多少资金？如果从现在开始每年年末存入银行等额的资金，每年年末应存入多少？
11. 一套运输设备价值 30 000 元，希望在 5 年内等额收回全部投资，若基准贴现率为 8%，那么每年至少应回收多少？
12. 某项目融资采取银行借入长期借款的方式，已知企业可选择两种计息方式，其一是年利率 5%、按月计息，其二是年利率 6%、按半年计息，那么企业应选择哪一种计息方式？（提示：应计算实际利率，以实际利率较小者作为选择对象。）
13. 某项目建设期为 5 年，第 1 年贷款 500 万，第 2 年贷款 100 万，第 3 年贷款

200万，均在项目建设完成后一次还本付息，试计算项目建设期贷款的利息总额（年利率为10%）。

模拟自测题

一、名词解释（共10分，每个2分）

资金的时间价值　　现金流量　　复利　　现值　　年金终值系数

二、简答题（共20分，每小题4分）

1. 资金等值原理的含义是什么？
2. 影响资金时间价值的因素有哪些？为什么？
3. 简述名义利率与实际利率的区别与联系。
4. 年金终值公式与偿债（存储）基金公式之间存在什么关系？
5. 在应用资金等值公式时 P、F、A 发生在什么时点上？

三、计算题（共70分，每小题10分）

1. 现在将500元存入银行，银行的年利率为4%，计算3年后该笔资金的实际价值。

2. 假若第4年末想得到800元的存款本息，银行年利率为5%，现在应存入银行多少本金？

3. 某工程预计5年建成，总投资额为10万元，每年年末投资2万元，年利率为7%，求第5年末的实际累计投资额。

4. 为给某项工程筹集资金1500万元，某房地产公司计划在年利率6%的情况下每年年末向银行存入等额的资金，总计7年，问：每年年末应存入多少？

5. 某企业预计在10年内每年从银行提取100万元，问：从现在起至少应存入多少现金（银行利率为6%）？

6. 某人拟购买1年前发行的面额为100元的债券，年限为8年，年利率为10%（单利），每年支付利息，到期还本。现投资者要求在余下的7年中年收益为8%，问：该债券现在的价格为多少时投资者才值得买入？

7. 某企业和设备租赁公司达成一项协议，租赁设备价格为100万元，租期6年，折现率为15%，试按照年末支付、年初支付分别计算出租金。

第3章

财务基础数据估算与融资分析

拟对建设项目进行经济评价，就要涉及如投资、成本等经济评价要素，这些财务基础数据预测和估算的准确性将直接影响到项目评价的质量及投资决策的选择，除此之外，还要编制各种估算表。作为项目的建设方，为了筹资和规避项目风险，需要根据自身条件进行项目融资和风险评估，分析选择合适的融资方式与渠道，并进行资金结构和成本分析。在我国，作为政府与社会资本合作的PPP（Public—Private Partnership，指政府与社会资本合作，建设城市基础设施项目）模式，是国家作出的一项重大决策部署。自2014年以来在政府的强力推动下，2019年又提出稳健规范发展的要求，充分体现了我国特色社会主义制度的本质特征和治理体系具有强大生命力和巨大优越性，为当代我国发展进步提供了根本制度保障，是我们坚定制度自信、理论自信的最好诠释。本章将对以上内容一一进行介绍与分析。

3.1 财务基础数据估算

3.1.1 财务基础数据估算

1. 财务基础数据估算的含义和内容

(1) 财务基础数据估算的含义

财务基础数据估算是指在项目市场、资源、技术条件分析评价的基础上，从项目（或企业）的角度出发，依据现行的法律法规、价格政策、税收政策和其他有关规定，对一系列有关的财务基础数据进行调查、收集、整理和测算，并编制有关的财务基础数据估算表格的工作。财务基础数据估算是项目财务分析、国民经济评价分析和投资风险分析的基础与重要依据，它不仅为上述分析提供必需的数据，而且对其分析的结果、所采取的分析方法以及最后的决策意见都产生决定性的影响。在可行性研究中财务基础数据估算是一项非常重要的工作。

(2) 财务基础数据估算的内容

财务基础数据估算的内容包括对项目计算期内各年的经济活动情况及全部财务收支结果的估算，具体包括：

1）建设投资估算。

2）建设期利息估算。

3）流动资金估算。

4）项目总投资使用计划与资金筹措估算。

5）营业收入、营业税金及附加和增值税估算。

6）总成本费用估算。

7）建设投资借款还本付息估算。

2. 财务基础数据估算的原则

财务基础数据估算应遵循以下原则：

1）以现行经济法律法规为依据的原则。

2）有无对比的原则。

3）真实性原则。

4）准确性原则。

3. 财务基础数据估算的程序

财务基础数据估算是一项繁杂的工作，为保证工作效率和测算数据的准确性与可靠性，一般可按下列程序进行：

1）熟悉项目概况，制定财务基础数据估算工作计划。

2）收集资料。

3）进行财务基础数据估算，按有关规定编制相应的财务基础数据估算表格，包括建设投资估算表，建设期利息估算表，流动资金估算表，项目总投资使用计划与资金筹措表，营业收入、营业税金及附加和增值税估算表，总成本费用估算表和建设投资借款还本付息估算。其中，总成本费用估算表的附表包括外购原材料费估算表、外购燃料和动力费估算表、固定资产折旧费估算表、无形资产及其他资产摊销估算表和工资及福利费估算表。

上述估算表可归纳为三大类：第一类为分析项目建设期的建设投资和生产期的流动资金，以及项目总投资的使用计划和资金筹措估算表；第二类为分析项目投产后的总成本、营业收入、税金、利润和利润分配估算表；第三类为分析项目投产后偿还建设投资借款本息的情况估算表。

3.1.2 建设项目经济评价要素

进行建设项目的经济评价，必须以一定数量的基础资料作为依据。投资、成本、营业收入和税费等经济变量构成了项目经济评价的基本要素。

1. 投资

投资是工程经济分析中重要的经济概念。投资一般是指经济主体为获得预期的经济效益而垫付一定数量的货币或其他经济资源的经济活动。广义的投资是指一切为了获得收益或避免风险而进行的资金经营活动；狭义的投资是指投放的资金，是为了保证项目投产和生产经营活动的正常进行而投入的活劳动和物化劳动价值的总和，即为了未来获取报酬而预先垫付的资金。

投资估算是在对项目的建设规模、技术方案、设备方案、工程方案及项目实施进度等进行研究并基本确定的基础上，依据现有资料和特定方法估算项目投入的总资金(包括建设投资和流动资金)，并估算建设期内分年资金需要量。投资估算是制定融资方案、进行经济评价的依据。

投资的构成主要包括投资主体、投资目的、投资方式和投资行为，它们相互联系，形成了投资资金不断循环周转的过程。

2. 投资主体

投资主体也称投资者或投资方，它是具有投资决策权和资金来源的法人或自然人，如各级政府、企业、事业单位、社会团体、个人或其他经济实体；投资主体的投资目的是为了获得预期的经济效益，取得最大经济效益是投资活动的出发点。不同投资主体的投资目的也不完全相同，如政府投资除了追求经济效益外，还要兼顾社会效益和生态效益。投资可以有多种方式，直接投资用于构建固定资产和流动资产，形成实物资产；间接投资用于购买股票、债券，形成金融资产。投资行为不是单一的一次性投入，而是一种连续进行的活动，表现为从资金筹集、分配、使用到回收和增值的全过程的不断循环和周转的过程。投资是一项复杂的经济活动，具有诸多特点，其中收益性和风险性是其两个基本特征，对收益性和风险性的分析是技术经济分析评价、优选方案决策的前提条件。

3. 总投资

对于投资项目而言，投资是维持其存在的基础，建设项目评价中的总投资包括建设投资、建设期利息和流动资金之和，如图 3.1 所示。

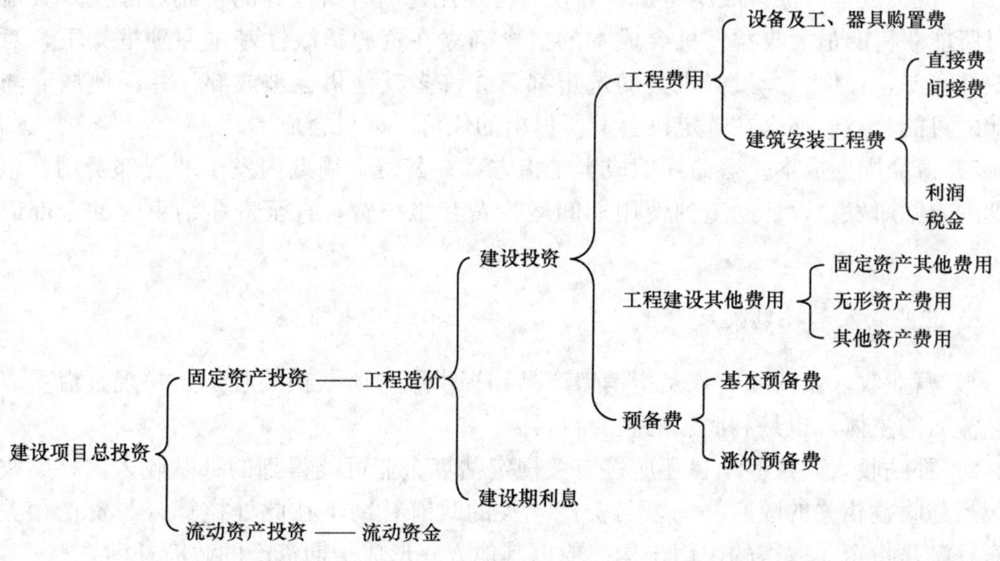

图 3.1　我国现行建设项目总投资构成

1）建设投资。建设投资是项目费用的重要组成，是项目财务分析的基础数据。可根据项目前期研究的不同阶段、对投资估算精度的要求及相关规定选用估算方法。

2）建设期利息。建设期利息是指筹措资金时，在建设期内发生并按规定允许在投产后计入固定资产原值的利息，既资本化利息。建设期利息包括银行借款和其他债务资金利息，以及其他融资费用。其他融资费用是指某些债务融资中发生的手续费、承诺费、管理费、信贷保险费等费用。

3）流动资金。流动资金指运营期内长期占用并周转使用的运营资金，不包括运营中需要的临时性营运资金。流动资金等于流动资产与流动负债的差额。流动资产的构成要素一般包括存货、库存现金、应收账款和预付账款；流动负债的构成要素一般只考虑应付账款和预收账款。

4. 成本

成本是建设项目经济评价中很重要的一个经济要素。在项目经济评价中有多重作用。基于不同的作用和需要，成本具有不同的分类和特定的含义。

1）经营成本与总成本费用。经营成本是财务分析的现金流量分析中所使用的特定概念，是以现金流量实现为依据的成本耗费；而总成本费用是在运营期间为生产产品或提供服务所发生的全部费用。

2）固定成本与可变成本。按各种费用与产品产量的关系，可将总成本构成要素划分为固定成本与可变成本。固定成本是指在一个生产规模内不随产品量变动而变动的费用；可变成本是指产品成本中随产量变动而变动的费用。

3）沉没成本。沉没成本是指发生或承诺，无法回收的成本支出。沉没成本是过去发生的，它并不会因为采纳或拒绝某个方案（项目）的决策而改变，因而对当前的决策不构成影响。所以，在方案比选时，对此成本不予以考虑。

4）机会成本。机会成本是指资源投入特定用途时，所放弃的将此资源投入其他用途时所能获得的最大收益。机会成本的概念确立在资源稀缺性基本原理框架下，对于稀缺的资源，任何一个投资机会的选定都意味许多其他机会被放弃，并因此放弃与之相伴的可能收益，那么在选定机会上所付出的代价，即机会成本。

5）寿命周期成本。寿命周期成本是指方案在其寿命周期内发生的全部费用，包括初期的方案研发、设计制造到使用期间运行费和维护费，直至寿命结束时的全部成本支出。

5. 营业收入与补贴收入

1）营业收入。营业收入是指销售产品和提供服务所获得的收入，是现金流量表中现金流入的主体，也是利润表的主要科目。

2）补贴收入。某些项目还应按有关规定估算企业可能得到的补贴收入。补贴收入仅包括与收益相关的政府补助，与资产相关的政府补助不在此处核算（与资产相关的政府补贴是指企业取得的、用于构建或以其他方式形成长期资产的政府补助）。

6. 税费

税费是国家为了实现其职能的需要，依法对项目投资活动和经营活动征收的财政资金。项目评价涉及的税费主要包括关税、增值税、消费税、所得税、资源税、城市建设税和教育附加税等。建筑产品生产企业还包括土地使用税、土地增值税等。其中，增值税是以产品生产和流通中各个环节的新增价值和产品附加值作为征税对象的一种流转税。一般工业性建设项目及相关技术方案经济评价中涉及此项税的计算。

对于建筑行业来说，由于行业特点以及行业粗放型的经营模式，增值税进项专用发票的取得是难点，使得其税难以抵扣或无法抵扣。例如甲供，甲控材料税较难抵扣；又如大量的人工费、材料费、机械租赁费、征地拆迁及青苗补偿费、BOT 项目垫付资金的巨额利息费用等成本费用进项也无法抵扣。

3.1.3　建设项目投资估算的内容

根据国家规定，从满足建设项目投资设计和投资规模的角度，建设项目投资的估算包括固定资产投资估算和流动资产投资估算，固定资产投资估算又包括建设投资估算和建设期利息估算。

1. 建设投资估算

在估算出建设投资后需编制建设投资估算表，为后期的融资决策提供依据。

按照费用归集形式，建设投资可按概算法或按形成资产法分类。①按概算法分类，建设投资由工程费用、工程建设其他费用和预备费构成。按概算法编制的建设投资估算表如表 3.1 所示。②按形成资产法分类，建设投资由形成固定资产的费用、形成无形资产的费用、形成其他资产的费用和预备费四部分组成。按形成资产法编制的建设投资估算表如表 3.2 所示。

表 3.1　建设投资估算表（概算法）　　人民币单位：万元

序号	费用名称	建筑工程费	设备购置费	安装工程费	其他费用	合计	其中：外币	比例/%
1	工程费用							
1.1	主体工程费用							
1.1.1	×××							
…	…							
1.2	辅助工程费用							
1.2.1	×××							
…	…							
1.3	公用工程费用							
1.3.1	×××							
…	…							

续表

序号	费用名称	建筑工程费	设备购置费	安装工程费	其他费用	合计	其中：外币	比例/%
1.4	服务性工程费用							
1.4.1	×××							
…	…							
1.5	厂外工程费用							
1.5.1	×××							
…	…							
1.6	×××							
2	工程建设其他费用							
2.1	×××							
…	…							
3	预备费							
3.1	基本预备费							
3.2	涨价预备费							
4	建设投资合计							
	比例/%							

表 3.2　建设投资估算表（形成资产法）　人民币单位：万元

序号	费用名称	建筑工程费	设备购置费	安装工程费	其他费用	合计	其中：外币	比例/%
1	固定资产费用							
1.1	工程费用							
1.1.1	×××							
1.1.2	×××							
1.1.3	×××							
…	…							
1.2	固定资产其他费用							
1.3	×××							
…	…							
2	无形资产费用							
2.1	×××							
…	…							
3	其他资产费用							
3.1	×××							
…	…							

续表

序号	费用名称	建筑工程费	设备购置费	安装工程费	其他费用	合计	其中：外币	比例/%
4	预备费							
4.1	基本预备费							
4.2	涨价预备费							
5	建设投资合计							
	比例/%							

2. 建设期利息估算

在建设投资分年计划的基础上可设定初步融资方案，对采用债务融资的项目应估算建设期利息。建设期利息是指筹措债务资金时在建设期内发生并按规定允许在投产后计入固定资产原值的利息，即资本化利息。

在估算建设期利息时需编制建设期利息估算表，如表 3.3 所示。

表 3.3　建设期利息估算表　　人民币单位：万元

序号	项目	合计	建设期/年				
			1	2	3	…	n
1	借款						
1.1	建设期利息						
1.1.1	期初借款余额						
1.1.2	当期借款						
1.1.3	当期应计利息						
1.1.4	期末借款余额						
1.2	其他融资费用						
1.3	小计（1.1+1.2）						
2	债券						
2.1	建设期利息						
2.1.1	期初债务余额						
2.1.2	当期债务金额						
2.1.3	当期应计利息						
2.1.4	期末债务余额						
2.2	其他融资费用						
2.3	小计（2.1+2.2）						
3	合计（1.3+2.3）						
3.1	建设期利息合计（1.1+2.1）						
3.2	其他融资费用合计（1.2+2.2）						

计算建设期利息时，为了简化计算，通常假定借款均在每年的年中支用，借款当年按半年计息，其余各年份按全年计息，计算公式为

$$各年应计利息=(年初借款本息累计+本年借款额/2)\times有效年利率 \tag{3.1}$$

建设期利息包括银行借款和其他债务资金的利息，以及其他融资费用。其他融资费用是指某些债务融资中发生的手续费、承诺费、管理费、信贷保险费等融资费用。

3. 流动资金估算

按行业或前期研究阶段的不同，流动资金估算可选用分项详细估算法或扩大指标估算法。

根据流动资金各项估算的结果，编制流动资金估算表，如表 3.4 所示。

表 3.4 流动资金估算表 人民币单位：万元

序号	项目	最低周转天数	周转次数	计算期/年				
				1	2	3	…	n
1	流动资金							
1.1	应收账款							
1.2	存货金额							
1.2.1	原材料费用							
1.2.2	燃料费用							
1.2.3	在产品金额							
1.2.4	成品金额							
…	…							
1.3	现金							
1.4	预付账款							
2	流动负债							
2.1	应付账款							
2.2	预收账款							
3	流动资金收益（1−2）							
4	流动资金当期增加额							

4. 项目总投资与分年投资计划

1）项目总投资估算汇总表。将以上建设投资、建设期利息和流动资金的估算结果进行汇总，编制项目总投资估算汇总表，如表 3.5 所示。

表 3.5　项目总投资估算汇总表　　人民币单位：万元

序号	费用名称	计算期		估算说明
		合计	其中：外汇	
1	建设投资			
1.1	建设投资静态部分			
1.1.1	建筑工程费			
1.1.2	设备及工、器具购置费			
1.1.3	安装工程费			
1.1.4	工程建设其他费用			
1.1.5	基本预备费			
1.2	建设投资动态部分			
1.2.1	涨价预备费			
2	建设期利息			
3	流动资金			
	项目总投资（1＋2＋3）			

2）分年投资计划。估算出项目总投资后，应根据项目计划进度的安排编制分年投资计划表，如表 3.6 所示。

表 3.6　分年投资计划表　　人民币单位：万元

序号	项目	人民币			外币		
		第 1 年	第 2 年	…	第 1 年	第 2 年	…
	分年投资占比/%						
1	建设投资						
2	建设期利息						
3	流动资金						
4	项目投入总资金（1＋2＋3）						

表 3.6 中的分年建设投资可以作为安排融资计划、估算建设期利息的基础。

3.1.4　项目计算期的估算

1. 项目计算期的含义

项目计算期是指经济评价中为进行动态分析所设定的期限，包括建设期和运营期（生产期）。建设期是指项目资金正式投入开始到项目建成投产为止所需要的时间。运营期分为投产期和达产期两个阶段。投产期是指项目投入生产，但生产能力尚未完全达到设计能力时的过渡阶段；达产期是指生产运营达到设计预期水平后的时间。

2. 项目计算期的估算

项目计算期的长短主要取决于项目本身的特性，因此无法对项目计算期作出统一的规定。计算期不宜定得太长，一方面是因为按照现金流量折现的方法，把后期的净收益折为现值的数值相对很小，很难对财务分析结论产生决定性的影响；另一方面，时间越长，预测的数据越不准确。

建设期应参照项目建设的合理工期或项目的建设进度计划合理确定，运营期一般应按项目主要设备的经济寿命期确定。

财务评价的计算期一般不超过 20 年。计算现金流的时间单位一般为年，也可采用其他常用的时间单位。

3.1.5 总成本费用的估算

1. 总成本费用的含义及分类

总成本费用是指项目在运营期内为生产产品或提供服务所发生的全部费用，等于经营成本与折旧费、摊销费和财务费用之和。总成本费用按成本与生产过程的关系分为生产成本和期间费用，按成本与产量的关系分为固定成本和可变成本等。总成本估算应与销售收入的计算口径相对应，各项费用应划分清楚，防止重复计算或者低估费用支出。

2. 总成本费用的构成与估算

总成本费用的估算通常采用以下两种方法。

(1) 生产成本加期间费用估算法（生产成本法）

所谓生产成本法，是在核算产品成本时只分配与生产经营最直接和关系密切的费用，而将与生产经营没有直接关系和关系不密切的费用计入当期损益，即直接材料、直接工资、其他直接支出和制造费用计入产品生产成本，管理费用、财务费用和销售费用直接计入当期损益。其计算公式为

$$\text{总成本费用} = \text{生产成本} + \text{期间费用} \tag{3.2}$$

式中

$$\begin{aligned}\text{生产成本} &= \text{直接材料费} + \text{直接燃料和动力费} + \text{直接工资} \\ &\quad + \text{其他直接支出} + \text{制造费用}\\ \text{期间费用} &= \text{管理费用} + \text{财务费用} + \text{营业费用}\end{aligned}$$

按照生产成本法估算的总成本费用估算表如表 3.7 所示。

表 3.7 总成本费用估算表（生产成本法） 人民币单位：万元

序号	项目	合计	计算期/年				
			1	2	3	…	n
1	生产成本						
1.1	直接材料费						
1.2	直接燃料及动力费						
1.3	直接工资及福利费						
1.4	制造费用						

续表

序号	项目	合计	计算期/年				
			1	2	3	…	*n*
1.4.1	折旧费						
1.4.2	修理费						
1.4.3	其他制造费						
2	管理费用						
2.1	无形资产摊销						
2.2	其他资产摊销						
2.3	其他管理费用						
3	财务费用						
3.1	利息支出						
3.1.1	长期借款利息						
3.1.2	流动资金借款利息						
3.1.3	短期借款利息						
4	营业费用						
5	总成本费用合计（1＋2＋3＋4）						
5.1	其中：可变成本						
5.2	固定成本						
6	经营成本（5－1.4.1－2.1－2.2－3.1）						

（2）生产要素估算法（生产要素法）

按照生产要素法估算总成本费用的估算表如表 3.8 所示。

表 3.8　总成本费用估算表（生产要素法）　　人民币单位：万元

序号	项目	合计	计算期/年				
			1	2	3	…	*n*
1	外购原材料费						
2	外购燃料及动力费						
3	工资及福利费						
4	修理费						
5	其他费用						
6	经营成本（1＋2＋3＋4＋5）						
7	折旧费						
8	摊销费						
9	利息支出						
10	总成本费用合计（6＋7＋8＋9）						
10.1	其中：固定成本						
10.2	可变成本						

表 3.7 和表 3.8 中有关的几项费用估算如下所述。

1）表3.8中的“其他费用”包括其他制造费用、其他管理费用和其他营业费用三部分。

2）经营成本估算。经营成本是工程经济学中特有的概念，作为项目运营期的主要现金流出，即

$$\begin{aligned}经营成本 &= 外购原材料费 + 燃料及动力费 + 工资及福利费 \\ &\quad + 修理费 + 其他费用 \end{aligned} \tag{3.3}$$

或

$$经营成本 = 总成本费用 - 折旧费 - 摊销费 - 利息支出 \tag{3.4}$$

式（3.3）中，其他费用是指从制造费用、管理费用和营业费用中扣除了折旧费、摊销费、修理费、工资及福利费以后的剩余部分。

3）折旧费的估算。

① 固定资产折旧的概念。固定资产在使用过程中，经过多次反复循环的生产周期后最终会报废，我们将其价值逐步定期地转移到产品价值中去的部分称为折旧。折旧是对固定资产有形磨损和无形磨损的补偿。将折旧费计入成本费用是企业回收固定资产投资的一种手段。

企业有权选择具体折旧年限，在开始年度前报主管财政机关备案。

② 影响固定资产折旧的因素主要有固定资产原值、固定资产净残值和固定资产估计使用年限。

③ 固定资产的折旧范围。企业拥有或控制的固定资产并不都需要计提折旧。按有关财务会计制度，应当计提折旧的固定资产包括：

a. 房屋建筑物（无论使用与否）。

b. 在用的机器设备、仪器仪表、运输工具、工具器具。

c. 季节性停用和大修理停用的设备。

d. 融资租入固定资产和以经营租赁方式租出的固定资产。

不计提折旧的固定资产包括：

a. 除房屋建筑物以外的未使用、不需用的固定资产。

b. 以经营租赁方式租入的固定资产。

c. 已提足折旧并继续使用的固定资产。

d. 按规定单独估价作为固定资产入账的土地。

④ 折旧的计算方法分为平均折旧法（平均年限法、工作量法）和加速折旧法（双倍余额递减法、年数总和法）两种。对于技术进步较快或使用寿命受工作环境影响较大的施工机械和运输设备，经财政主管部门批准，可采用加速折旧法。

a. 平均年限法，又叫直线折旧法，是在固定资产使用年限内按期（年、月）平均分摊应折旧总金额的方法。平均年限法计算固定资产折旧额的计算公式为

$$\begin{aligned}固定资产年折旧额 &= \frac{固定资产原值 - 固定资产净残值}{使用年限(折旧年限)} \\ &= 固定资产原值 \times 年折旧率 \end{aligned} \tag{3.5}$$

$$固定资产净残值 = 固定资产残值 - 清理费用 \tag{3.6}$$

$$固定资产年折旧率=\frac{固定资产年折旧额}{固定资产原值}=\frac{固定资产原值-固定资产净残值}{固定资产折旧年限\times固定资产原值}$$

$$=\frac{1-固定资产净残值率}{固定资产折旧年限} \tag{3.7}$$

固定资产净残值率按照固定资产原值的 3%～5%确定。

$$月折旧率=年折旧率/12 \tag{3.8}$$

每期（年、月）末固定资产净值可通过下式得到，即

$$期末固定资产净值=固定资产原值-累计折旧 \tag{3.9}$$

这种方法的优点是简单明了，计算方便，在侧重有形损耗时更加适用；缺点是没有考虑使用状况（随使用年限增加保养费、修理费增加），主要适用于科技含量相对较低的房屋、仓库等建筑物性质的固定资产。

【例 3.1】 企业的某项固定资产原值为 60 000 元，预计使用年限为 6 年，预计残值收入 2000 元，预计清理费用 1000 元，该固定资产用平均年限法计提折旧，试计算其每月应计提的折旧额。

【解】

$$固定资产年折旧额=\frac{60\ 000-(2000-1000)}{6}=9500(元)$$

$$月折旧额=\frac{9500}{12}=792(元)$$

b. 工作量法，是指按照固定资产生产经营过程中所完成的工作量计提折旧的一种方法，是由平均年限法派生出来的方法，其基本计算公式为

$$单位工作量折旧额=\frac{固定资产原值-固定资产净残值}{总的工作量} \tag{3.10}$$

这种方法的特点是所提折旧额与使用程度成比例，但未考虑无形损耗，适用于各种时期使用程度不同的专业机械和设备。

【例 3.2】 某公司有一辆运输汽车，原值为 150 000 元，预计净残值率为 5%，预计总行驶里程为 600 000km，当月行驶 5000km，试计算月计提折旧额。

【解】

$$单位工作量折旧额=\frac{150\ 000\times(1-5\%)}{600\ 000}=0.2375(元/km)$$

$$本月折旧额=5000\times0.2375=1187.50(元)$$

c. 双倍余额递减法，是指按照固定资产账面净值和固定的折旧率计算折旧的方法，其年折旧率是平均年限法的两倍，并且在计算年折旧率时不考虑预计净残值率。采用这种方法计算时折旧率是固定的，但计算基数逐年递减，因此计算的折旧额逐年递减，所以又称为递减折旧法，其计算公式推导如下：

$$年双倍直线折旧率=\frac{2}{固定资产折旧年限}\times100\% \tag{3.11}$$

$$年折旧额=固定资产账面净值\times年折旧率 \tag{3.12}$$

我国相关制度规定：实行双倍余额递减法的固定资产，应当在其固定资产折旧年限到期前两年内，将固定资产账面净值扣除预计净残值后的净额平均摊销，即从折旧年限到期前两年开始改用直线法计提折旧，以满足残值的要求（不能使年末固定资产

账面净值低于其预计残值）。

【例 3.3】 某项固定资产原价为 10 000 元，预计净残值 400 元，预计使用年限 5 年，采用双倍余额递减法计算各年的折旧额。

【解】 年折旧率＝2/5×100%＝40%

第一年折旧额 ＝10 000×40% ＝ 4000(元)

第二年折旧额 ＝(10 000－4000)×40% ＝ 2400(元)

第三年折旧额 ＝(10 000－6400)×40% ＝ 1440(元)

第四年折旧额 ＝(10 000－7840－400)/2 ＝ 880(元)

第五年折旧额 ＝(10 000－7840－400)/2 ＝ 880(元)

d. 年数总和法，也称年数总额法，是指以固定资产原值减去预计净残值后的余额为基数，按照逐年递减的折旧率计提折旧的一种方法。其折旧率以该项固定资产预计尚可使用的年数（包括当年）作分子，而以逐年可使用年数之和作分母，分母是固定的，而分子逐年递减，因此折旧率逐年递减，计提的折旧额也逐年递减。假定使用年数为 n，则其计算公式为

$$\text{分母(即逐年可使用年数之和)} = 1 + 2 + \cdots + n = \frac{n(n+1)}{2}$$

因此

$$\text{年折旧率} = \frac{\text{折旧年限} - \text{已使用年数}}{\text{折旧年限} \times (\text{折旧年限} + 1)/2} \times 100\% \tag{3.13}$$

$$\text{年折旧额} = (\text{固定资产原值} - \text{预计净残值}) \times \text{年折旧率} \tag{3.14}$$

【例 3.4】 用年数总和法计算例 3.1 的设备年折旧额。

【解】 计算折旧的基数＝60 000－1000＝59 000(元)

年数总和＝6＋5＋4＋3＋2＋1＝21(年)

各年的折旧率分别为 6/21，5/21，4/21，3/21，2/21，1/21，则

第一年应提折旧额 ＝59 000×6/21 ＝ 16 857(元)

第二年应提折旧额 ＝59 000×5/21 ＝ 14 048(元)

同理，第三、四、五、六年的折旧额分别为 11 238 元、8429 元、5619 元、2810 元。

加速折旧法（双倍余额递减法、年数总和法）有以下特点：①既考虑了有形损耗，也考虑了无形损耗；②与生产状况相对应；③与维修费用相对应。

加速折旧法与平均折旧法（平均年限法、工作量法）相比具备以下优点：第一，早期折旧费高于后期折旧费，这和固定资产早期生产能力比后期大、早期营业收入比后期多相吻合，即符合收入成本配比原则；第二，随着固定资产的使用，后期的修理维护费用要比前期多，采用加速折旧法，早期折旧费用比后期多，可以使固定资产的成本费用在其整个使用期内较平稳；第三，前期成本提高，利润降低，推迟了企业应缴税款，相当于国家提供了变相无息贷款。

根据折旧费计算结果编制的固定资产折旧费估算表如表 3.9 所示。

表 3.9　固定资产折旧费估算表　　人民币单位：万元

序号	项目	合计	计算期/年				
			1	2	3	…	n
1	房屋、建筑物						
	原值						
	当期折旧费						
	净值						
2	机器设备						
	原值						
	当期折旧费						
	净值						
	……						
3	合计						
	原值						
	当期折旧费						
	净值						

4）摊销费的估算。无形资产与其他资产的摊销是指将这些资产在使用中损耗的价值转入成本费用中去。一般不计残值，从受益之日起，在一定期间分期平均摊销。

【例 3.5】 某项目筹建期间发生注册登记费 2000 元，培训费 1800 元，印刷费 2200 元，验资费 3000 元，差旅费 3600 元，筹建人员工资 12 000 元，长期借款利息 8400 元，规定在项目运营当月起 5 年内摊销开办费用，试计算运营开始后 5 年内每月应摊销入管理费用的开办费数额。

【解】 开办费总额＝2000＋1800＋2200＋3000＋3600＋12 000＋8400

＝33 000(元)

每月返销额＝33 000/5/12＝550(元)

根据摊销费计算结果编制的无形资产和其他资产摊销费估算表如表 3.10 所示。

表 3.10　无形资产和其他资产摊销费估算表　　人民币单位：万元

序号	项目	合计	计算期/年				
			1	2	3	…	n
1	无形资产						
	原值						
	当期摊销费						
	净值						
2	其他资产						
	原值						
	当期摊销费						
	净值						
	……						

续表

序号	项目	合计	计算期/年				
			1	2	3	…	n
3	合计						
	原值						
	当期摊销费						
	净值						

5）财务费用（利息）的估算。财务费用是指在生产经营期间发生的利息支出、汇兑损失以及相关的金融机构手续费。在项目评估时生产经营期的财务费用需计算长期负债利息净支出和短期负债利息，在未取得可靠计算依据的情况下可不考虑汇兑损失及相关的金融机构手续费。

6）固定成本与可变成本估算。为了进行盈亏平衡分析和不确定性分析，需将总成本费用分解为固定成本和可变成本。固定成本是指成本总额不随产品产量及销售量的增减发生变化的各项成本费用，一般包括折旧费、摊销费、修理费、工资及福利费（计件工资除外）和其他费用等，通常把运营期发生的全部利息也作为固定成本。可变成本是指成本总额随产品产量和销售量增减而成正比例变化的各项费用，主要包括外购原材料、燃料及动力费和计件工资等。有些成本费用属于半固定半可变成本，必要时可进一步分解为固定成本和可变成本。

3.1.6 营业收入、营业税金及附加和增值税的估算

1. 营业收入的估算

营业收入是指销售产品或者提供服务所获得的收入，是现金流量表中现金流入的主体，也是利润表的主要科目。营业收入估算的基础数据包括产品或服务的数量和价格，其计算公式为

$$营业收入 = 产品或服务数量 \times 单位价格 \tag{3.15}$$

在确定数量时，为计算简便，假定年生产量即为年销售量，不考虑库存；在确定价格时，产品销售价格一般采用出厂价。

2. 营业税金及附加的估算

营业税金及附加是指新建项目生产经营期（包括建设与生产同步进行情况下的生产经营期）内因销售产品（营业或提供劳务）而发生的消费税、营业税、资源税、城市维护建设税及教育费附加。

营业税金及附加的计征依据是项目的营业收入，不包括营业外收入和对外投资收益。

3. 增值税的估算

营业税金及附加中不含有增值税，因为增值税是价外税，纳税人交税，最终由消费者负担，因此与纳税人的经营成本和经营利润无关，所以增值税不在“营业税金及

附加”科目中反映，在经营期间的现金流量系统中可以不考虑增值税。在经济项目评价中应遵循价外税的计税原则，在项目损益分析及财务现金流量分析的计算中均不应包含增值税的内容。

对营业收入、营业税金及附加和增值税的估算结果应编制如表 3.11 所示的营业收入、营业税金及附加和增值税估算表。

表 3.11　营业收入、营业税金及附加和增值税估算表　　人民币单位：万元

序号	项目	合计	计算期/年				
			1	2	3	…	n
1	营业收入						
1.1	产品 A 营业收入						
	单价						
	数量						
	销项税额						
1.2	产品 B 营业收入						
	单价						
	数量						
	销项税额						
2	营业税金及附加						
2.1	营业税						
2.2	消费税						
2.3	城市维护建设税						
2.4	教育费附加						
3	增值税						
	销项税额						
	进项税额						

3.1.7　投资借款还本付息估算

企业为筹集所需资金而发生的费用称为借款费用，又称财务费用，包括利息支出、汇兑损失以及相关的手续费等。利息支出的估算包括长期借款利息、流动资金借款利息和短期借款利息三部分。

1. 建设投资借款还本付息估算

建设投资借款还本付息估算主要是测算还款期的利息和偿还贷款的时间，从而观察项目的偿还能力和收益，为财务效益评价和项目决策提供依据。

根据建设投资借款还本付息的计算结果编制如表 3.12 所示的借款还本付息计划表。

表 3.12 借款还本付息计划表 人民币单位：万元

序号	项目	合计	计算期/年				
			1	2	3	…	n
1	借款 1						
1.1	期初借款余额						
1.2	当期还本付息						
1.2.1	其中：还本						
1.2.2	付息						
1.3	期末借款余额						
2	借款 2						
2.1	期初借款余额						
2.2	当期还本付息						
2.2.1	其中：还本						
2.2.2	付息						
2.3	期末借款余额						
3	债券						
3.1	期初债务余额						
3.2	当期还本付息						
3.2.1	其中：还本						
3.2.2	付息						
3.3	期末债务余额						
4	借款和债券合计						
4.1	期初余额						
4.2	当期还本付息						
4.2.1	其中：还本						
4.3.2	付息						
4.3	期末余额						
5	利息备付率/%						
	偿债备付率/%						

2. 流动资金借款还本付息估算

流动资金借款在生产经营期内只计算每年所支付的利息，在项目寿命期最后一年一次性支付本金，其利息计算公式为

$$年流动资金借款利息 = 流动资金借款额 \times 流动资金借款年利率 \tag{3.16}$$

3. 短期借款还本付息估算

项目财务评价中的短期借款是指运营期间由于资金的临时需要而发生的短期借款，

短期借款的数额应在财务计划现金流量表中得到反映，其利息应计入总成本费用表的利息支出中。短期借款利息的计算与流动资金借款利息相同，短期借款本金的偿还按照随借随还的原则处理。

3.1.8 项目总投资使用计划与资金筹措

为了保证项目建设顺利进行，资金使用计划应根据项目实施进度与资金来源渠道进行编制，编制时应注意以下几方面：

1）根据建筑安装工程进度表，按照不同年度的工作量安排相应的资金供给量。

2）根据设备到货计划安排设备购置费支出。

3）项目的前期费用应尽早落实。

4）在安排投资计划时应先安排自有资金，后安排外部筹集来的资金。

根据资金筹措方案与资金使用计划编制项目总投资使用计划与资金筹措表，如表 3.13所示。

表 3.13 项目总投资使用计划与资金筹措表 人民币单位：万元

序号	项目	合计	年度投资与筹措资金			
			第 1 年	第 2 年	…	第 n 年
1	总投资					
1.1	建设投资					
1.2	建设期利息					
1.3	流动资金					
2	资金筹措					
2.1	项目资本金					
2.1.1	用于建设投资					
	×××					
	……					
2.1.2	用于流动资金					
	×××					
	……					
2.1.3	用于建设期利息					
	×××					
	……					
2.2	债务资金					
2.2.1	用于建设投资					
	××借款					
	××债券					
	……					
2.2.2	用于流动资金					

续表

序号	项目	合计	年度投资与筹措资金			
			第1年	第2年	…	第n年
	××借款					
	××债券					
	……					
2.2.3	用于建设期利息					
	××借款					
	××债券					
	……					
2.3	其他资金					
	×××					
	……					

3.2 项目融资

3.2.1 项目融资

项目融资是20世纪70年代末国际上兴起的一种融资方式。由于项目融资方式比传统的筹资方式更能有效地解决大型基础设施项目的资金问题，因此被越来越多的国家所采用。在我国，最早采用项目融资是在20世纪80年代，深圳沙角B电厂（广东省沙角火力发电厂B处）项目采用BOT方式进行投资建设，这对缓解政府财政经费不足起到很大的作用。

当前，具有我国特色的PPP（政府和社会资本合作）模式已突破简单化“融资模式”的理解，是一项推进国家治理体系和治理能力现代化的重大制度创新。它不仅是一种融资手段，更是一次体制机制变革，涉及行政体制改革、财政体制改革、投融资体制改革。

1. 项目融资的概念

项目融资是以项目的资产、预期收益或权益作抵押取得的一种无追索权或有限追索权的融资或贷款活动。追索是指借款人未按期偿还债务时贷款人要求借款人用除抵押资产之外的其他资产偿还债务的权力。有限追索或无追索是指贷款人可以在某个特定阶段或者规定的范围内，对项目的借款人追索，除此之外，无论项目出现任何问题，贷款人均不能追索到借款人除该项目资产、现金流量以及所承担义务之外的任何财产。有限追索融资的特点是“无追索”融资，即融资百分之百地依赖于项目的经济实力。项目融资包含两个基本内容：一是项目融资是以项目为主体进行融资；二是项目融资的贷款偿还来源仅限于融资项目本身。从广义上讲，凡是为了建设一个新项目或收购一个现有项目进行债务重组所进行的一切融资活动都可以称为“项目融资”。显然，这一概念包括传统的项目融资（贷款）。美国财会标准手册中的定义是：“项目融资是指对需要大资金的项目而采取的金融活动。”

为了准确地理解项目融资的含义，下面举例说明项目融资与传统贷款的区别：

假设某房地产公司现有 A、B 两个房地产开发项目，为了扩大房地产的市场份额，决定从金融市场上筹集资金再开发一个房地产项目 C，资金筹集方式有三种：

第一种，用借来的款项开发项目 C，而归还贷款的款项来源于 A、B、C 三个房地产项目的收益。如果房地产项目 C 开发失败，则 A、B 两个项目的收益将作为偿债的担保。这时，贷款方对该房地产公司拥有完全追索权。

第二种，将借来的资金用于建设房地产 C 项目，用于偿还的资金也仅限于房地产 C 项目建成后的房产销售收入。如果项目 C 开发失败，贷款方只能从 C 项目的资产和现金流中回收一部分，除此之外，不能要求该公司从别的任何资金来源偿还贷款，这时称贷款方对房地产公司无追索权。

第三种，将借来的资金用于建设房地产 C 项目。在签订协议时，只要求房地产公司对 C 项目的建设期进行担保，或者只要求房地产公司将 B 项目的收益作为偿还贷款担保，这时称贷款方对房地产公司有有限追索权。

根据项目融资的定义，第二种和第三种才能称项目融资，第一种是传统融资（贷款）。

2. 项目融资的特点

项目融资不同于传统企业或公司融资。企业或公司融资是指一个企业（公司）利用本身的资信能力对外进行的融资。项目融资与传统融资相比具有以下特点：

1）项目本身的经济收益预期是贷款的依据。工程项目融资是根据工程项目公司的资产状况及该工程项目完工投产后所创造出来的经济收益作为贷款人发放贷款的依据。因此，如果工程项目本身发展有潜力，即使项目发起人现有的资产不多，收益情况暂时不理想，项目融资可能会成功；反之，如果工程项目的发展前景不好，即使项目发起人资产较雄厚，项目融资也不一定成功。

2）追索权特别。工程项目融资一个重要的特点为有限追索权或无追索权。

3）风险分担的复杂性。工程项目融资一般需要有结构严谨而复杂的担保体系，它要求与工程项目有利害关系的众多当事人对债务资金可能发生的风险进行担保，以保证该工程按计划完工、营运，并产生较好的效益用于偿还贷款。项目融资与传统融资相比，在风险分担方面有三个不同的特点：即投资风险大；风险种类多，甚至存在政治风险和法律风险等；融资参与方众多。

4）非公司负债型融资。非公司负债型融资是指项目的债务不表现在项目投资者的公司资产负债表中的一种融资形式。根据项目融资风险分担的原则，贷款人对于项目的债务追索权主要被限制在项目公司的资产和现金流量中，借款人所承担的是有限责任。

5）信用结构多元化。在工程建设项目融资中，工程项目建设所需资金往往具有规模大、期限长的特点，因而需要多元化的资金融资渠道，并把贷款的信用支持合理有效地分配到与项目有关的各个关键方面，这样可以提高项目的债务承受能力，减少项目融资对投资者的资信和其他资产的依赖程度。

6）融资成本高。由于项目融资涉及面广，融资渠道结构复杂，导致其前期工作较为繁冗、工作量大，从而加大了成本开支，同时有限追索的性质也会增加成本。项目融资的成本包括融资的前期费用和利息成本两个部分。

3.2.2 项目融资的适用范围及操作程序

1. 项目融资的适用范围

从各国使用项目融资的情况看，主要适用于：资源开发、基础设施建设和工业项目三大类。

1）资源开发。运用项目融资进行石油、矿产等资源开发的项目。

2）基础设施建设。目前，从世界范围来看，无论是发达国家，还是发展中国家，项目融资应用最多的就是基础设施项目。这类项目又分为三大类：一是公共设施项目，如电力、电信、自来水、排污等；二是公共工程，包括铁路、公路、海底隧道、大坝等；三是其他交通工程，包括港口、机场和城市地铁等。

3）工业项目。随着经济全球化的快速发展，项目融资越来越引起各国政府的高度重视，并且运用的范围逐步扩大，从基础设施项目开发逐步向工业领域渗透。

中国项目融资的范围，包括能源、交通运输、水利、环境保护、农业、林业、科技、保障性安居工程、医疗、卫生、养老、教育、文化等公共服务领域。

2. 项目融资的程序

工程项目融资的程序分以下几个阶段：

1）投资决策分析阶段。投资决策对于投资者而言是决定是否投资一个项目的首要环节，投资决策分析的结论是投资决策的主要依据。投资者在进行决策之前，通过对宏观经济判断、产业发展前景的预测、以及该工程项目在社会经济发展中的作用及竞争性的分析来评估工程项目建设的可行性，初步确定项目的投资结构。

2）融资决策分析阶段。这一阶段的主要内容是投资者将决定采取哪种融资方式为工程项目筹集资金。是否采用项目融资，取决于项目的贷款数量和债务责任的分担情况。如果采用项目融资方式筹资，需要对各种可能采用的融资方案的成本效益进行分析，选择最优方案。

3）融资结构分析阶段。工程项目融资结构分为投资结构、资金结构、融资模式结构到信用担保结构。这一阶段的主要任务是完成对工程建设项目风险的分析和评估，设计出工程项目的融资结构和资金结构，并对工程建设项目的投资结构进行修改和完善，同时也对工程建设项目的投资风险控制方式进行调整。因此，这一阶段是项目融资的关键阶段。

4）融资谈判阶段。这一阶段的主要任务是通过对融资方案的反复设计、分析、比较和谈判，最后选定一个既能在最大限度上保护工程项目投资人的利益，又能为贷款银行所接受的融资方案。

5）融资执行阶段。当正式签署工程项目融资的法律文件之后，项目融资就进入了执行阶段。在这一阶段，贷款机构通常将委派融资顾问为经理人，经常性地监督项目的进展情况，并根据融资文件的规定，参与部分项目的决策程序，管理和控制项目的贷款投放和部分现金流量。

3.2.3　融资主体确定

分析、研究项目的融资渠道和方式，提出项目的融资方案，应首先确定项目的融资主体。项目的融资主体是指进行融资活动，并承担融资责任和风险的项目法人单位。按照融资主体不同，项目的融资可分为既有法人融资和新设法人融资两种融资方式。正确确定项目的融资主体，有助于顺利筹措资金和降低债务偿还风险。确定项目融资主体应考虑项目投资的规模和行业特点，项目与既有法人资产、经营活动的联系，项目自身的盈利能力，以及既有法人财务状况等因素。

1. 既有法人融资

既有法人融资方式是以既有法人为融资主体的融资方式。其基本特点是：由既有法人发起项目、组织融资活动并承担融资责任和风险；建设项目所需的资金，来源于既有法人内部融资、新增资本金和新增债务资金；新增债务资金依靠既有法人整体（包括拟建项目）的盈利能力来偿还，并以既有法人整体的资产和信用承担债务担保。采用既有法人融资方式的建设，既可以是改扩建项目，也可以是非独立法人的新建项目。

以既有法人融资方式筹集的债务资金虽然用于项目投资，但债务人是既有法人。债权人可对既有法人的全部资产（包括拟建项目的资产）进行债务追索，因而债权人的债务风险较低。在这种融资方式下，不论项目未来的盈利能力如何，只要既有法人能够保证按期还本付息，银行就可以提供信贷资金。

2. 新设法人融资

新设法人融资方式是以新组建的具有独立法人资格的项目公司为融资主体的融资方式。其基本特点是：由项目发起人（企业或政府）发起组建新的具有独立法人资格的项目公司，由新组建的项目公司承担融资责任和风险；建设项目所需资金的来源，可包括项目公司股东投入的资本金和项目公司承担的债务资金；依靠项目自身的盈利能力来偿还债务；一般以项目投资形成的资产、未来收益或权益作为融资担保的基础。

采用新设法人融资方式的建设项目，项目法人大多是企业法人。一般是新建项目，但也可以是既有法人的一部分资产剥离出去后重新组建的项目法人的改扩建项目。社会公益性项目和某些基础设施项目也可以组建新的事业法人实施。

采用新设法人融资方式，项目发起人与新组建的项目公司分属不同的实体，项目的债务风险由新组建的项目公司承担，能否按时还贷，取决于项目自身的盈利能力，因此必须认真分析项目自身的现金流量和盈利能力。

3. 国内的 PPP 融资模式

在公共服务领域，推广运用政府和社会资本合作（PPP）模式，引入社会力量参与公共服务供给，提升供给质量和效率，是党中央、国务院作出的一项重大决策部署。遵循“规范运行、严格监管、公开透明、诚信履约”的原则，充分发挥 PPP 模式的积极作用，完善建立项目库“能进能出”的动态调整机制，补齐基础设施短板，推进 PPP 项目稳健规范发展。

作为公共服务供给领域中的制度创新，我国的 PPP 模式能够充分发挥政府和社会资本方各自的资源禀赋，从而重塑政府与市场之间的互动关系。PPP 模式能够有效地配置资源，推动基础设施投资和运营机制的创新，促进政府管理体制的变革，实现经济社会的可持续发展。在我国，PPP 模式已突破简单化的“融资模式”理解，深入为政府与社会资本建立的长期合作关系。

2015 年 7 月，《财政部、发展改革委、人民银行关于在公共服务领域推广政府和社会资本合作模式指导意见的通知》（国办发〔2015〕42 号）中对 PPP 模式的定义：“政府和社会资本合作模式是公共服务供给机制的的重大创新，即政府采取竞争性方式择优选择具有投资、运营管理能力的社会资本，双方按照平等协商原则订立合同，明确责权利关系，由社会资本提供公共服务，政府依据公共服务绩效评价结果向社会资本支付相应对价，保证社会资本获得合理收益。”同时明确，“特许经营”作为 PPP 模式实施方式的一种，在能源、交通运输、水利、环保及市政公用等特定领域及需要实施特许经营时适用。

3.3 PPP 模式的理解、分析与实践

通常项目融资采用的方式有：远期购买、融资租赁、证券融资、设施使用协议、产品支付、PPP 等多种方式。本书主要介绍 PPP 模式。

3.3.1 近年来国内 PPP 模式发展历程

1. PPP 的定义

PPP 是“Public—Private Partnership”的缩写，直译为“公私合作伙伴关系”，“公”即公共部门，“私”即私营机构。由于各国的具体情况不同，PPP 并没有一个被广泛认可和接受的定义。目前，PPP 还属一个动态的、不断演变进化的概念范畴。但从总体上看，PPP 是指公共部门和私营机构就提供公共产品和服务而建立的合作关系，本质上是利用私营机构的资金、人员、技术和管理优势，向社会提供长期优质公共产品或服务的一种行为。实际上，PPP 是一种项目融资模式和项目管理模式。

美国 PPP 国家委员会定义的 PPP 是指公共部门（联邦政府、州政府或地方政府）和私营机构间的合作安排，通过这种合作安排，合作各方整合技能和资本，为社会公

众提供服务和设施。除了整合资源外，合作各方还共担风险、共享潜在收益。

在我国，PPP 被译为“政府与社会资本合作”，这是因为我国的公共部门主要指政府机构，合作方也不完全是私营机构，而是“依法设立，具有投资、建设、运营能力的企业，”这就是社会资本的定义。PPP 是以市场竞争的方式提供服务，主要集中在纯公共领域和准公共领域。

2. 国内的 PPP 完全由政府主导与推动

在党的十八届三中全会之后，PPP 模式成为政府力推的改革与投资模式。2014 年 8 月以后，中国的 PPP 相关政策密集出台，主要来自国务院、发改委、财政部、人民银行、各行业主管部门或上述部门的联合行动，中国 PPP 模式发展实际上进入了一个由国家政策启动的阶段。该阶段以明确的政策导向和指导性的操作指南为特征，PPP 模式发展的政策机会和规则约束并存，使我国的 PPP 模式从宽松的较弱规则状态快速地进入到了偏好约束的较强规则状态。同时，专业中介机构积极参与 PPP 项目的咨询服务。

2019 年 3 月 7 日财政部发布《关于推进政府和社会资本合作规范发展的实施意见》(财金〔2019〕10 号)，明确 PPP 项目是党中央、国务院作出的一项重大决策部署，以“规范运行、严格监管、公开透明、诚信履约”为原则，首次提出规范的 PPP 项目应当符合下列 6 个条件，对 PPP 项目稳健规范发展提出准确要求。

1）属于公共服务领域的公益性项目，合作期限原则上在 10 年以上，按规定履行物有所值评价、财政承受能力论证程序。

2）社会资本负责项目投资、建设、运营并承担相应风险，政府承担政策、法律等风险。

3）建立完全与项目产出绩效相挂钩的付费机制，不得通过降低考核标准等方式，提前锁定、固化政府支出责任。

4）项目资本金符合国家规定比例，项目公司股东以自有资金按时足额缴纳资本金。

5）政府方签约主体应为县级及县级以上人民政府或其授权的机关或事业单位。

6）按规定纳入全国 PPP 综合信息平台项目库，及时充分披露项目信息，主动接受社会监督。

在国外，一般把 PPP 视为项目管理的范畴，其层级较低。而中国已把 PPP 上升到政府与社会资本合作的模式，所承载的内容远远大于在国外的应用。另一方面 PPP 模式是政府与社会主体建立起“利益共享、风险共担、全程合作”的共同体关系，可使政府财政负担减轻、有效降低财政风险，社会主体投资风险减小，最终使合作各方(包括广大民众）达到比预期更为有利的结果。甚至在“权力寻租”方面也使某些风险得以规避。

中国的 PPP 和国外的 PPP 是有显著区别的。国外的 PPP 里的第二个“P”表示的是私人资本，而国内出于多种原因这第二个“P”大多是央企或国企。这解释了为什么 PPP 项目很少出现纠纷，国内政府相关部门也在积极地指导、帮助、支持 PPP 项目，体现出社会主义核心价值观和社会主义制度的优越性。

总之，政府吸引社会资本的目的是缓解公共基础设施建设的资金缺口，而社会资本参与的目的是想从基础设施建设中获得一定的收益。在双方的合作中应该充分发挥各自的优势，利益共享，风险共担。既要避免政府过多的介入（如鸟巢项目失败案例），又要防止社会资本的介入为获得超额收益背离了“公平”的原则。因此，在项目实施的全过程（即项目识别→项目准备→项目采购→项目执行）阶段应该充分做好相关工作，使政府与社会资本在职责权利和项目收益方面达到均衡。

习近平总书记指出：“改革是由问题倒逼而产生，又在不断解决问题中得以深化”“在认识世界和改造世界的过程中，旧的问题解决了，新的问题又会产生，制度总是需要不断完善，因而改革既不可能一蹴而就、也不可能一劳永逸”。我们党带领人民在科学应对重大现实问题中不断解决问题，取得辉煌发展成就，这是坚持中国特色社会主义道路自信、理论自信、制度自信、文化自信的基础。

目前，国家发改委将“对重点 PPP 项目进行指导支持，帮助优化完善项目方案，打造 PPP 项目精品案例，形成可复制、可推广的经验。”

我国学术界研究 PPP 模式创新实践的历史较短，亟须形成完整的体系。全面、系统、客观地研究适合中国发展的 PPP 行业创新发展实践，对参与各方进行基础理论学习和实际操作、传播先进理念及中国 PPP 核心价值都很有必要。

3. PPP 模式在中国的发展状况

在我国，PPP 模式前后经历了 2014～2015 年的推广应用期；2015～2016 年的高速发展期；2017～2018 年的规范整顿期。2017 年 11 月财政部发布了《关于规范政府和社会资本合作（PPP）综合信息平台项目库管理的通知》（财办金〔2017〕92 号），PPP 经历了最严的“规范令”。经过规范，坚决遏制了隐性债务风险增量，严格新项目入库标准，集中清理大量已入库项目。2019 年 PPP 政策开始回暖，规范的 PPP 模式迎来了发展契机。

《关于加快加强政府和社会资本合作（PPP）项目入库和储备管理工作的通知》（财政企函〔2020〕1 号）指出：“提高政治站位，强化责任担当，加快加强项目入库和储备管理工作，加大优化公共服务供给，不断增强人民群众获得感幸福感安全感”；以及“发挥储备清单作用，加快建立项目协同滚动开发机制，形成储备一批、开发一批、落地一批的良性可持续发展局面。”“统筹平衡，突出重点、精准发力，保障医疗、养老、教育、生态环保和城镇老旧小区改造等基础保障性强、外溢性好、社会资本参与性高的项目优先入库。”明确了 PPP 项目入库的具体要求。

根据财政部政府和社会资本合作中心统计公布，2014 年～2020 年 6 月末，全国 PPP 累计在库项目 9626 个，投资额 14.8 万亿元；签约落地项目 6546 个，投资额 10.3 万亿元，落地率 68.0%；开工建设项目 3927 个，投资额 5.9 万亿元，开工率 60.0%。其中，2020 年上半年新入库项目 482 个，投资额 7935 亿元，扣除同期退库项目 296 个，投资额 3896 亿元，以及在库项目调减投资额 220 亿元，故净增项目 186 个及投资额 3819 亿元。“两新一重”（新型基础设施、新型城镇化和交通运输、水利建设等重大工程建设）新入库项目投资额占全部新入库项目的 84.3%，成为 2020 年上半年 PPP 发力重点。另外，截至 6 月末，累计储备清单项目 3223 个（储备清单项目未计入管理库），投资额 3.7 万亿元。

对比 2017 年 6 月底前，财政部 PPP 项目库数据显示，全国 PPP 综合信息平台项目库入库项目已超过 1.3 万个，拟投资额约 16.4 万亿元。可看出这次“规范整顿”的力度之大。所以，制度自信来自党中央对重大现实问题的科学应对。

3.3.2 PPP 模式的主要特征及风险分类

1. PPP 模式的主要特征

20 世纪 60 年代，PPP 模式在美国开始使用，当时 PPP 是指私人参与城市开发项目，随后这个概念扩散到全世界。当时，PPP 模式作为公共部门在社会基础设施及基础设施管理领域的一种采购方式而闻名全球。简言之，伙伴关系、利益共享和风险分担是 PPP 模式的重要特征。

伙伴关系是指政府部门和私营机构在 PPP 项目合作中，具有一致的目标，相互合作，优势互补，使用比任何单独一方实施项目时更丰富的资源，提供性能价格比更佳的公共产品和服务。在合作过程中，私营机构获得与其所承担的风险和责任相匹配的利益，公共部门实现公共福利的提高，满足公众在公共利益方面的诉求。

共享和分担是建立与维护合作伙伴关系的重要基础。公共部门与私营机构需要整合各自的优势资源、共享利益，私营机构提供资本、技术、管理能力，公共部门提供稳定的项目运营环境和适度的保护，私营机构和公共部门共享项目所带来的经济利益。利益如何合理地共享，实际上又取决于风险的分担，即双方应基于双赢的态度，根据各自的优势分担相应的风险。例如，在城市轨道交通项目中，政府一般会保障最低的客流量，在客流量达不到事先约定的数量时，公共部门将提供适当的补贴；而私营机构则需要承担项目施工建设、项目运营管理等风险。

2. PPP 模式的优缺点

PPP 模式的优点在于政府能够分担投资风险，能够降低融资难度，双方合作也能够协调不同利益主体的不同目标，最终使合作各方达到比预期单独行动更为有利的结果，但缺点在于增加了政府潜在的债务负担。

3. PPP 模式的风险分类与风险分担

PPP 模式的成功运用在很大程度上依赖于正确的风险辨识以及合理分配。工程项目风险是指工程项目在设计、施工和竣工验收等各个阶段可能遭受的风险。基于不同的研究视角和分类标准，按项目环境分成外部环境风险和内部机制风险，根据风险来源把风险因素归纳为自然风险、技术风险、设计风险、金融风险、市场风险、政策法律风险和环境风险等。根据 PPP 项目的基本特征，其主要风险有政策风险、汇率风险、技术风险、财务风险和营运风险等。

如果每种风险都能由最善于应对该风险的合作方承担，整个基础设施建设项目的成本就能最小化。

目前，学术界对于PPP的风险分担原则已达成共识，即PPP项目风险分配应遵从三条主要原则：①由对风险最有控制力的一方控制相应的风险；②承担的风险程度与所得回报相匹配；③承担的风险要有上限。风险分担结果也分为三种：政府承担的风险、社会资本承担的风险、政府与社会资本共担的风险。

4. 鸟巢—中国式PPP失败的典型案例

（1）“鸟巢”PPP项目概况

“鸟巢”是利用PPP模式建造的第28届奥运会主场馆，见图3.2。该项目由中国中信集团、北京城建集团、金州控股集团三家组成的中信联合体与北京市国有资产经营有限公司共同组建项目公司作为国家体育场的项目法人，负责国家体育场的设计、投融资、建设、运营和移交。

图3.2 北京奥运会主场馆（鸟巢）外观图

在总计近32亿元人民币的投资中，由中国中信集团有限公司等三家企业组成的中信联合体出资42%，北京市国有资产经营有限责任公司代表北京市政府出资剩余的58%，双方按投资比例组建国家体育场有限公司，负责“鸟巢”的融资、建设、管理等工作。

根据特许经营协议，中信集团联合体拥有赛后30年的特许经营权，运营期间自负盈亏。期满后，“鸟巢”由北京市政府收回。

（2）“鸟巢”项目为何最终失败

从招投标、建设到运营的全过程，一系列不符合PPP（政府和社会资本合作）模式要求和现行法律法规的做法，都给项目运营的最终失败埋下了伏笔。

“鸟巢”赛后运营一年，合作双方便解约。

2009年8月29日，北京市政府与中信联合体签署《关于进一步加强国家体育场运营维护管理协议》，对“鸟巢”经营者进行股份制改造。中信联合体放弃了30年特许经营权，转而获得持股权42%的永久股东身份；国家体育场有限责任公司董事长、总经理等公司高层由北京市国资委派任。

“鸟巢”经营权由北京市国有资产经营责任有限公司重新主导后，逐步实现了现金流的平衡，值得充分肯定。但是政府收回“鸟巢”经营权，违背了PPP模式初衷，对我国今后大型体育场馆PPP模式的推广存在不利影响。

（3）存在的主要问题分析

1）“鸟巢”项目的失败首先出在执行过程中。“鸟巢”的招标流程不完全符合PPP项目要求，将设计责任交给投标人是体育场馆建设的重要特点。但在“鸟巢”招标过程中，北京市政府先行招标选定了设计方案，造成设计上对体育场赛后商业运营考虑不足，限制了项目公司在赛后对“鸟巢”商业效率的最大化。

2）项目建设过程中出现了重大设计变更。最典型的是，北京市政府在项目开工后决定取消建设可闭合顶盖，从项目全生命周期看，这似乎是“得不偿失”。

3）与现行的财务、法律等制度存在矛盾。以“鸟巢”的盈利计算为例，如果按现在会计准则计提折旧，在30年运营期内，运营方事实上是在为北京市政府投入的20亿元的折旧额“买单”，根本无法实现分红；如果按股权清算，则北京市政府30年不要分红的承诺违法。例如，按照现在会计准则计提折旧，让“鸟巢”的盈利计算成为一个难题。

4）失败最根本原因还是社会资本方的选择“先天不足”。中信联合体成员的主要优势在于融资和工程建设而非大型体育场馆的经营管理。此外，国家体育场的“定位”加上公众对PPP模式认知不清，也直接影响了赛后运营效益。

（4）项目失败的启示

1）全程专业化是关键。PPP实际是政府在基础设施和公共服务领域对社会资本方的融智（智力）+融制（管理制度）+融资。专业化是PPP模式赖以成功的重要前提，也是对社会资本准入的一条基本要求。一个成功“落地”的PPP项目并不必然意味着全生命周期的成功。

2）中信联合体对运营不专业。三方都想从建设承包合同中获利，对建设方案失去良好控制，成本超出概算约4.56亿元人民币，恶化了项目的资产负债表。

3）招标时过于看重融资能力，赛后运营管理能力没有引起足够重视。

3.3.3　各类PPP项目的主要运作方式

结合我国的国情，本书将PPP模式分为三大类：管理外包类、特许经营类及私有化类。每一大类下面，又有不同的项目运作方式，如图3.3所示。

1. 管理外包类

1）O&M（Operations & Maintenance），即委托运营模式，是指政府保留存量公共资产的所有权，而仅将公共资产的运营维护职责委托给社会资本或项目公司，并向社会资本或项目公司支付委托运营费用，社会资本或项目公司不负责用户服务的PPP运作方式。该方式适用于存量项目，合同期限不超过8年。

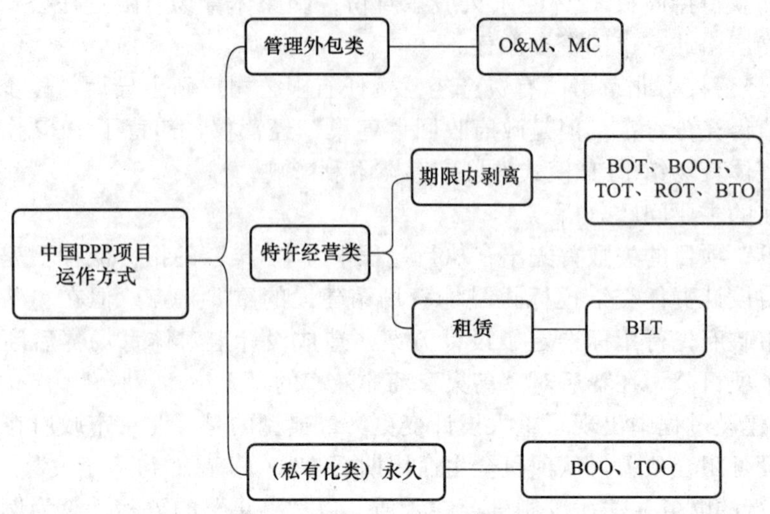

图 3.3 根据项目类型分类的 PPP 运作方式

2）MC（Management Contract），即管理合同模式，是指政府保留存量公共资产的所有权，将公共资产的运营、维护及用户服务职责授权给社会资本或项目公司的项目运作方式，政府向社会资本或项目公司支付相应管理费用。该方式适用于存量项目，合同期限不超过 3 年。

2. 特许经营类

1）BOT（Build-Operate-Transfer），即建设-经营-移交模式，是指政府通过契约授予私营企业（包括外国企业）以一定期限的特许专营权，许可其融资建设和经营特定的公用基础设施，并准许其通过向用户收取费用或出售产品以清偿贷款，回收投资并赚取利润；特许权期限届满时，该基础设施无偿移交给政府。BOT 模式主要用于收费公路、电厂、废水处理设施等基础设施新建项目，是我国基础设施建设 PPP 项目力推的重要运作方式，合同期限 20～30 年。

2）BOOT（Build-Own-Operate-Transfer），即建设-拥有-运营-移交模式，是指由社会资本或项目公司承担新建项目设计、融资、建造、运营、维护和用户服务职责，合同期满后项目资产及相关权利等无偿移交给政府的项目运作方式。适用新建项目，合同期限 20～30 年。

3）TOT（Transfer-Operate-Transfer），即移交-经营-移交模式，是指政府部门将存量资产所有权有偿转让给社会资本或项目公司，并由其负责运营、维护和用户服务，合同期满后资产及其所有权等移交给政府的项目运作方式。适用存量项目，合同期限 20～30 年。

4）ROT（Renovate-Operate-Transfer），即改扩建-运营-移交模式，是指政府在 TOT 模式的基础上，增加改扩建内容的项目运作方式。适用存量项目，合同期限 20～30 年。

5）BTO（Build-Transfer-operate），即建设-移交-经营模式，是指由社会资本方建设，在项目完工后向政府方移交所有权，之后再由社会资本方进行运营，这种模式适用于政府方希望在运营期内保持所有权控制的项目。

6）BLT（Build-Lease-Transfer），即建设-租赁-转让模式，是指政府出让项目建设权，由社会资本或项目公司负责项目的融资和建设管理，在合同期内政府为项目的租赁人，而项目公司为承租人，租赁期满结束后，所有资产移交给政府部门的方式。适用新建项目。

3. 私有化类

1）BOO（Build-Own-Operate），即建设-拥有-运营。该方式由 BOT 方式演变而来，二者主要区别是 BOO 方式下社会资本或项目公司拥有项目所有权，但必须在合同中注明保证公益性的约束条款，一般不涉及项目期满移交。适用存量项目。

2）TOO（Transfer-Own-Operate），即由投资者投资收购已建成的项目并承担项目的运行、维护、培训等工作，资产的产权归属于为项目专门设立的项目公司，而由企业负责宏观协调、创建环境、提出需求。

在我国，不同的政策文件提出的 PPP 运作模式也不尽相同，并把 O&M、MC 也归为 PPP 模式（因这两种模式合作期限一般小于 10 年，现被排除在 PPP 的范畴之外）。目前，PPP 项目较为常用的运作方式有：BOT、BOO、TOT 和 ROT。在 BOT、BOO、BOOT 三种模式中，BOOT 模式的私有化程度居中。

如果按照项目类型来分类，存量项目可采用 O&M、MC、TOT、ROT 等方式建设运营；而新建项目可采用 BOT、BOO 等方式建设运营。PPP 运作特征示意图如图 3.4 所示。具体的合作模式还需根据是否有存量项目、是否改扩建、是否移交等方面问题来选择。

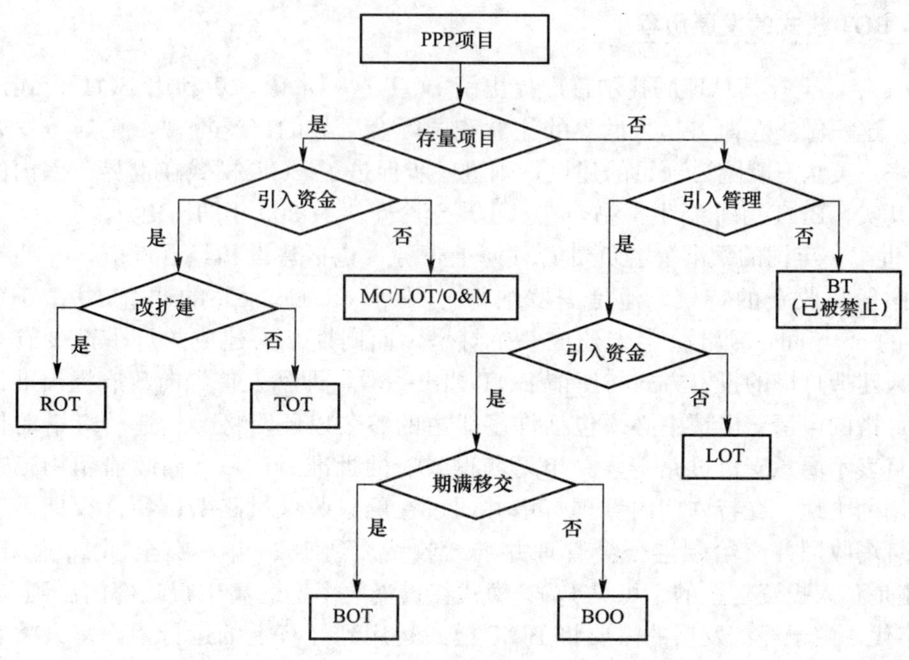

图 3.4　PPP 运作特征示意图

3.3.4 PPP模式项目与传统模式项目的成本对比

在PPP模式下，项目建设成本、运营成本、维修和翻新成本以及私营机构的融资成本统称为PPP合同约定成本，由于私营机构在建设施工、技术、运营管理等方面的相对优势得以充分发挥，PPP模式合同约定成本会小于公共部门独立开展项目时的相应成本（该成本包括项目建设成本、运营成本、维修和翻新成本、管理成本以及留存的风险）。

2007年，艾伦咨询集团（Allen Consulting Group）曾对澳洲的21个PPP项目和33个传统模式项目进行过比较，结果显示：PPP模式在成本效率方面显著优于传统模式，从项目立项到项目全部结束，PPP模式的成本效率比传统模式提高了30.8%；从绝对金额看，所考察的21个PPP项目的总合同成本为49亿美元，项目生命周期的成本超支为5800万美元；相比之下，33个传统模式项目的总合同成本为45亿美元，项目生命周期的成本超支达6.73亿美元。

3.4 BOT系列运作方式的演变、特点及其实务

BOT系列模式主要有BOT、BOOT和BOO三种基本形式和十多种演变形式，如BLT、TOT、BTO等。

在国际融资领域BOT不仅包含了建设、运营和移交的过程，更是基础设施投资、建设和经营的一种方式，具有有限追索权的特性，突出的是“基础设施特许权”。

3.4.1 BOT模式的发展历程

1984年，土耳其总理厄扎尔首次提出了BOT这一术语，想利用BOT模式建造一座电厂。这一做法立即引起了世界的注意和国际金融界的广泛重视，尤其是发展中国家。后来，英法海峡隧道项目的建设，则进一步促进了BOT模式在世界范围内的广泛应用。其实，BOT并非新生事物，它自出现至今至少有300年的历史。

17世纪，英国的领港公会负责管理海上事务，包括建设和经营灯塔，并拥有建造灯塔和向船只收费的特权。但是据罗纳德·科斯（R. Coase）的调查，从1610年到1675年的65年间，领港公会未建成一个灯塔，而同期私人建成的灯塔至少有10座。这种私人建造灯塔的投资方式与所谓BOT如出一辙，即私人首先向政府提出准许建造和经营灯塔的申请，申请中必须包括许多船主的签名以证明将要建造的灯塔对他们有利，并且表示愿意支付过路费；在申请获得政府的批准后，私人向政府租用建造灯塔必须占用的土地，在特许期内管理灯塔并向过往船只收取过路费；特许权期满以后由政府将灯塔收回并交给领港公会管理并继续收费。到1820年，在全部46座灯塔中，有34座是私人投资建造的。可见BOT模式在投资效率上远高于行政部门。到了20世纪80年代，由于经济发展的需要将BOT模式运用到经济上的运行，许多人将它当成了新生事物。

3.4.2 BOT 模式的优缺点

1. 优点

BOT 模式的优点：①降低政府的财政负担；②政府可以避免大量的项目风险；③组织机构简单，政府部门和私人企业协调容易；④项目回报率明确，严格按照中标价实施，政府和私人企业之间的利益纠纷少；⑤有利于提高项目的运作效率；⑥BOT 项目通常由外国的公司来承包，这样会给项目东道国带来先进的技术和管理经验，即给本国的承包商带来较多的发展机会，也会促进国际经济的融合。

2. 缺点

BOT 模式的缺点：①公共部门和私人企业往往都需要经过一个长期的调查了解，谈判和磋商过程，以至项目前期过长，造成投标费用过高；②投资方和贷款人风险过大；③参与项目各方存在某些利益冲突，对融资造成障碍，对运营造成潜在风险；④机制不灵活，降低私人企业引进先进技术和管理经验的积极性；⑤在特许期内，政府对项目控制减弱甚至失去控制权。

3.4.3 项目当事人

1. 政府

东道国政府是 BOT 项目成功与否的最关键角色之一，政府对于 BOT 的态度以及在 BOT 项目实施过程中给予的支持程度将直接影响项目的成败。

2. 项目公司

项目发起方成立项目专设公司（项目公司），作为项目发起方，首先应作为股东分担一定的项目开发费用。项目公司是一个独立的法律实体，代表的是法人。项目公司同项目东道国政府或有关政府部门达成项目特许协议。在特许协议中要列出当政府有意转让资产时，股东拥有除债权人之外的第二优先权，从而保证项目公司不被其他人控制，保护项目发起方的利益。

3. 其他参加人

主要有商业银行、建筑商、招标代理商、出口信贷银行、设备供应商、营运商等。

3.4.4 项目公司的运作过程及风险因素

1. 运作过程

BOT 项目都要经过项目确定、准备、招标、各种协议和合同的谈判与签订、建设、运营和移交等过程，具体见图 3.5。

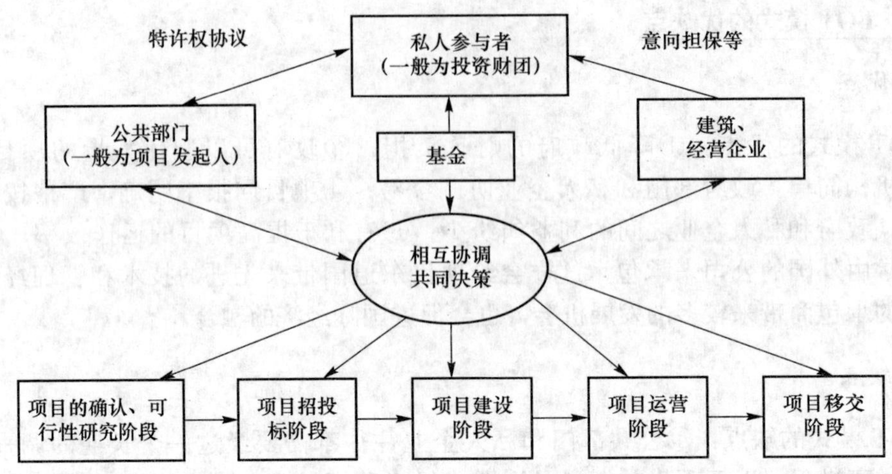

图 3.5 典型的 BOT 模式结构示意图

通常项目公司运作的具体步骤如下：

1）项目公司同东道国家政府或有关政府部门达成项目特许协议。

2）项目公司与建设承包商签署建设合同，并得到建筑商和设备供应商的保险公司的担保。专设公司与项目运营承包商签署项目经营协议。

3）项目公司与银行签订贷款协议或与出口信贷银行签订买方信贷协议。

4）进入经营阶段后，项目公司把项目收入转移给担保信托。担保信托再将这部分收入用于偿还银行贷款。

5）当特许期结束时，项目公司将项目移交给东道国政府。

2. 风险因素

由于 BOT 模式参与者众多，投资项目生产经营周期长，从与东道国政府谈判到进行可行性研究再到经营周期结束，时间跨度往往历经数年、数十年，因此不可避免地存在多种风险。根据一些国家的实践经验，影响 BOT 项目风险的主要因素有：融资的高成本和长周期、金融市场的变动、东道国政府的政策支持上的稳定性连续性、债务风险以及与经营方式相关的风险等。正因为如此，在 BOT 融资方式的实施过程中，投资方对各种风险的考虑是十分慎重的，因为风险系数的大小直接影响投资人的投资信心和决策。相比而言，前面提到的 TOT 模式没有建设这个环节，风险要小得多。

3.4.5 BOT 项目应用案例

【案例 1】 某学校后勤中央热水 BOT 项目。

在学校的后勤项目（如热水洗浴系统，直饮水系统等）建设中引入 BOT 模式，为学校投资建设以空气源热泵或者太阳能方案的热水系统，通过配套的 IC 卡水控管理系统管理热水系统的使用、回收成本。这种模式使学校以低成本完成校园的后勤服务系统建设，将学校从繁杂的后勤管理工作中脱身出来。

【案例 2】　城市洁净水综合治理行动。

该项目包括 97 个污水处理站建设、河水环境综合整治、污泥处理和资源化利用等工程，总投资 29 亿元。项目采用 BOT 模式运作，以污水处理、污泥处置设施特许经营权作价覆盖总投资约 4.55 亿元。社会资本方为中信水务产业基金管理有限公司。项目公司资本金 9 亿元，剩余 15.45 亿元资金缺口由项目公司通过银行融资解决，见图 3.6。合同期限 30 年，回报机制为可行性缺口补助。

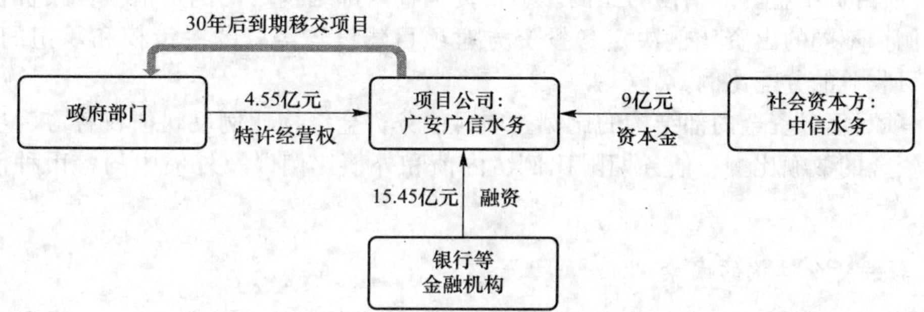

图 3.6　城市洁净水行动综合治理 BOT 模式融资结构示意图

3.4.6 基于 PPP 的 BOT 模式

虽然 BOT 模式是我国最常见、最成熟的 PPP 类型。但随着 BOT 模式的不断发展，又演化成传统的 BOT 模式和基于 PPP 的 BOT 模式（PPP-Based BOT）。二者的最大区别在于基于 PPP 的 BOT 模式强调政府非营利性资金的主动参与。与传统 BOT 模式相比，其主要创新之处在于：

1）政府除了为项目提供相关支持外，还会参与项目的各阶段工作（前期准备、融资、建设、运营等）。

2）政府不是将项目非系统风险全部转移给企业，而是与企业共同承担某些风险，并承担其最有能力承担的部分风险。

3）政府为项目提供财政补助可能属于公益支出，不一定要求回报。

3.5　资金成本分析

3.5.1 资金结构分析

1. 资金结构的概念

资金结构是指融资方案中各种资金的比例关系。融资方案分析中资金结构分析是一项重要内容，企业应运用适当的方法确定最佳资金结构，并在以后追加筹资中继续保持。倘若资金结构不合理，应通过筹资活动进行调整，使其趋于合理。资金结构包括以下三个比例：

1）项目资本金与项目债务资金的比例。项目资本金与项目债务资金的比例是项目资金结构中最重要的比例关系。当资本金比例降低到银行不能接受的水平时，银行将会拒绝贷款。资本金与债务资金的合理比例需要由各个参与方的利益平衡来决定。

资本金所占比例越高，企业的财务风险和债权人的风险越小，可能获得较低利率的债务资金。由于债务资金的利息是在所得税前列支的，故可起到合理减税的效果。在项目的收益不变、项目投资财务内部收益率高于负债利率的条件下，由于财务杠杆的作用，资本金所占比例越低，则能为权益投资者获得越高的投资回报。

2）项目资本金内部结构的比例。项目资本金内部结构的比例是指项目投资各方的出资比例。不同的出资比例决定各投资方对项目建设与经营的决策权和承担的责任，以及项目收益的分配比例。

3）项目债务资金内部结构的比例。项目债务资金结构比例反映债权各方为项目提供债务资金的数额比例、债务期限比例、内债和外债比例以及外债中的各币种债务比例等。

2. 影响资金结构的因素

影响资金结构的主要因素有：①项目建设方的风险意识及所有权结构；②企业的规模；③资产结构；④利率水平的变动趋势；⑤企业的财务状况。此外，行业的资金结构因素、企业销售增长情况、贷款人和信用机构的态度以及所得税率的高低也是影响资金结构的因素。

3.5.2 资金成本分析

1. 资金成本的概念及其构成

资金成本是指企业为筹集和使用资金而付出的代价。它由两部分组成：一是资金筹集成本，二是资金使用成本。资金筹集成本是指在资金筹措过程中支付的各项费用，如银行的借款手续费、股票的发行费、债券的各项代理费，以及资金筹集过程中的相关费用等，它属于一次性费用，仅与筹集次数有关，在筹措时一次支付或扣除，在使用过程中不再发生；资金使用成本是指在资金使用期间支付给债权人的各项费用，如贷款利息、股息等，它和资金的使用时间和数额有关，一般在使用时才定期、分期支付，具有经常性、多次性、定期性的特点。

2. 资金成本的性质

资金成本是由于资金所有权与使用权分离而产生的，它具有三个属性：

1）资金成本是资金使用者向资金所有者和中介机构支付的占用费和筹集费。

2）资金成本与资金的时间价值不同，资金的时间价值反映的是资金在生产、流通环节的运动所带来的增值，是时间的函数，而资金成本不仅是时间的函数，而且是资金数额的函数。

3）资金成本具有一般产品成本的基本属性，但资金成本中只有一部分具有产品成本的性质，可计入产品成本，另一部分直接作为生产性耗费，作为利润的分配。

3. 资金成本的作用

任何一个正常运营的企业都有希望以最低的成本获得资金，以提高经济效益，所以资金成本是一个重要的经济指标。资金成本具有以下作用：

1）它是企业选择资金来源及筹资方式的重要依据。

2）它是企业进行资金结构决策的重要依据。

3）资金成本率是衡量企业经营业绩的一个重要标准，是企业在生产经营活动中必须获取的最低收益率。

4. 资金成本的计算

资金成本可以用绝对数表示，也可以用相对数表示。

当以绝对数表示时，有

$$K = D + F \tag{3.17}$$

式中：D——资金使用费；

F——资金筹集费。

当以相对数，即资金成本率 k 表示时，有

$$k = \frac{D}{P - F} \tag{3.18}$$

或

$$k = \frac{D}{P(1 - f)} \tag{3.19}$$

式中：P——筹资数额；

f——资金筹集费率（$f = F/P$）。

不同资金来源，其资金成本的计算是不同的，下面作简要介绍。

1）股票。以发行股票筹集资金，其资金筹集费主要有注册费和代销费；而资金使用费主要是股息，股票的股息在税后支付。股票分为普通股和优先股，二者的区别是从权利上体现的：普通股东享有决策的参与权、利润的分配权、优先认股权和剩余财产的分配权；而优先股的股东不具有上述权利，但普通股的股利是随公司经营状况而变动的，优先股的股利是以固定的股息率来支付的，不受公司盈利大小的影响，若当年可供分配股利不足以按约定股利率支付优先股股利时，由以后年度可供分配的股利的利润来补足。优先股的资金成本率的计算公式为

$$k_{\mathrm{P}} = \frac{D}{P(1 - f)} = \frac{Pi}{P(1 - f)} = \frac{i}{1 - f} \tag{3.20}$$

式中：k_{P}——优先股成本率；

P——优先股票面值；

D——优先股每年股息；

i——股息率。

【例 3.6】 某项目建设以优先股方式筹集资金，票面额按正常市价计算为 200 万

元，筹资费率为4%，股息年利率为14%，试计算其资金成本率。

【解】 代入公式（3.20），有

$$k_{\mathrm{P}}=\frac{i}{1-f}=\frac{14\%}{1-4\%}=14.58\%$$

故其资金成本率为14.58%。

由于普通股的股息是随企业的经营状况而定的，因此在筹资的时候要对项目的运营状况作出准确的判断，以此来确定项目未来的收益情况，从而对普通股的股息的支付作出比较准确的预测。所以，普通股的资金成本率的计算要根据实际情况而定。

2）债券。以发行债券来筹措资金是项目融资的一个主要渠道。债券的利息在税前支付，列入企业的费用开支，可使企业少缴一部分所得税，因而在计算企业所支付的利息时要扣除这一部分费用，债券的资金成本率计算公式为

$$k_{\mathrm{B}}=\frac{D}{P(1-f)}=\frac{I(1-T)}{P(1-f)}=\frac{i(1-T)}{1-f} \tag{3.21}$$

式中：k_{B}——以债券融资的资金成本率；

P——债券面值；

I——债券年利息总额；

T——企业所得税税率，取25%；

i——债券年利息率。

3）银行贷款。银行贷款是项目常用的融资方式。向银行贷款，企业所支付的利息和费用一般可作企业的费用开支，相应减少部分利润，会使企业少缴一部分所得税，因而使企业的实际支出相应减少。其资金成本率计算公式同债券融资。

【例3.7】 某公司为筹建一个基础项目，发行长期债券10 000万元，筹资费率为3%，债券年利息率7%。①试计算其资金成本率；②如果该企业不是发行长期债券，而是向银行长期贷款10 000万元，其年利率为7%，贷款费用率为0.5%，试计算其资金成本率；③如果发行优先股，股息率为10%，发行费为3%，求资金成本。

【解】 ① 代入公式（3.21）有

$$k_{\mathrm{B}}=\frac{i(1-T)}{1-f}=\frac{7\%(1-25\%)}{1-3\%}=5.41\%$$

故以债券筹资的资金成本率为5.41%。

② 代入公式（3.21）有

$$k_{\mathrm{B}}=\frac{i(1-T)}{1-f}=\frac{7\%(1-25\%)}{1-0.5\%}=5.28\%$$

故向银行长期借款，其资金成本率为5.28%。

③ $k_{\mathrm{P}}=\frac{i}{1-f}=\frac{10\%}{1-3\%}=10.31\%$，故发行优先股的资金成本率为10.31%。

问题：如果按2008年1月1日前，企业所得税率33%，试分析该债券的资金成本率的变化趋势。体会债券的利息在税前支付，为什么可使企业少缴一部分所得税的内在因素。

4）租赁。租赁是融资的另一个方式，有经营租赁、融资租赁和服务租赁三种方

式。企业租入固定资产，获得其使用权，同时要定期支付租金。租金列入企业成本，相应减少所得税，其资金成本率计算为

$$k_L = \frac{E}{P_L} \times (1 - T) \tag{3.22}$$

式中：k_L——租赁成本率；

P_L——租赁资产价值；

E——年支付租金额。

【例 3.8】 某工程租入运输车辆两台，价值为 25 万元，年付租金 5000 元，所得税率为 25%，试计算其资金成本率。

【解】 由公式（3.22），得

$$k_L = \frac{5000}{250\ 000} \times (1 - 25\%) = 1.5\%$$

故租入车辆其资金成本率为 1.5%。

5）保留盈余。企业在利润分配中经常要将一部分净利润留存在企业中，以便于企业扩大再生产的需要，称之为留存收益，也称保留盈余，显然，其所有权属于股东。这种资金来源相当于股东对企业的再投资，只不过少了筹资费用而已。因此，其资金成本是股东失去对外投资的机会成本，而实际企业支付的只是股利，所以，其资金成本计算与普通股相同，只是少了筹资费用，计算公式为

$$k_R = \frac{D_1}{P_0} + g = i + g \tag{3.23}$$

式中：k_R——保留盈余的资金成本率；

D_1——留存收益的数额资金对外投资的最大股息额；

P_0——留存收益数额；

g——股利增长率。

上面计算留存收益的资金成本公式假设股利是线性递增的，如果股利是不变的，其计算公式为

$$k_R = \frac{D_1}{P_0} = i \tag{3.24}$$

6）平均资金成本。当一个项目需要大量资金时，一般要从不同的渠道以不同的方式来取得这些资金，其成本显然各不相同。为了进行融资与投资决策，需要对不同组合的融资方案的资金成本进行比较，所以就要计算其平均资金成本率 k。所谓平均资金成本率，就是各种渠道所筹资金成本率的加权平均数。在计算时，首先计算各种来源资金的资金成本率，然后计算各自在全部资金中所占的比重权数，最后计算其加权平均数即可。其计算公式为

$$k = \sum_{i=1}^{n} \omega_i k_i \tag{3.25}$$

式中：ω_i——第 i 种来源资金占全部资金的比重；

k_i——第 i 种来源资金的资金成本率。

【例 3.9】 某项目筹资有两个方案，甲方案发行长期债券 300 万元，筹资费率为

3%，债券利率为6%，优先股发行700万元，股息率为8%，没有筹资费用；乙方案发行长期债券500万元，利率为6%，筹资费率为3%，企业所得税率为25%，同时发行普通股500万元，筹资费率为2%，股息率为4%，且每年增加4%。试比较两方案的优劣。

【解】 对于甲方案，有

$$\omega_{\mathrm{B}} = \frac{300}{1000} = 30\%, \quad k_{\mathrm{B}} = \frac{i(1-T)}{1-f} = \frac{6\% \times (1-25\%)}{1-3\%} = 4.64\%$$

$$\omega_{\mathrm{P}} = \frac{700}{1000} = 70\%, \quad k_{\mathrm{P}} = 8\%$$

故其平均资金成本率为

$$k_{甲} = \sum_{i=1}^{n} \omega_i k_i = 30\% \times 4.64\% + 70\% \times 8\% = 6.99\%$$

对于乙方案，有

$$\omega_{\mathrm{B}} = \frac{500}{1000} = 50\%, \quad k_{\mathrm{B}} = \frac{i(1-T)}{1-f} = \frac{6\% \times (1-25\%)}{1-3\%} = 4.64\%$$

$$\omega_{\mathrm{P}} = \frac{500}{1000} = 50\%, \quad k_{\mathrm{P}} = \frac{4\%}{1-2\%} + 4\% = 8.08\%$$

$$k_{乙} = \sum_{i=1}^{n} \omega_i k_i = 50\% \times 4.64\% + 50\% \times 8.08\% = 6.36\%$$

显然，$k_{甲} > k_{乙}$。所以，应选择乙方案进行筹资。

思 考 题

1. 建设项目总投资由哪几部分构成？固定资产的投资估算又包括哪些内容？
2. 构成项目经济评价的基本要素是什么？什么是投资主体？
3. 为什么建筑行业增值税进项专用发票的取得是个难点？
4. 简述经营成本和总成本费用之间的关系。
5. 简述不同固定资产折旧方法的特点。
6. 简述项目融资的特点，并分析项目融资与传统贷款的核心区别。
7. 试分析既有法人融资和新设法人融资的区别。
8. PPP的主要特征是什么？为什么说中国式PPP完全由政府主导与推动？
9. 中国式PPP的定义、内涵、存在的主要问题、项目的适应条件是什么？
10. PPP模式是如何分类的？由投资者投资收购已建成的项目并承担项目的运行、维护、培训等工作，资产的产权归属于为项目专门设立的项目公司，而由企业负责宏观协调、创建环境、提出需求，属于PPP模式中的哪一种？
11. “鸟巢”项目失败最根本原因是什么？它给我们的教训是什么？为什么说“鸟巢”PPP项目与现行的财务、法律等制度存在矛盾？
12. BOT模式的项目当事人有哪些？影响BOT项目风险的主要因素有哪些？
13. 试分析PPP与BOT融资方式的关系。
14. 项目资金成本的含义和构成是什么？
15. 资金结构的含义及其三个比例是什么？

习　题

1. 设备的原值为 2500 万元，根据企业的财务制度，折旧年限为 10 年，预计净残值率为 5%，请以平均年限法及双倍余额递减法计算其折旧额。

2. 某建设项目的工程费（即设备工、器具购置费与建筑安装工程费之和）与工程建设其他费的估算额为 52 180 万元，预备费为 5000 万元，项目的固定资产投资方向调节税率为 5%，建设期 3 年。3 年的投资比例是：第 1 年为 20%，第 2 年为 55%，第 3 年为 25%。第 4 年投产。该项目固定资产投资来源为自有资金和贷款。贷款的总额为 59 090 万元，贷款从中国建设银行获得，年利率为 12.48%（按季计息），试计算建设期贷款利息并估算建设投资。

3. 某工程项目计划 2021 年初开工建设，计算期 5 年，其中建设期 1 年，生产运营期 4 年。项目建设投资总额为 1 亿元人民币，其中贷款 60%，均匀投入。预计 9000 万元形成固定资产，残值率为 10%，1000 万元形成无形资产。固定资产在运营期内按直线法折旧。建设投资贷款在项目生产运营期内按等额本息偿还，贷款年利率为 10%，按年计息。试：

1）计算每年固定资产折旧费和无形资产摊销费。

2）编制借款还本付息表。

4. 某公司从银行借款 10 万元，年利率 8%，公司所得税率为 25%，筹资费假设为 0，如果按下列方式支付利息：

1）一年计息 2 次。

2）一年计息 12 次。试计算借款的资金成本。

5. 2009 年重庆市政府在制定建设“宜居重庆”的政策时提出：“让中低收入家庭 6～7 年（市委常委会讨论通过的是 6.5 年，国外是按 5 年左右的家庭收入可购买一套商品房来计算）能买上中低档商品房。”根据本市统计局统计数字显示：2008 年，主城区就业的夫妻两个人一年平均收入 6 万元。如果要实现市政府的目标，一个家庭用其年收入购买一套 90 平方米的住房，那么重庆市商品房均价每平方米应控制在多少元？如果 2008 年重庆市商品房的均价是每平方米 4300 元、人均可支配收入增幅是 11%，那么重庆市商品房价格涨幅又应控制在多少？

模拟自测题

计算题（1～5 题每题 16 分，6 题 20 分，共 100 分）

1. 某机器的购置成本 40 000 元，使用年限估计为 5 年，净残值为 4000 元，试用年数总和法计算：

1）各年折旧费用。

2）各年末的账面价值。

2. 某机械设备的资产原值为 5000 万元，折旧年限为 10 年，预计净残值率为 4%，试按不同的折旧法计算年折旧额。

3. 某新建项目，建设期为 3 年，共向银行贷款 1300 万元，第一年 300 万元，第二年 600 万元，第三年 400 万元，年利率为 12%，计算建设期贷款利息。

4. 某公司发行总面额为 500 万元的 10 年期债券，票面利率为 12%，发行费用率为 5%，公司所得税率为 25%，试问：该债券的资金成本为多少？

5. 某投资项目筹集资金 8000 万元，其中发行债券 2000 万元，债券利率为 10.5%，发行费用为 18 万元；发行股票 4000 万元，资金成本率为 14.7%；留用盈余资金 1000 万元，其机会成本率为 14.7%；借贷资金 1000 万元，利息率为 12%。试求资金平均成本率。

6. 假定企业投入资金总额 600 万元，全投资利润 96 万元，试求在下列三种情况下自有资金的利润率。

1）全部资金均为自有资金。

2）借入资金与自有资金的比例为 1∶3，借款利息率为 10%。

3）借入资金与自有资金的比例为 1∶1，借款利息率为 17%。

第4章

工程经济分析与评价的基本方法

经济效果评价是投资项目评价的核心内容。按照是否考虑资金的时间价值可将评价方法分为静态评价方法和动态评价方法两类。在工程实践中，我们还将遇到多方案的比选问题和所选方案的不确定性问题。对于多方案的比选，首先要分析各方案之间的可比性，然后确定方案之间的关系类型，再根据相应的类型选择不同的经济评价方法和判断准则进行比选。本章对单方案、多方案的静态、动态评价方法、评价指标及评价准则进行了详细介绍和分析，列举了大量工程实例，最后还介绍了盈亏平衡分析和敏感性分析两种不确定性分析方法。

工程经济分析与评价可以根据不同的评价目标、评价深度、方案的特点和可获得的数据资料等情况，选用不同的评价指标。由于经济效益是一个综合性指标，一个评价指标仅能反映某一个方面。所以，为了系统、全面地评价技术方案的经济效益，从多种可行方案中选择出最优方案，需要同时选用多种评价指标。根据经济评价指标所考虑因素及使用方法的不同，可将这些指标分为三大类：一类是以时间单位计量的时间型指标，它反映的是一个时间周期；第二类是以货币单位计量的价值型指标，它反映的是货币绝对值；第三类是反映资金利用效率的效率型指标，它反映的是一个比例概念。由于这三类指标是从不同角度考察项目的经济性和可行性，所以，在对方案进行经济效益评价时，应当尽量同时选用这三类指标而不仅仅是单一指标。又由于方案决策结构的多样性，因此各类指标的适用范围和应用方法也是不同的。

所谓评价，其实就是衡量客观事物的作用或是价值的大小，而这些结果的取得都是通过对事物比较得来的。在对事物进行比较和判断时，有时可以进行量化，有时就不能进行定量计算，只能进行定性分析。

项目的经济分析与评价是对建设项目的各方案从技术、经济、资源、环境、政治、国防和社会等多方面进行全面、系统、综合的技术经济计算、分析、比较、论证和评价，从多种可行方案中选择出最优方案。它是项目投资可行性研究的核心内容。为了确保投资决策的正确性和科学性，必须研究项目的经济分析与评价方法及其指标。

根据经济效益评价方法是否考虑了资金的时间价值，可将经济分析与评价方法分为静态评价方法和动态评价方法两类。

4.1 静态评价方法

在经济效益评价中，不考虑资金时间价值的评价方法称为静态评价方法。静态评价方法主要有投资回收期法、投资收益率法、差额投资回收期法等。它们常用于可行性研究初始阶段的粗略分析和评价以及方案的初选阶段。

4.1.1 静态投资回收期法

1. 概念

投资回收期法，又叫投资返本期法或投资偿还期法。它是指用项目的净收益抵偿全部投资所需的时间长度。一般以年为计量单位，从项目投建之年算起，如果从投产年或达产年算起时，应予注明。投资回收期有静态和动态之分。

静态投资回收期是反映项目方案在财务上投资回收能力的指标，是一个表明投资得到补偿的速度指标，它是一个时间的限值。

2. 计算

静态投资回收期 P_t 的计算公式为

$$\sum_{t=0}^{P_t}(\mathrm{CI}-\mathrm{CO})_t=0 \tag{4.1}$$

式中：CI——现金流入量；

CO——现金流出量；

$(\mathrm{CI}-\mathrm{CO})_t$——第 t 年的净现金流量。

满足上式的 P_t 值就是静态投资回收期（年）。

静态投资回收期也可根据全部投资的财务现金流量表中累计净现金流量计算求得，其详细计算公式为

$$P_t=\text{累计净现金流量开始出现正值的年份数}-1+\frac{\text{上年累计净现金流量的绝对值}}{\text{当年净现金流量}} \tag{4.2}$$

用投资回收期评价投资项目时，需要与同类项目的历史数据及投资者意愿确定的基准投资回收期相比较。设基准投资回收期为 P_c，P_t 判别准则为：若 $P_t \leqslant P_c$，则项目可考虑接受；若 $P_t > P_c$，则项目应予以拒绝。

【例 4.1】（重要案例） 某项目现金流量见表 4.1，基准投资回收期 $P_c=9$ 年，试用投资回收期法评价方案是否可行。

表 4.1 现金流量表 单位：万元

年度	0	1	2	3	4	5	6	7	8～n
净现金流量	−6000	0	0	800	1200	1600	2000	2000	2000
累计净现金流量	−6000	−6000	−6000	−5200	−4000	−2400	−400	1600	3600

【解】 解法 1：用公式（4.1）计算投资回收期：

$$\sum_{t=0}^{P_t}(\mathrm{CI}-\mathrm{CO})_t=(-6000)_0+(0)_1+(0)_2+(800)_3+(1200)_4+(1600)_5+(2000)6_+(400)_{6.2}=0$$

$P_t=6.2$（年）$<P_c=9$（年），方案可行。

解法 2：用公式（4.2）计算投资回收期，有

$P_t=7-1+|-400|/2000=6.2$（年）$<P_c=9$（年），方案可行。

3. 投资回收期法的优点与不足

投资回收期法的最大优点是计算比较简单。通过与标准投资回收期比较，能够判别投资方案是否可行，并且能够判别方案的优劣程度。投资回收期越短，说明项目能在较短的时间内收回投资额，在未来承担的风险也就小。但以上这些优势只是对单方案评价而言。由于这种方法没有考虑方案收回投资以后的收益及经济效果情况，容易使人接受短期效益好的方案，忽视短期效益低，而长期效益高的方案。例如，有 A、B、C 三个方案，其现金流量见表 4.2。

表 4.2　各方案的现金流量表　　单位：万元

年度	0	1	2	3	4	5	6	现金流量总和
A 方案	−1000	500	500	0	0	0	0	0
B 方案	−1000	500	300	200	200	200	200	600
C 方案	−1000	100	200	300	400	1000	2000	3000

比较 A、B、C 三个方案，其投资额均为 1000 万元，投资回收期分别为 2 年、3 年和 4 年，若仅依据投资回收期的长短取舍方案，A 方案首先被接受，然而 A 方案投资回收以后的净收益为零，是三个方案中最差的。

由此可见，投资回收期只能判别方案是否可行，不能用于多方案比较择优。

4. 追加投资回收期法

所谓追加投资回收期，又称差额投资回收期，用符号 P_a 表示，是指在比较两个方案时，投资大的方案用每年净收益的增加额或用年经营成本的节约额（假定两方案的销售收入相同）来回收增加的投资所需要的时间。计算公式为

$$P_a=(K_{\text{Ⅱ}}-K_{\text{Ⅰ}})/(\mathrm{NB}_{\text{Ⅱ}}-\mathrm{NB}_{\text{Ⅰ}})=\Delta K/\Delta \mathrm{NB} \tag{4.3}$$

或

$$P_a=(K_{\text{Ⅱ}}-K_{\text{Ⅰ}})/(C_{\text{Ⅰ}}-C_{\text{Ⅱ}})=\Delta K/\Delta C \tag{4.4}$$

式中：$K_{\text{Ⅰ}}$、$K_{\text{Ⅱ}}$——方案Ⅰ和方案Ⅱ的投资额，$\Delta K=K_{\text{Ⅱ}}-K_{\text{Ⅰ}}$；

$\mathrm{NB}_{\text{Ⅰ}}$、$\mathrm{NB}_{\text{Ⅱ}}$——方案Ⅰ和方案Ⅱ的净现金流量，即净收益额，$\Delta \mathrm{NB}=\mathrm{NB}_{\text{Ⅱ}}-\mathrm{NB}_{\text{Ⅰ}}$；

$C_{\text{Ⅰ}}$、$C_{\text{Ⅱ}}$——方案Ⅰ和方案Ⅱ的年经营成本额，$\Delta C=C_{\text{Ⅰ}}-C_{\text{Ⅱ}}$。

评价准则：若 $P_a\leqslant P_c$，应选取投资额大的方案，说明在规定的投资回收期限内，多增加的投资能够用净收益的增加额或成本的节约额加以回收；反之，若 $P_a>P_c$，应

选取投资额较小的方案。

【例 4.2】（重要案例） 某工程项目有甲、乙两个方案，数据见表 4.3，试比较方案优劣，假设 $P_c=6$ 年。

表 4.3 甲、乙两方案数据 单位：万元

指标	总投资	年销售收入	年经营成本	年税金	年净收益
甲方案	1000	850	400	100	350
乙方案	500	600	350	50	200

【解】 甲、乙两方案的投资回收期分别为

$$P_{a甲}=1000/350=2.86(年)$$

$$P_{a乙}=500/200=2.5(年)$$

$P_{a甲}$、$P_{a乙}$ 均小于基准投资回收期 $P_c=6$ 年，说明两方案都是可行的。

甲、乙两方案的 $P_{a(甲-乙)}$ 为

$$P_{a(甲-乙)}=(1000-500)/(350-200)=3.33(年)$$

$P_a<P_c$，应选取投资额大的方案。其经济意义为甲方案比乙方案多投资的 500 万元能够利用每年多增加的净收益在 3.33 年内回收。

本例是两方案的比较问题，在进行多方案比较时就有一个比较顺序问题，通常采用“环比法”，其步骤为：①把各可行方案的投资按从小到大的顺序排列，依次编号Ⅰ,Ⅱ,Ⅲ,…，并增设零方案。零方案又称为不投资方案或基准方案，其投资和净收益也均为 0。选择零方案的经济涵义是指不投资于当前的方案。在一组互斥方案中增设零方案可避免选择一个经济上并不可行的方案作为最优方案。②比较零方案和Ⅰ方案，从中选出一个较好方案。③用这个较好方案和第Ⅱ方案比较，再从中选出一个较好方案。如此依次进行比较，逐步淘汰，直至最后选出最优方案。

【例 4.3】 现有四个方案，产品产量完全相同，它们的投资和年经营费用见表 4.4，假设每个方案都是可行的，若 $P_c=5$ 年，试选取最优方案。

表 4.4 四个方案的指标参数 单位：万元

指标	方案Ⅰ	方案Ⅱ	方案Ⅲ	方案Ⅳ
投资	28	30	36	42
年经营费用	14	12	11	10

【解】 各方案的投资回收期对比为

$$P_{a(\mathrm{I}-0)}=(28-0)/(14-0)=2\ (年)\ <P_c=5\ 年$$

因为 $P_{a(\mathrm{I}-0)}<P_c$，根据评价准则，选择方案Ⅰ，淘汰方案 0。

同理，$P_{a(\mathrm{II}-\mathrm{I})}=(30-28)/(14-12)\ =1$ （年）$<P_c=5$ 年，选方案Ⅱ。

$P_{a(\mathrm{III}-\mathrm{II})}-(36-30)/(12-11)\ -6$ （年）$>P_c$，选方案Ⅱ。

$P_{a(\mathrm{IV}-\mathrm{II})}=(42-30)/(12-10)\ =6$ （年）$>P_c$，选方案Ⅱ。

结论：方案Ⅱ为最优方案。

必须指出，方案比较时一定要使各方案具有可比性，否则将导致错误的结论。

4.1.2　投资收益率法

1. 基准收益率

基准收益率（i_c），又称基准投资收益率、基准贴现率、基准折现率、目标收益率、最低期望收益率，是方案经济评价中的主要经济参数，是决策者对技术方案投资的资金时间价值的估算或行业的平均收益率水平，是企业或者部门所确定的投资项目应该达到的收益率标准。根据投资者意图和项目的具体情况，项目最低可接受收益率的取值可高于、等于或低于行业基准收益率，但若考虑到项目的盈利水平，一般不低于行业基准收益率。通常，若 i_c 定得太高，可能使某些投资经济效益好的方案被拒绝；i_c 定得太低，则可能会使某些投资经济效益差的方案被采纳。需要注意的是：基准收益率的最终取值是综合权衡的结果，而不是简单计算的结果。但不论如何，基准收益率要高于银行贷款利率才值得投资。确定基准收益率时主要考虑以下因素。

（1）资金成本和机会成本

投资的机会成本是指投资者将有限的资金用于拟建项目而放弃其他投资机会所能获得的其中最好收益。机会成本不是实际支出。

（2）投资风险

投资风险是指投资主体为实现其投资目的，而对未来经营财务活动可能造成的亏损或破产所承担的风险。

（3）通货膨胀

通货膨胀是指由于货币的发行量超过商品流通所需要的货币量而引起的货币贬值和物价上涨现象。

基准收益率的确定有以下两种方法。

1）按当年价格预测项目现金流量时，有

$$i_c = (1+i_1)(1+i_2)(1+i_3) - 1 \approx i_1 + i_2 + i_3 \tag{4.5}$$

式中：i_1——单位资金成本和单位投资的机会成本之和；

i_2——风险贴补率，风险越大，风险贴补率越高；

i_3——通货膨胀率。

2）按不变价格预测项目现金流量时，有

$$i_c = (1+i_1)(1+i_2) - 1 \approx i_1 + i_2 \tag{4.6}$$

总之，资金成本和机会成本是确定基准收益率的基础，而投资风险和通货膨胀是确定基准收益率必须考虑的影响因素。另外，基准收益率也可直接选取行业或部门的基准收益率。本书附录三是部分行业建设项目财务基准收益率测算与协调的数据，可供参考。

2. 投资收益率法

投资收益率（R）也叫投资效果系数，是指项目达到设计生产能力后的一个正常年份的净收益额与项目总投资的比率。对生产期内各年净收益额变化幅度较大的项目，则应计算生产期内年平均净收益额与项目总投资的比率。其计算公式为

$$R = \mathrm{NB}/K \tag{4.7}$$

式中：K——投资总额，包括固定资产投资和流动资金等；

NB——正常年份的年净收益额或年平均净收益额，包括企业利润和折旧。

当项目投产后各年的净收益为一稳定值时，显然有

$$R = 1/P_t \tag{4.8}$$

即投资回收期与投资收益率互为倒数。

投资收益率指标既没有考虑资金的时间价值，也没有考虑项目建设期、寿命期等众多经济数据，故一般仅用于技术经济数据尚不完整的初步可行性研究阶段。用投资收益率指标评价投资方案的经济效果，需要与同类项目的历史数据及投资者意愿等确定的基准投资收益率 i_c 作比较。其判别准则为：若 $R \geqslant i_c$，则项目可考虑接受；若 $R < i_c$，则项目予以拒绝。

【例 4.4】 某项目现金流量见表 4.5，假定全部投资中没有借款，现已知 $i_c = 20\%$，试以投资收益率指标判断项目取舍。

【解】 由表中数据可得

$$\text{NB} = (400 + 300 + 200 \times 6)/8 = 237.5(\text{万元})$$

$$R = 237.5/1300 = 0.183 < i_c = 20\%$$

故项目应予以拒绝。

表 4.5 现金流量表 单位：万元

年度	0	1	2	3	4	5	6	7	8
投资	1300								
收入	0	400	300	200	200	200	200	200	200

当用下面方法计算静态投资回收期 P_t 时

$$\sum_{t=0}^{P_t} (\text{CI} - \text{CO})_t = (-1300)_0 + (400)_1 + (300)_2 + (200)_3 + (200)_4 + (200)_5 = 0$$

$P_t = 5$ 年，代入公式（4.8），得

$$R = 1/P_t = 1/5 = 0.2 = 20\% = i_c$$

由于 $R = i_c$，故项目可以考虑接受。这里两种方法评价结果不一致，其原因是使用公式（4.8）时要求各年的净收益为一稳定值。但此例也说明投资回收期法对早期效益好的方案有利。

4.1.3 静态评价方法小结

静态投资回收期法的优点：第一，概念清晰，直观性强，计算简单，主要适用于方案的粗略评价；第二，也是最重要的，该指标不仅在一定程度上反映项目的经济性，而且反映项目的风险大小，这也是静态评价回收期法之所以被广泛使用的主要原因。对一些资金筹措困难的公司，希望能尽快地将资金回收，回收期越长，其风险就越大，反之则风险小。因此，作为能够反映一定经济性和风险性的投资回收期指标，可以作为项目评价的辅助性指标，在项目评价中具有独特的地位和作用，如当未来的情况很难预测，而投资者又特别关心资金的补偿速度时，投资回收期法较为适用。

静态投资回收期和投资收益率只能判断方案可行与否，对多方案的评价比较，可用追加投资回收期法。

静态投资回收期法的缺点在于：第一，它没有反映资金的时间价值，当项目运行时间较长时不宜采用；第二，由于没有考虑回收期以后的收入与支出数据，故不能全面反映项目在寿命期内的真实效益。此外，在对项目评价时这种方法对早期效益好的方案有利。

4.2　动态评价方法

考虑资金时间价值的评价方法叫动态评价方法。动态评价方法主要有现值法、年值法、动态投资回收期法、内部收益率法等。动态评价方法是以等值计算公式为基础，采用复利计算方法，把投资方案中发生在不同时点的现金流量转换成同一时点的值或等值序列，计算出方案的特征值（指标值），然后依据一定的标准在满足时间可比的条件下，进行评价比较，确定满意方案。动态评价方法主要用于详细可行性研究中对方案的最终决策，它是经济效益评价的主要评价方法。

4.2.1　动态投资回收期法

动态投资回收期法即在计算投资回收期时考虑资金的时间价值，其表达式为

$$\sum_{t=0}^{P_D}(\mathrm{CI}-\mathrm{CO})_t(1+i_c)^{-t}=0 \tag{4.9}$$

式中：P_D——动态投资回收期，是按基准收益率将各年净收益和投资折现，使净现值刚好等于零的计算期期数，也可用全部投资的财务现金流量表中的累计净现值计算求得，即

$$P_D=\text{累计净现值开始出现正值的年份数}-1+\frac{\text{上年累计净现值的绝对值}}{\text{当年净现值}} \tag{4.10}$$

判别准则：设基准动态投资回收期为 P_b，若 $P_D \leqslant P_b$，项目可被接受；若 $P_D > P_b$，项目应予拒绝。

【例 4.5】（重要案例）　用例 4.1 的数据计算动态投资回收期，并对项目的可行性判断取舍（$i_c=10\%$）。

【解】　计算结果见表 4.6。将数据代入公式（4.10）中，得

$$P_D=9-1+(497.6/848.2)\approx 8.59(\text{年})<9\text{ 年}$$

故该方案可以接受。

表 4.6　现金流量表　　单位：万元

项目	年度										
	0	1	2	3	4	5	6	7	8	9	10～n
净现金流量	−6000	0	0	800	1200	1600	2000	2000	2000	2000	2000
累计净现金流量	−6000	−6000	−6000	−5200	−4000	−2400	−400	1600	3600	5600	
现值系数	1.0	0.9091	0.8264	0.7513	0.6830	0.6209	0.5645	0.5132	0.4665	0.4241	
净现值	−6000	0	0	601	819.6	993.5	1128.9	1026.3	933.0	848.2	
累计净现值	−6000	−6000	−6000	−5399	−4579.3	−3585.8	−2456.9	−1430.6	−497.6	350.6	

动态投资回收期也没有考虑回收期以后的经济效果，因此不能全面反映项目在寿命周期内的真实效益。通常只用于辅助性评价。

4.2.2 净现值法

1. 概念及计算

净现值法是通过对互斥方案的净现值比较来评价方案的优劣，是建设项目财务评价中计算投资经济效果的一种常用的动态分析方法。净现值（NPV）是指按一定的折现率（基准收益率 i_c），将方案寿命期内各年的净现金流量折现到计算基准年（通常是期初，即第 0 年）的现值的代数和。净现值 NPV 的计算公式为

$$\mathrm{NPV}=\sum_{t=0}^{n}(\mathrm{CI}-\mathrm{CO})_t(1+i_c)^{-t} \tag{4.11}$$

式中：n——项目计算期。

净现值的判别准则：对单一方案，若 NPV≥0，表示项目实施后的实际收益率不小于 i_c，方案予以接受；若 NPV<0，表示项目的实际收益率未达到 i_c 或小于通常资金运用机会的收益率，应拒绝方案；多方案比较时，在投资额相等的前提下，以净现值大的方案为优。

【例 4.6】（重要案例） 某企业基建项目可有 A、B 两个设计方案。其建设期为 1 年，计算期为 5 年，$i_c=10\%$。其中 A 方案的初期投资为 1750 万元，年经营成本 500 万元，年销售额 1500 万元，第三年年末工程项目配套追加投资 1000 万元，残值为零；B 方案的初期投资为 2700 万元，年经营成本 700 万元，年销售额 2100 万元，第三年年末工程项目配套追加投资 1300 万元，残值 100 万元。试计算两种投资方案的净现值，并用净现值法对方案进行评价选择。

【解】 第一步，计算两方案的 NPV。

A、B 方案的现金流量如图 4.1 所示。

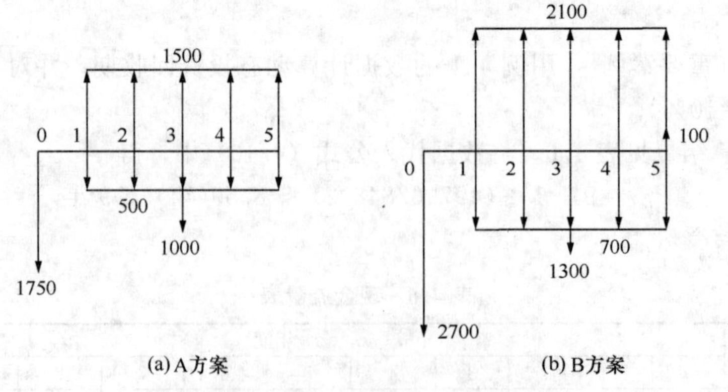

图 4.1 项目现金流量图（单位：万元）

$$\begin{aligned}\mathrm{NPV_A}&=-1750+(1500-500)(P/A,10\%,5)-1000(P/F,10\%,3)\\&=-1750+1000\times3.7908-1000\times0.7513\end{aligned}$$

$$=-1750+3790.8-751.3$$
$$=1289.5(\text{万元})>0$$
$$NPV_B=-2700+(2100-700)(P/A,10\%,5)-1300(1+10\%)^{-3}$$
$$-100(1+10\%)^{-5}$$
$$=-2700+1400\times3.7908-1300\times0.7513+100\times0.6209$$
$$=-2700+5307.12-976.69+62.09$$
$$=1692.52(\text{万元})>0$$

净现值也可用现金流量表来计算，本例 A 方案的净现值计算过程见表 4.7。

表 4.7　A 方案财务现金流量表　　单位：万元

年度①	费用		销售收入④	净现金流量⑤=④−③−②	现值系数 $(P/F,10\%,n)$⑥	第 t 年净现值⑦=⑤×⑥	累计净现值⑧
	投资②	经营成本③					
0	1750	0	0	−1750	1.0000	−1750	−1750
1		500	1500	1000	0.9091	909.1	−840.9
2		500	1500	1000	0.8264	826.4	−14.5
3	1000	500	1500	0	0.7513	0	−14.5
4		500	1500	1000	0.683	683	668.5
5		500	1500	1000	0.6209	620.9	1289.4

第二步，比较。

因为 NPV_A、$NPV_B>0$，所以 A、B 两个方案除均能达到 10% 的基准收益率外，在服务期末还能分别获得 1289.5 万元和 1692.52 万元的超额净现值收益（抵偿投资后的净收益），即较通常的资金运用机会获得的收益要大，说明两个方案在经济上都是可行的。

由于两方案的投资额相差较大，故该例还要用净现值率法进行比较，否则会得出错误的结论。

同样，例 4.6 也可用净终值法（NFV）求解，其公式为

$$NFV=NPV(1+i_c)^n=\sum_{t=0}^{n}(CI-CO)_t(1+i_c)^{n-t} \tag{4.12}$$

2. *净现值函数*

所谓净现值函数，就是指净现值 NPV 随折现率 i 变化的函数关系。由净现值 NPV 的计算公式（4.11）和整付现值系数的定义可知，当方案的净现金流量固定不变而 i 值变化时，则 NPV 将随 i 的增大而减小；若 i 连续变化，可得出净现值 NPV 随 i 变化的函数曲线，此即净现值函数曲线，如图 4.2 所示。净现值函数一般具有以下性质：

1）净现值函数是一个减函数。同一净现金流量的净现值随 i 的增大而减小，直至为零或负值。因此，随着 i 的变化，必然会有当 $i=i^*$ 时，使得 $NPV(i^*)=0$，如图 4.2 所示。这里 i^* 是一个具有重要经济意义的折现率临界值，后面将对它作重点分析。

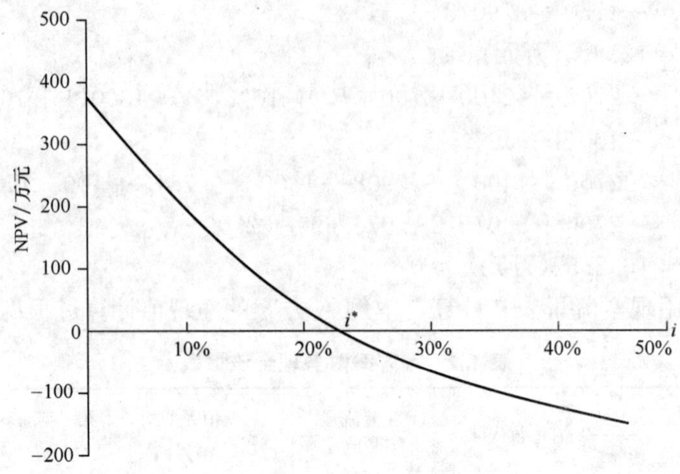

图 4.2 净现值函数曲线

2）随着 i 的增大，现金流量发生的时点距现时点越远，则对现值的影响越小。因而，在多方案比选时，投资额小的方案较投资额大的方案显得更为有利，参见表 4.8。

表 4.8 A、B 方案在 i_c 变动时的净现值 单位：万元

年度	0	1	2	3	4	5	NPV(10%)	NPV(20%)
A 方案	−230	100	100	100	50	50	83.91	24.81
B 方案	−100	30	30	60	60	60	75.40	33.58

净现值是反映方案投资盈利能力的一个重要指标，广泛应用于方案的经济评价中。其优点是考虑了资金时间价值和方案在整个计算期内的费用和收益情况，它以金额表示投资收益的大小，且反映的是纳税后的投资效果，比较直观。但净现值指标存在以下不足：

1）需先确定一个符合经济现实的基准收益率 i_c，而 i_c 的确定有时是比较难的。

2）不能说明项目在运营期间各年的经营成果。

3）不能直接反映项目投资中单位投资的使用效率。

在计算净现值时应注意以下两点：

1）各年净现金流量的估计，其预测的准确性至关重要。

2）折现率 i 的选取。

净现值函数曲线是一条以 K_0 为渐近线的曲线，K_0 是方案开始时的投资额。通常，曲线与横轴有唯一的交点，并在 $(0,\infty)$ 范围内。

3. *费用现值法*

在对多个方案比较选优时，如果诸方案产出的价值相同或者诸方案能够满足同样需要，但其产出效益难以用价值形态计量时（如环保、教育、保健、国防等），可以通过对各方案费用（成本）现值或费用（成本）年值的比较进行选择，其值越小，说明

方案的经济效益越好。所谓费用现值，就是把不同方案计算期内的各年年成本按 i_c 换算成基准年的现值和，再加上方案的总投资现值。

考虑资金时间价值的费用现值（PC）公式为

$$PC = \sum_{t=0}^{n} CO_t(P/F, i_c, t) = \sum_{t=0}^{n} (K + C - S_v - W)_t (P/F, i_c, t) \tag{4.13}$$

式中：K——投资总额，包括固定资产投资和流动资金等；

C——年经营成本；

S_v——计算期末回收的固定资产余值；

W——计算期末回收的流动资金。

4.2.3　净现值率法

净现值率（NPVR）反映了投资资金的利用效率，常作为净现值的辅助指标。净现值率是指按 i_c 求得的方案计算期内的净现值与其全部投资现值的比率。NPVR 的计算公式为

$$NPVR = NPV/K_P \tag{4.14}$$

式中：K_P——项目总投资现值。

净现值率的经济含义是单位投资现值所取得的净现值额（或超额净收益）。净现值率的最大化，将有利于实现有限投资取得净贡献的最大化。

净现值率法的判别准则：当 NPVR≥0 时，方案可行；当 NPVR<0 时，方案不可行；用净现值率法进行多方案比较时，以 NPVR 较大的方案为优，它体现了投资资金的使用效率。该法主要适用于多方案的优劣排序。

【例 4.7】 用净现值率法对例 4.6 的 A、B 方案进行比较择优。

【解】 由例 4.6 知，A、B 方案的净现值分别为

$$NPV_A = 1289.5 \text{ 万元}; NPV_B = 1692.52(\text{万元})$$

总投资的现值分别为

$$K_{PA} = 1750 + 751.3 = 2501.3(\text{万元})$$

$$K_{PB} = 2700 + 976.69 - 62.09 = 3614.6(\text{万元})$$

根据公式（4.14）按 NPVR 判断。

$$NPVR_A = 1289.5/2501.3 = 0.5155$$

$$NPVR_B = 1692.52/3614.6 = 0.4682$$

$NPVR_A > NPVR_B$，故 A 方案为优选方案，与净现值法的结论相反。由此可见，当投资额不相同时，需对方案的投资效率进行比较，才能对方案进行评价和决策。

这里，$NPVR_A = 0.5155$ 的含义是：A 方案除保证 i_c 达 10% 的基准收益率外，每万元现值投资还可获得 0.5155 万元的超额净收益；B 方案每万元现值投资仅可获得 0.4682 万元的超额净收益，故 A 方案为优。

4.2.4　差额净现值法

1. 差额现金流量

两个互斥方案之间的现金流量之差（通常为投资额较大方案的现金流量减去投资

额较小方案的现金流量）构成新的现金流量，称之为差额现金流量。例如，有A、B两个方案，其差额现金流量如图4.3所示，称之为差额方案（B－A），其含义是B方案比A方案多投资11万元，而B方案每年净收益比A方案多2万元。

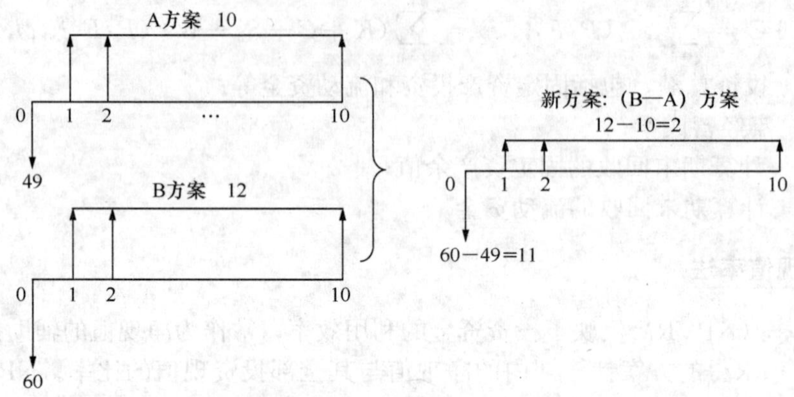

图4.3 差额现金流量与差额方案（单位：万元）

这里将差额现金流量称为差额方案是企图强调差额现金流量并不仅存在于理论的分析计算中，而且更主要的是它具有重要的实用意义。在实际工作中，经常会遇到难以确定每个具体方案的现金流量的情况，但方案之间的差异却是易于了解的，这就形成差额方案。例如，用一台新设备（一方案）代替生产流程中某一老设备（另一方案），这时如果要确定各方案各自的现金流量、特别是方案的收益是很难的，但可以较容易地确定用新设备代替老设备而引起现金流量的变化。

2. 差额净现值及其经济涵义

差额净现值就是指两互斥方案构成的差额现金流量的净现值，用符号ΔNPV表示，它体现了差额净现金流量的投资效果（与基准收益率相比较）。设两个互斥方案为 j 和 k，寿命期皆为 n，基准收益率为 i_c，第 t 年的净现金流量分别为 C_t^j、C_t^k（$t=0,1,2,\cdots,n$），则

$$\Delta \mathrm{NPV}_{k-j}=\sum_{t=0}^{n}(C_t^k-C_t^j)(1+i_c)^{-t} \tag{4.15}$$

根据ΔNPV的概念及NPV的经济涵义，ΔNPV的大小表明下面几方面的涵义：

1）当ΔNPV＝0，表明投资大的方案比投资小的方案（分别设为 k 方案和 j 方案，下同）多投资的资金可以通过 k 方案比 j 方案多得净收益回收，并恰好取得既定的收益率（基准收益率），说明两个方案在经济上等值，这时可认为投资大的方案较优。

2）当ΔNPV＞0，表明 k 方案比 j 方案多投资的资金可以通过 k 方案比 j 方案多得净收益回收，并取得超过既定的收益率的收益，其超额收益的现值即为ΔNPV，说明经济上 k 方案优于 j 方案。

3）当ΔNPV＜0时，表明 k 方案比 j 方案多得净收益与多投资的资金相比达不到既定的收益率，甚至不能通过多得收益收回多投资的资金，说明经济上 k 方案劣于 j 方案。

因此，可以根据 ΔNPV 数值的大小来比较两个方案在经济上的优劣。例如，图 4.3 中 A 方案与 B 方案的差额净现值为

$$\Delta NPV_{B-A} = -11 + 2 \times (P/A,10\%,10) = 1.29(\text{万元}) > 0$$

则 B 方案在经济上优于 A 方案。

用 ΔNPV 法比较多方案时，通常采用前述的“环比法”。

【例 4.8】 用差额净现值法对例 4.6 的 A、B 方案进行比较择优。

【解】 由图 4.1 知，B 方案与 A 方案的差额净现值为

$$\begin{aligned}\Delta NPV_{B-A} &= -(2700-1750)-(1300-1000)(P/F,10\%,3)\\&\quad +(1400-1000)(P/A,10\%,5)+100(P/F,10\%,5)\\&= -2700-300\times 0.7513+400\times 3.7908+100\times 0.6209\\&= -950-225.39+1516.32+62.09\\&= 403.02(\text{万元})>0\end{aligned}$$

$\Delta NPV_{B-A}>0$，表明 B 方案比 A 方案多投资的资金（差额）可以通过 B 方案比 A 方案多得的净收益（差额）回收，B 方案可取得超过既定收益率（$i_c=10\%$）的收益，其超额收益的现值即为 403.02 万元，说明经济上 B 方案优于 A 方案。

由此可见，当两个互斥方案的投资额不同且相差较大时，除了用净现值法对投资方案进行比较外，还需用净现值率法和差额净现值法分别对投资资金的使用效率和投资效果进行比较。并综合考虑项目的实际背景和投资资金的应用要求后，才能对方案进行评价和决策。

4.2.5　年值法

年值（金）法是把每个方案在寿命期内不同时点发生的所有现金流量都按设定的收益率（如 i_c）换算成与其等值的等额支付序列年值（金）。由于换算为各年的等额现金流量，所以满足了时间上的可比性，故可据此进行不同寿命期方案的评价、比选。

1. 净年值法

净年值法是将方案各个不同时点的净现金流量按 i_c 折算成与其等值的整个寿命期内的等额支付序列年值后再进行评价、比选的方法。净年值的计算公式为

$$NAV = NPV(A/P,i_c,n) = \left[\sum_{t=0}^{n}(CI-CO)_t(P/F,i_c,t)\right](A/P,i_c,n) \tag{4.16}$$

净年值的判别准则：当 NAV<0，拒绝接受方案；当 NAV≥0 时，方案可行。此时净年值的经济意义是方案在寿命期内除每年获得按 i_c 计算的收益外，还可获得与 NAV 等额的超额净收益。若为多方案比较时，在投资额相等的前提下，净年值越大，方案经济效果越好。

将公式（4.16）与公式（4.11）相比较可知，净年值与净现值两个指标的比值为一常数，故在评价方案时，结论总是一致的。因此，就项目的评价结论而言，净年值与净现值是等效评价指标，具有相同的基本性质。净现值给出的信息是项目在整个寿

命期内获取的超出最低期望盈利的超额净收益现值；净年值则给出项目在寿命期内每年的等额超额净收益。由于在某些决策结构形式下，采用净年值法比采用净现值法更为简便和易于计算，特别是净年值指标可直接用于寿命期不等的多方案比较，故净年值指标在经济评价指标体系中占有相当重要的地位。

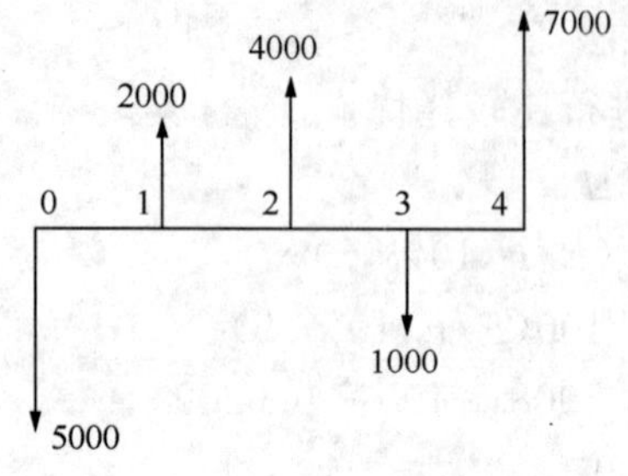

图 4.4　投资方案的净现金流量图（单位：万元）

【例 4.9】　某投资方案的净现金流量如图 4.4 所示，设 $i_c=10\%$，求该方案的净年值 NAV。

【解】　用现值求：

$$
\begin{aligned}
\text{NAV} &= [-5000+2000(P/F,10\%,1) \\
&\quad +4000(P/F,10\%,2) \\
&\quad -1000(P/F,10\%,3) \\
&\quad +7000(P/F,10\%,4)](A/P,10\%,4) \\
&= 1311(\text{万元})
\end{aligned}
$$

用终值求：

$$
\begin{aligned}
\text{NAV} &= [-5000(F/P,10\%,4)+2000(F/P,10\%,3)+4000(F/P,10\%,2) \\
&\quad -1000(F/P,10\%,1)+7000](A/F,10\%,4) \\
&= 1311(\text{万元})
\end{aligned}
$$

2. 费用年值法

与净现值和净年值指标的关系类似，费用年值与费用现值也是一对等效评价指标。费用年值是将方案计算期内不同时点发生的所有费用支出，按 i_c 折算成与其等值的等额支付序列年费用。费用年值 AC 的计算公式为

$$
\begin{aligned}
\text{AC} &= \left[\sum_{t=0}^{n}\text{CO}_t(P/F,i_c,t)\right](A/P,i_c,n) \\
&= \left[\sum_{t=0}^{n}(K+C-S_v-W)_t(P/F,i_c,t)\right](A/P,i_c,n) \qquad (4.17)
\end{aligned}
$$

【例 4.10】　某建筑工程公司欲购置大型的施工机械。现有 A、B 两个互斥的方案，两个方案的效益和质量都是相同的，但每年（已折算到年末）的作业费用不同，寿命期限也不同，见表 4.9，设 $i_c=12\%$，应选择哪种机械为好？

表 4.9　两个互斥的投资方案

投资方案	初期投资额/万元	作业费用/(万元/年)	寿命期/年
A	20	4.5	4
B	30	4	6

【解】　由于该机械的两个投资方案效率和质量相同，因而使用时的收益应该是完全相同的，不同的是每年的作业费用和寿命期。

$$\text{AC}_\text{A} = 20(A/P,12\%,4)+4.5 = 11.08(\text{万元})$$

$$\text{AC}_\text{B} = 30(A/P,12\%,6)+4.0 = 11.30(\text{万元})$$

故 A 方案为较优方案。

4.2.6　内部收益率法

内部收益率，又称内部报酬率，它是除净现值以外的另一个最重要的动态经济评价指标。内部收益率是求所得与所耗的相对值，而净现值是求所得与所耗的绝对值，两个指标同出一辙。

1. 概念

【例 4.11】(重要案例)　某施工企业投资 1000 万元购置了一部重型塔吊，该设备 3 年后报废，残值为零，各年末的净收益如图 4.5 所示。如果将该投资问题加以抽象，看作是向银行存款 1000 万元(复利)，此后三年每年年末分别取出 600 万元、500 万元和 400 万元，三年末其存款的余额为零。显然，这样做并不改变问题的实质。那么，若要达到上述目的，则银行存款的利率是多少?

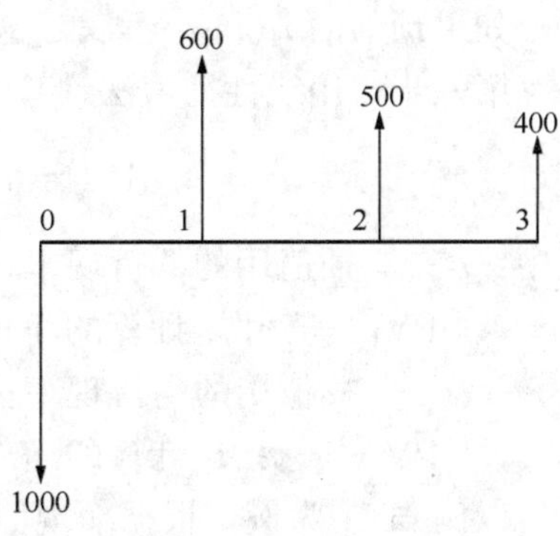

图 4.5　净现金流量图（单位：万元）

【解】 设该银行的利率为 i，则各年末存款的余额应为

第一年年末：－1000（1+i）+600

第二年年末：[－1000（1+i）+600]（1+i）+500

第三年年末：{[－1000（1+i）+600]（1+i）+500}（1+i）+400

因第三年年末存款的余额为零，故有下式成立，即

$$-1000(1+i)^3+600(1+i)^2+500(1+i)+400=\sum_{t=0}^{3}(\mathrm{CI}-\mathrm{CO})_t(1+i)^{3-t}=0$$

上式左边恰是该方案现金流量的净将来值。如果用 $(1+i)^3$ 去除上式的两边，则得到该方案现金流量的净现值，即

$$-1000+600/(1+i)+500/(1+i)^2+400/(1+i)^3$$
$$=\sum_{t=0}^{3}(\mathrm{CI}-\mathrm{CO})_t(1+i)^{-t}=0$$

同样，对净年值也可得出类似上面的结论。因此，所谓内部收益率是指项目在寿命期内可使现金流量的净现值（净将来值或净年值）等于零时的折现率（或利率），记为 IRR。从投入的角度讲，IRR 反映项目投资贷款所能承受的最高利率；从产出的角度讲，IRR 代表项目能得到收益的程度。因此，内部收益率与净现值、净将来值、净年值的评价结论是一致的。

2. 内部收益率的求法

由内部收益率的定义可知，当用净现值等于零的概念求解时，IRR 可由下式求得，即

$$\mathrm{NPV}(\mathrm{IRR})=\sum_{t=0}^{n}(\mathrm{CI}-\mathrm{CO})_t(1+\mathrm{IRR})^{-t}=0 \tag{4.18}$$

由于求解 IRR 的公式（4.18）是一个一元高次方程，因此，在实际应用中通常采用“线性插值法”求 IRR 的近似解，其求解步骤如下：

第一步，计算方案各年的净现金流量。

第二步，在满足下列两个条件的基础上预估两个适当的折现率，且 $i_1 \neq i_2$：①$i_1 < i_2$，且（$i_2 - i_1$）$\leqslant 5\%$；②NPV（i_1）>0，NPV（i_2）<0。

如果预估的 i_1 和 i_2 不满足这两个条件则要重新预估，直至满足条件。

第三步，用线性插值法计算 IRR 的近似值，其公式为

$$\mathrm{IRR} = i_1 + \frac{\mathrm{NPV}_1}{\mathrm{NPV}_1 + |\mathrm{NPV}_2|}(i_2 - i_1) \tag{4.19}$$

式中：i_1——插值用的低折现率；

NPV_1——用 i_1 计算的净现值（正值）；

i_2——插值用的高折现率；

NPV_2——用 i_2 计算的净现值（负值）。

以例 4.11 为例，根据净现值函数，求该问题的 IRR。

首先取 $i_1 = 25\%$，则有

$$\begin{aligned}\mathrm{NPV}(i_1) &= -1000 + 600/(1+0.25) + 500/(1+0.25)^2 + 400/(1+0.25)^3 \\ &= 4.8(\text{万元})\end{aligned}$$

因 NPV（25%）>0，说明 25%取小了，应加大 i。

取 $i_2 = 27\%$，则有

$$\begin{aligned}\mathrm{NPV}(i_2) &= -1000 + 600/(1+0.27) + 500/(1+0.27)^2 + 400/(1+0.27)^3 \\ &= -22.283(\text{万元})\end{aligned}$$

因 NPV（27%）<0，说明使 NPV(IRR)$=0$的 IRR 值（内部收益率）在25%～27%之间。此时利用公式（4.18）可求得 IRR 值为

$$\mathrm{IRR} = 25\% + 2\% \times [4.8/(4.8 + 22.283)] = 25.35\%$$

即上述投资方案的内部收益率为 25.35%。

3. 内部收益率与方案评价

内部收益率 IRR 实质上描述的是投资方案本身的“效率”，当求得的投资方案的效率较进行其他投资的效率（如基准收益率 i_c 或设定的收益率）大时，说明前者较后者好。因而，有下述关系成立：当 $\mathrm{IRR} \geqslant i_c$ 时，该方案可接受；当 $\mathrm{IRR} < i_c$ 时，该方案应予拒绝。但内部收益率法不能直接用于多方案的比选。

4. 内部收益率的经济涵义

内部收益率是用以研究项目方案全部投资的经济效益问题的指标，其数值大小与项目初始投资和项目在寿命期内各年的净现金流量的大小有关。内部收益率表达的不是一个项目初始投资在整个寿命期内的盈利率，而是尚未回收的投资余额的年盈利率。

仍以例 4.11 为例，根据求出的IRR＝25.35%，它表示尚未偿还的（即仍在占用

的）资金在 25.35%的利率情况下，第三年年末可以使占用资金全部偿还，具体偿还过程如图 4.6 所示。

如果第三年年末的净收益不是 400 万元，而是 440 万元，那么按 25.35%的利率，到期末除全部偿还占用的资金外，还有 40 万元的富裕。为了期末刚好使资金全部偿还，利率还可高于 25.35%，即IRR＞25.35%。

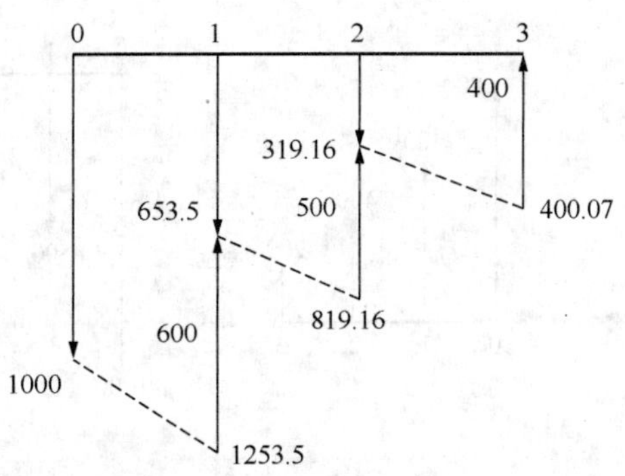

图 4.6　资金偿还过程（单位：万元）

内部收益率的经济涵义也可以这样理解：在项目的整个寿命期内按利率 i＝IRR 计算，始终存在未能收回的投资，而在寿命期结束时，投资恰好被完全收回。也就是说，在项目寿命期内，项目始终处于“偿付”未被收回的投资的状况。因此，IRR 可以理解为工程项目对占用资金的一种偿还能力，这种能力完全取决于项目内部，一般来说，其值越高，方案的经济性越好，故有“内部收益率”之称谓。

5. 与内部收益率有关的几个问题的讨论

（1）内部收益率具有多个解的情况

内部收益率方程式（4.18）是一个高次方程，求内部收益率实际是求方程的根。一个 n 次方程，必有 n 个根（包括复数根和重根），故其正实数根可能不止一个。因此，内部收益率方程可能有多个解。

净现金流序列符号只变一次的项目称作常规项目；净现金流序列符号变化多次的项目称作非常规项目。可以证明，对于非常规项目，只要内部收益率方程存在多个正根，则所有的根都不是真正的项目内部收益率，这时内部收益率法失效。但若非常规项目的内部收益率方程只有一个正根，则这个根就是项目的内部收益率。

例如，对表 4.10 中的净现金流量序列，内部收益率方程的实数根为 i_1＝12.97%，i_2＝－230%，i_3＝－142%，这里大于零的 i 只有 i_1，根据 i_1 各年末回收的投资余额计算结果列于表 4.10。很容易判定 12.97%是项目的内部收益率。

表 4.10　符号变化多次的净现金流量表　　单位：万元

年度	0	1	2	3	4	5	备注
净现金流量	－100	60	50	－200	150	100	
未回收的投资	－100	－52.97	－9.84	－211.12	－88.5	0	i_1＝12.97%

（2）不存在内部收益率

图 4.7 所示的三种现金流量都不存在有明确经济涵义的内部收益率。

（3）非投资情况

这是一种较特殊的情况，如图 4.8 所示，即先从项目取得资金，然后偿付项目的有关费用，如现有项目的转让。

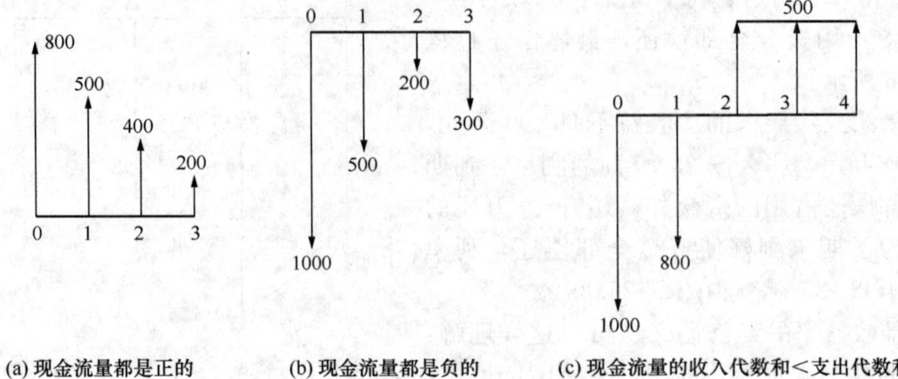

图 4.7　不存在内部收益率的净现金流量图（单位：万元）

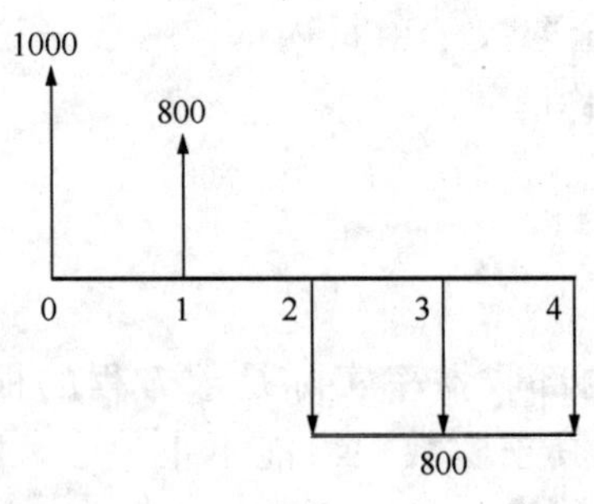

图 4.8　非投资情况（单位：万元）

6. 内部收益率法的优缺点

（1）优点

1）反映了投资的使用效率，概念清晰、明确。

2）内部收益率仅根据工程项目本身的现金流量就可求出来，避免了像计算净现值或净年值时需要事先给定既困难又易引起争议的基准收益率。

（2）缺点

1）不能在所有情况下给出唯一的确定值。

2）在多方案比较时不能按内部收益率的高低直接决定方案的取舍，而要用差额投资内部收益率指标进行比选。

4.2.7　差额投资内部收益率法

差额投资内部收益率是两方案各年净现金流量差额的现值之和等于零时的折现率或是两方案净现值相等时的折现率，用符号 ΔIRR 表示，其表达式为

$$\sum_{t=0}^{n}[(CI-CO)_2-(CI-CO)_1]_t(1+\Delta IRR)^{-t}=0$$

或

$$\sum_{t=0}^{n}(CI-CO)_{2t}(1+\Delta IRR)^{-t}=\sum_{t=0}^{n}(CI-CO)_{1t}(1+\Delta IRR)^{-t} \tag{4.20}$$

式中：$(CI-CO)_2$——投资大的方案年净现金流量；

$(CI-CO)_1$——投资小的方案年净现金流量。

进行方案比较时，当 $\Delta IRR > i_c$（基准收益率或要求达到的收益率）或 $\Delta IRR > i_s$（社会折现率）时，投资大的方案所耗费的增量投资的内部收益要大于要求的基准值，以投资大的方案为优；反之，则以投资小的方案为优。当 $\Delta IRR = i_c$ 时，两方案在经济上等值，一般考虑选择投资大的方案。

对于三个（含三个）以上的方案进行比较时，通常采用前述的“环比法”进行比

较，即首先将各方案按投资额现值的大小从低到高进行排序，然后按差额投资内部收益率法比较投资额最低和次低的方案，当 $\Delta IRR_{大-小} \geqslant i_c$ 时，以投资大的方案为优，反之则以投资小的方案为优。选出的方案再与下一个（投资额第三低的）方案进行比选。以此类推，直到最后一个保留的方案，即为最优方案。

【例 4.12】 A 与 B 两个投资方案各年的现金流量见表 4.11，试进行方案的评价选择，设 $i_c=10\%$。

表 4.11　A 与 B 两方案净现金流量表

年度	0	1～10
方案 A 的净现金流量/万元	−200	39
方案 B 的净现金流量/万元	−100	20

【解】 1）求 NPV。

$$NPV_A = -200 + 39(P/A,10\%,10) = 39.62(万元)$$
$$NPV_B = -100 + 20(P/A,10\%,10) = 22.88(万元)$$

2）求 IRR。

由　$-200+39（P/A，IRR_A，10）=0$，解得 $IRR_A=14.4\%$

由　$-100+20（P/A，IRR_B，10）=0$，解得 $IRR_B=15.1\%$

由于 $NPV_A>NPV_B$，按净现值最大准则，A 方案优于 B 方案。但如何解释 $IRR_B>IRR_A$ 呢？对此，要用差额投资内部收益率指标进行比选。

$$\Delta NPV = (200-100) + (39-20)(P/A,10\%,10) = 16.75(万元)$$

由公式（4.20）可得

$$(200-100) + (39-20)(P/A,\Delta IRR,10) = 0$$

求得 $\Delta IRR=13.84\%$。

由于 $\Delta IRR=13.84\%>i_c=10\%$，表明方案 A 的总投资 200 万元之中有 100 万元的 IRR 与 B 方案的 IRR 相同，都是 15.1%；另有 100 万元的收益率较低，IRR=13.84%，但仍然大于 $i_c=10\%$。因此，投资大的方案 A 优于投资小的方案 B，用 $\Delta NPV>0$，也印证了结论的正确性。

当寿命期不同的方案采用差额投资内部收益率法进行方案比较时，采用两方案年值相等时的折现率计算差额投资内部收益率更为方便。

【例 4.13】 某建筑公司可用两种新设备来更换现有旧设备，设备 A 的使用寿命为 5 年，设备 B 的使用寿命为 8 年，两方案的投资及年经营费用如图 4.9 所示。设 $i_c=12\%$，试分析选择哪个方案。

【解】 本例中 A、B 两方案的效益是相同的，年值可用年费用 AC 来代替，两方案的年费用分别为

$$AC_A = 1000(A/P,\Delta IRR,5) + 850$$
$$AC_B = 1500(A/P,\Delta IRR,8) + 800$$

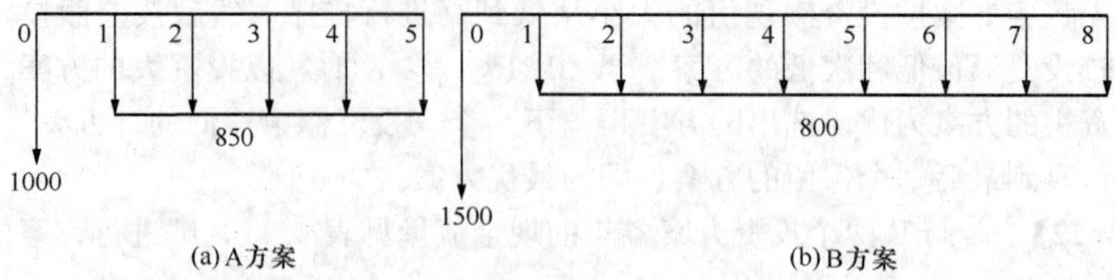

图 4.9　A、B 两方案费用流量图（单位：万元）

求两个方案年值相等的折现率，可得

$$1000(A/P,\Delta \mathrm{IRR},5)+850=1500(A/P,\Delta \mathrm{IRR},8)+800$$

通过试算，求得 $\Delta \mathrm{IRR}=18.36\%>i_c=12\%$，故投资大的 B 方案较优。

4.2.8　IRR、ΔIRR、NPV、ΔNPV 之间的关系

通过 NPV 函数图来说明 IRR、ΔIRR、NPV、ΔNPV 之间的关系。如有 D、E 两个互斥方案，现金流量图如图 4.10（a）、（b）所示，两者形成的差额现金流量图如图 4.10（c）所示。

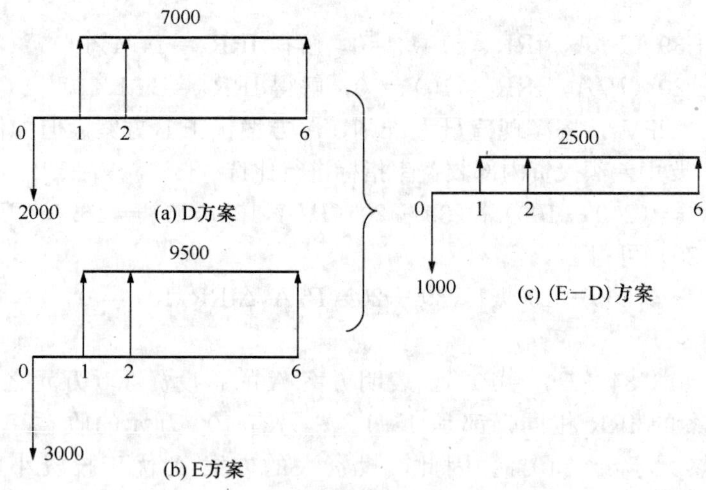

图 4.10　D、E 两方案现金流量图（单位：万元）

根据现金流量，分别计算 D、E 两方案的内部收益率，得 $\mathrm{IRR_D}=26.4\%$，$\mathrm{IRR_E}=22.1\%$。两方案的 NPV 函数曲线如图 4.11 所示，两线的交点位于 i^*，则

$$\mathrm{NPV_D}(i^*)=\mathrm{NPV_E}(i^*)$$

即

$$-2000+7000(P/A,i^*,6)=-3000+9500(P/A,i^*,6)$$

求得

$$i^*=13\%$$

若以各方案的内部收益率来看，则 $\mathrm{IRR_D}>\mathrm{IRR_E}$。然而从图 4.11 中可发现：

1）当 $i_c<i^*$ 时，$\mathrm{NPV_D}(i_c)<\mathrm{NPV_E}(i_c)$，则 E 方案优于 D 方案。

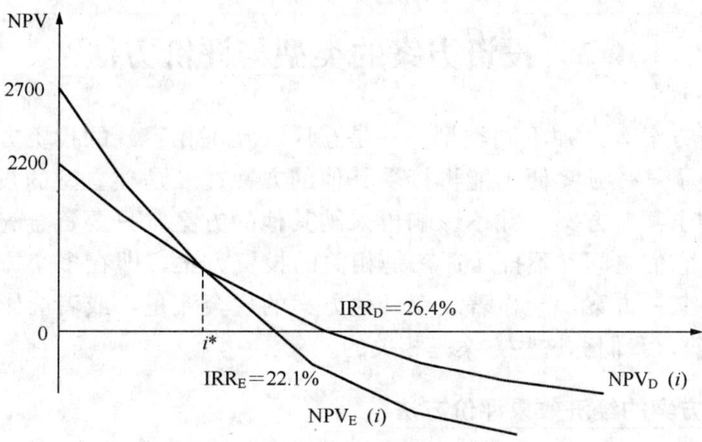

图 4.11　D、E 两方案的 NPV 函数曲线图

2）当 $i_c > i^*$ 时，$NPV_D(i_c) > NPV_E(i_c)$，则 D 方案优于 E 方案。

所以，正如在前文中所述，不能简单地直接以 IRR 的大小来对互斥方案进行经济上的比较。

根据图 4.10（c）所示的 D 与 E 方案所形成的差额方案的现金流量图，差额净现值函数为

$$\Delta NPV_{E-D}(i) = -1000 + 2500 \times (P/A, i, 6)$$

令上式等于 0，则求得差额内部收益率 $\Delta IRR_{E-D} = 13\%$（图 4.12）。

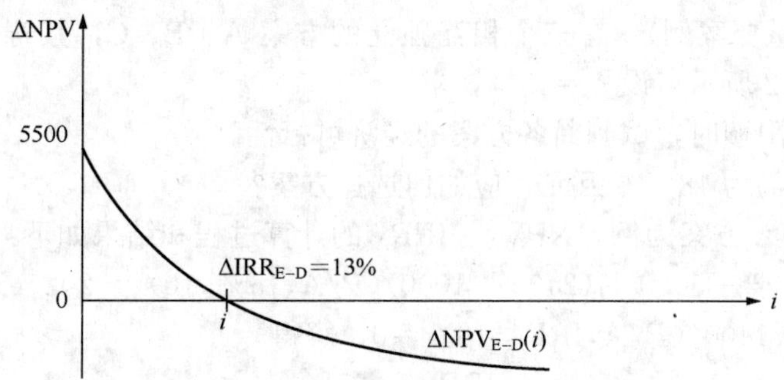

图 4.12　D、E 两方案的 ΔNPV 函数曲线图

比较图 4.11 和图 4.12，可发现 ΔIRR 就是使两个方案净现值相等的折现率，或者说是使两个方案优劣相等的折现率。显然：

1）当 $i_c = \Delta IRR_{E-D} = 13\%$ 时，必有 $\Delta NPV_{E-D} = 0$，则 D、E 两方案在经济上等值。

2）当 $i_c < \Delta IRR_{E-D} = 13\%$ 时，必有 $\Delta NPV_{E-D} > 0$，则 E 方案在经济上优于 D 方案。

3）当 $i_c > \Delta IRR_{E-D} = 13\%$ 时，必有 $\Delta NPV_{E-D} < 0$，则 E 方案在经济上劣于 D 方案。

因此，用 ΔNPV 法和 ΔIRR 法判断方案优劣的结论是一致的。ΔNPV 法是常用的方法，ΔIRR 法适用于无法确定基准收益率的情况。

4.3 投资方案的类型与评价方法

通常，投资方案有三种不同类型：一是互斥（互不相容）的投资方案，即在一组投资方案中接受了某一方案便不能再接受其他的方案；二是独立型的投资方案，即在一组方案中采纳了某一方案，并不影响再采纳其他的方案，只要资金充裕，可以同时兴建几个项目，它们之间互不排斥；三是相关的投资方案，即在多个方案之间，如果接受（或拒绝）某一方案，会显著改变其他方案的现金流量，或者会影响对其他方案的接受（或拒绝），我们称这些方案是相关的。

4.3.1 独立型方案的经济效果评价方法

当在一系列方案中接受某一方案并不影响其他方案的接受时，这种方案称为独立型方案。独立型方案之间的效果具有可加性，其选择可能会出现下列两种情况。

一种是企业可利用的资金足够宽裕，这时独立方案的采用与否，只取决于方案自身的经济性，即只要 NPV>0，IRR>i_c，则方案可行，否则方案不可行。因此，它与单一方案的评价方法是相同的。

另一种是企业可利用的资金是有限制的，在不超出资金限额的条件下，选出最佳的方案组合。这类问题的处理是构造互斥型方案，即把不超过资金限额的所有可行组合方案排列出来，使得各组合方案之间是互斥的，这样就可以按照互斥型方案的选择方法来选出最佳的方案组合。

【例 4.14】（重要案例） 有三个相互独立的方案 A、B、C，其寿命期均为 10 年，现金流量如表 4.12 所示。设 $i_c=15\%$，求：

1）当资金无限额时，试判断各方案的经济可行性。

2）当资金限额为 18 000 万元，应如何选择方案？

【解】 1）以 A 方案为例，NPV_A、IRR_A 的计算过程和结果如下：

$$NPV_A = -5000 + (2400 - 1000)(P/A, 15\%, 10) = 2027(\text{万元})$$

由 $-5000+1400\ (P/A, IRR_A, 10) = 0$，解得

$$IRR_A = 25\%$$

同理，可求得 B、C 方案的 NPV_B、IRR_B 和 NPV_C、IRR_C 值，见表 4.12。由表 4.12可知，A、B、C 三个方案均分别满足净现值和内部收益率指标的评价准则，故 A、B、C 三个方案均可接受。

表 4.12 各方案的现金流量及计算结果 单位：万元

方案	初始投资	年收入	年支出	年净收益	NPV	IRR
A	5 000	2 400	1 000	1 400	2 027>0	25%>i_c
B	8 000	3 100	1 200	1 900	1 536>0	20%>i_c
C	10 000	4 000	1 500	2 500	2 547>0	22%>i_c

由上例可见，对于独立型方案，不论采用净现值还是内部收益率评价指标，评价

结论都是一样的。同时也可看出，内部收益率评价指标不能用于对方案比选，方案比选应采用差额内部收益率法。

2）列出所有的互斥方案组合，共 $2^3=8$ 个（包括全不投资方案）。如果本题采用净现值法，在资金限额不超过 18 000 万元的方案组合中，以净现值最大选取最佳方案组合，如表 4.13 所示。

表 4.13　方案组合计算表　　单位：万元

序号	1	2	3	4	5	6	7	8
方案组合	0	A	B	C	A+B	A+C	B+C	A+B+C
初始投资	0	5 000	8 000	10 000	13 000	15 000	18 000	23 000
年净收益	0	1 400	1 900	2 500	3 300	3 900	4 400	5 800
净现值	0	2 027	1 536	2 547	3 563	4 574	4 083	6 110

从表 4.13 中可看出，资金不超过 18 000 万元限额的方案组合有 7 个，即 0、A、B、C、A+C、A+B 和 B+C，其中 A+C 方案组合的净现值最大，故选 A、C 两方案。

4.3.2　互斥型方案的经济效果评价方法

在互斥型方案中，经济效果评价包含了两部分内容：一是考察各个方案自身的经济效果，称为绝对效果检验；二是考察哪个方案相对最优，称相对效果检验。通常两种检验缺一不可。互斥型方案经济效果评价的特点是要进行方案比选，因此，必须使各方案在使用功能、定额标准、计费范围及价格等方面满足可比性。

互斥型方案评价中使用的评价指标有净现值、净年值、费用现值、费用年值和差额内部收益率等。下面我们分三种情况讨论互斥型方案的经济效果评价。

1. 寿命相等的互斥型方案的经济效果评价

（1）净现值法和差额内部收益率法

仍以例 4.14 的背景为例，将例 4.14 改为以下条件。

【例 4.15】（重要案例）　有三个等寿命的互斥方案，现金流量如表 4.14 所示，其寿命期均为 10 年，试选择最佳方案，设 $i_c=15\%$。

表 4.14　各方案的现金流量及计算结果　　单位：万元

方案	初始投资	年净收益	NPV	IRR	ΔIRR_{C-A}	方案取舍
A	5 000	1 400	2 027>0	$25\%>i_c$		②舍弃 A
B	8 000	1 900	1 536>0	$20\%>i_c$	$\Delta IRR_{B-A}=10.59\%<i_c$	①舍弃 B
C	10 000	2 500	2 547>0	$22\%>i_c$	$\Delta IRR_{C-A}=17.86\%>i_c$	选择 C

【解】　由表 4.14 可知，A、B、C 三个方案均分别满足净现值和内部收益率指标的评价准则，即均通过了绝对经济效果检验，故三个方案均可行。

下面进行相对效果检验，即考察选出相对最优的方案。由于净现值、净年值、内部收益率指标的评价结论的一致性，现用差额内部收益率法和环比法对三个方案进行评价，见表 4.14，计算过程如下：

由 $-(8000-5000)+(1900-1400)(P/A,\Delta IRR_{B-A},10)=0$

解得 $\Delta IRR_{B-A}=10.59\%<i_c=15\%$

故应拒绝投资额大的 B 方案而选择投资额小的 A 方案，见表 4.14。

再由 $-(10\,000-5000)+(2500-1400)(P/A,\Delta IRR_C,10)=0$

解得 $\Delta IRR_{C-A}=17.86\%>i_c=15\%$

它表明，C 方案中有 5000 万元的 IRR 与 A 方案的 IRR 相同，都是 25%，另外 5000 万元的 IRR=17.86%>15%。

最后决策：由于 C 方案的净现值（或净年值）最高，且 IRR=22%，$\Delta IRR_{C-A}=17.86\%$，均大于 $i_c=15\%$，故最终选择 C 方案为最优方案。

对于仅有费用现金流量的互斥方案的比选，可采用差额内部收益率法进行。在这种情况下，实际上是把增量投资所导致的对其他费用的节约看成是增量收益。

【例 4.16】 两个收益相同的互斥 A 方案与 B 方案的费用现金流量如表 4.15 所示，寿命期均为 15 年，试选择最佳方案，设 $i_c=10\%$。

表 4.15 互斥方案的费用现金流量表 单位：万元

方案	A	B	增量费用现金流量（B−A）
初始投资	150	225	75
年费用支出	17.52	9.825	−7.695

【解】 1）采用差额内部收益率法。

$$75-7.695(P/A,\Delta IRR_{B-A},15)=0$$

解得 $\Delta IRR_{B-A}=6.14\%$

由于 $\Delta IRR_{B-A}<i_c=10\%$，故可断定投资额小的方案 A 优于投资额大的方案 B。

2）采用费用现值法。

$$PC_A=150+17.52(P/A,10\%,15)=150+17.52\times7.606=283.257(\text{万元})$$

$$PC_B=225+9.825(P/A,10\%,15)=225+9.825\times7.606=299.73(\text{万元})$$

由于 $PC_A<PC_B$，根据费用现值（或年值）的选优准则，费用现值或费用年值最小者为最优方案，可判定 A 方案优于 B 方案，故应选择 A 方案。

可见，比选结果费用现值法与差额内部收益率法的比选结论一致。

（2）投资回收期法

用投资回收期法评价互斥方案的步骤如下：

1）把方案按投资额从小到大的顺序排列。

2）计算每个方案的投资回收期，淘汰投资回收期大于基准投资回收期的方案。

3）依次计算各对比方案间的差额投资回收期，凡差额投资回收期小于基准投资回收期者应舍弃投资较小的方案而保留投资较大的方案，最后一个保留的方案应为被选方案。

【例 4.17】 某项目有两种备选方案，A 方案的总投资额为 1300 万元，估计每年净收益为 299 万元；B 方案的总投资额为 1820 万元，每年净收益为 390 万元。试用投资回收期法确定最优方案，基准折现率为 6%，基准投资回收期 $P_b=8$ 年。

【解】 1）计算 A、B 方案的投资回收期。

A 方案：

$$-1300+299(P/A,6\%,P'_{\mathrm{DA}})=0$$

$$(P/A,6\%,P'_{\mathrm{DA}})=\frac{1300}{299}=4.35$$

用线性内插法求得

$$P'_{\mathrm{DA}}=5.2\text{ 年}<8\text{ 年，可行}$$

B 方案：

$$-1820+390(P/A,6\%,P'_{\mathrm{DB}})=0$$

$$(P/A,6\%,P'_{\mathrm{DB}})=\frac{1820}{390}=4.67$$

用线性内插法求得

$$P'_{\mathrm{DB}}=5.6\text{ 年}<8\text{ 年，可行}$$

2）计算差额投资回收期。

$$-(1820-1300)+(390-299)[P/A,6\%,P'_{\mathrm{D(B-A)}}]=0$$

$$[P/A,6\%,P'_{\mathrm{D(B-A)}}]=\frac{520}{91}=5.71$$

用线性插入法求得

$$P'_{\mathrm{D(B-A)}}=7.2(\text{年})$$

由于 B 方案对 A 方案的差额投资回收期为 7.2 年<8 年，故应选择投资较大的 B 方案。

2. 寿命不等的互斥型方案的经济效果评价

寿命期不等的互斥方案的比较主要采用净现值法和净年值法。

(1) 净现值法

当互斥方案寿命不等时，通常各方案在各自寿命期内的净现值不具有可比性，这时必须设定一个共同的分析期。分析期的设定一般有以下两种方法。

1）最小公倍数法。此法取备选方案寿命期的最小公倍数作为共同的分析期，同时假定备选方案可以在其寿命结束后按原方案重复实施若干次。例如，有两个备选方案，A 方案的寿命期为 6 年，B 方案的寿命期为 9 年，则共同的寿命期为 6 和 9 的最小公倍数 18 年，这时 A 方案和 B 方案需分别重复三次和两次。

2）分析期法。根据对未来市场状况和技术发展前景的预测直接选取一个合适的分析期，假定寿命期短于此分析期的方案重复实施。在备选方案寿命期比较接近的情况下一般取最短的方案寿命期作为分析期。

【例 4.18】 试对表 4.16 中三项寿命不等的互斥投资方案作出取舍决策。基准收益率 $i_c=15\%$，各方案的现金流量如图 4.13 所示。

表 4.16　寿命不等互斥投资方案的现金流量表

方案	初始投资/万元	残值/万元	年度支出/万元	年度收入/万元	寿命/年
A	6000	0	1000	3000	3
B	7000	200	1000	4000	4
C	9000	300	1500	4500	6

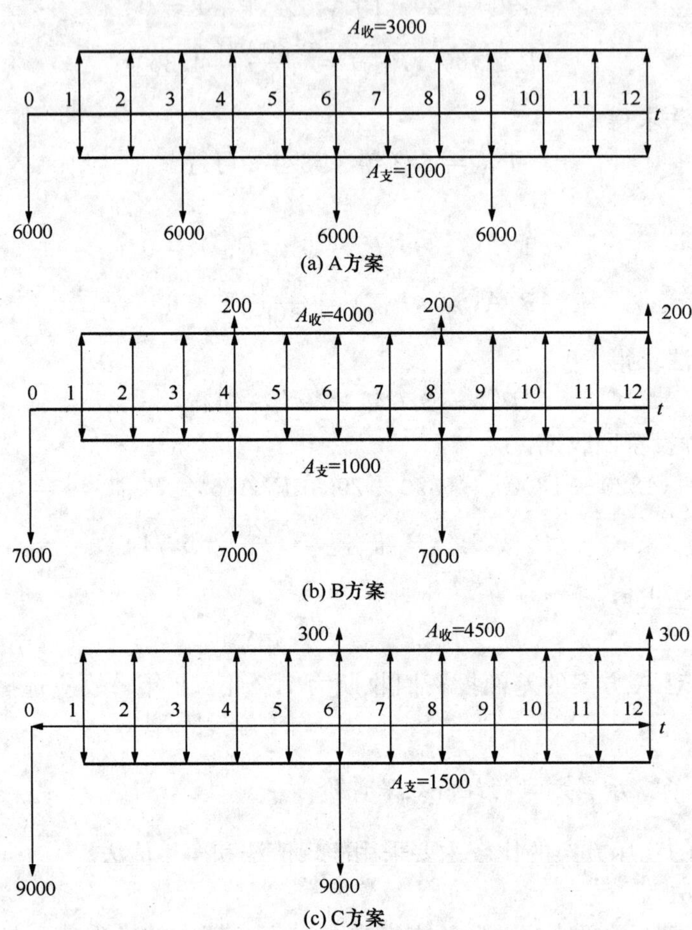

图 4.13　三个方案的现金流量图

【解】 用净现值法中的最小公倍数法对方案进行评价，计算期为 12 年。

$$\begin{aligned}NPV_A &= -6000 - 6000(P/F,15\%,3) - 6000(P/F,15\%,6)\\&\quad - 6000(P/F,15\%,9) + (3000-1000)(P/A,15\%,12)\\&= -3402.6(\text{万元})\end{aligned}$$

$$\begin{aligned}NPV_B &= -7000 - 7000(P/F,15\%,4) - 7000(P/F,15\%,8)\\&\quad + (4000-1000)(P/F,15\%,12) + 200(P/F,15\%,4)\\&\quad + 200(P/F,15\%,8) + 200(P/F,15\%,12)\\&= 3189.22(\text{万元})\end{aligned}$$

$$NPV_C = -9000(P/F,15\%,6) - 9000 + (4500 - 1500) \times (P/A,15\%,12) + 300(P/F,15\%,6) + 300(P/F,15\%,12) = 3558.06\text{(万元)}$$

由于 $NPV_C > NPV_B > NPV_A$，故选取 C 方案。

（2）净年值法

在对寿命不等的互斥方案比选时，净年值法是最为简便的方法。净年值法以“年”为时间单位比较各方案的经济效果，从而使寿命不等的互斥方案具有可比性。

净年值法的判别准则为：$NAV \geqslant 0$，且该值最大的方案是最优可行方案。

【例 4.19】 对例 4.18 中的三个方案用净年值法进行评价，$i_c = 15\%$。

【解】 参见图 4.14。

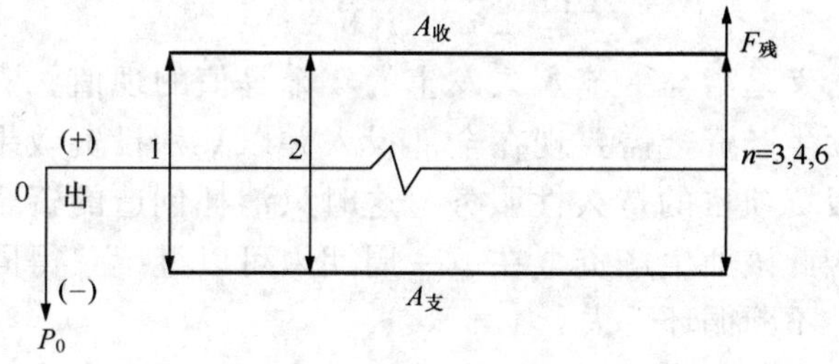

图 4.14　现金流量图

A 方案：

$$NAV_A = -6000(A/P,\ 15\%,\ 3) + 3000 - 1000 = -6000 \times 0.437\,89 + 3000 - 1000 = -627.34\text{(万元)}$$

B 方案：

$$NAV_B = -7000(A/P,\ 15\%,\ 4) + 4000 - 1000 + 200(A/F,\ 15\%,\ 4) = 588.164\text{(万元)}$$

C 方案：

$$NAV_C = -9000 \times (A/P,\ 15\%,\ 6) + 4500 - 1500 + 300(A/F,\ 15\%,\ 6) = 656.11\text{(万元)}$$

由于 $NAV_C > NAV_B > NAV_A$，故 C 方案最优，与净现值法结论一致。

对于仅有或仅需要计算费用现金流量的寿命不等的互斥方案，可以比照净现值法或净年值法用费用现值法或费用年值法进行比选。判别准则是：费用现值或费用年值最小的方案为优。

3. 无限寿命的互斥型方案的经济效果评价

有些项目（如铁路、公路、桥梁、涵洞、水库、机场等）的服务年限可视为无限长。即使项目的服务年限不是无限长，但当服务年限比较长时（如超过 50 年），动态分析对未来已经不太敏感。例如，当 $i = 4\%$，45 年后的 1 元现值约为 0.171 元，50 年后的 1 元现值约为 0.141 元。当 $i=6\%$时，30 年后的 1 元现值仅为 0.174 元，50 年后 1 元的现值约为 0.0543 元。在这种情况下，项目寿命可视为无限长。

（1）现值法

按无限长寿命计算出的现值 P 一般称为资金成本或资本化成本。资本化成本 P 的公式为

$$P=A/i \tag{4.21}$$

证明：

$$P=A\frac{(1+i)^n-1}{i(1+i)^n}=A\left[\frac{1}{i}-\frac{1}{i(1+i)^n}\right]$$

当 n 趋近于无穷大时，有

$$P=A\lim_{n\to\infty}\left[\frac{1}{i}-\frac{1}{i(1+i)^n}\right]=\frac{A}{i}$$

资本化成本的含义是指与一笔永久发生的年金等值的现值。资本化成本从经济意义上可以解释为一项生产资金需要现在全部投入并以某种投资效果系数获利，以便取得一笔费用来维持投资项目的持久性服务。这时只消耗创造的资金，而无须耗费最初投放的生产资金，因此该项生产资金在下一周期内可以继续获得同样的利润，用以维持所需的费用，如此不断循环下去。

对无限期互斥方案进行净现值比较的判别准则为 NPV≥0，且该净现值最大的方案是最优方案。

对于仅有费用现金流量的互斥方案，可以比照净现值法用费用现值法进行比选。判别准则是：费用现值最小的方案为优。

【例 4.20】 某河上欲建大桥，有 A、B 两个选点方案，如表 4.17 所示，若基准折现率 $i_c=10\%$，试比较何者为优。

表 4.17 方案的现金流量表 单位：万元

方案	一次投资	年维护费	再投资
A	3080	1.5	5（每 10 年一次）
B	2230	0.8	4.5（每 5 年一次）

【解】 两方案的现金流量如图 4.15 所示。

$$\mathrm{PC_A}=3080+\frac{A}{i}=3080+\frac{1.5+5(A/F,10\%,10)}{10\%}=3098.13(\text{万元})$$

$$\mathrm{PC_B}=2230+\frac{A}{i}=2230+\frac{0.8+4.5(A/F,10\%,5)}{10\%}=2245.37(\text{万元})$$

由于 $\mathrm{PC_B}<\mathrm{PC_A}$，故 B 方案为优。

（2）净年值法

无限寿命的年值可以下面的公式为依据计算，即

$$A=Pi \tag{4.22}$$

对无限期互斥方案进行净年值比较的判别准则为：NAV≥0，且该值最大的方案是最优方案。

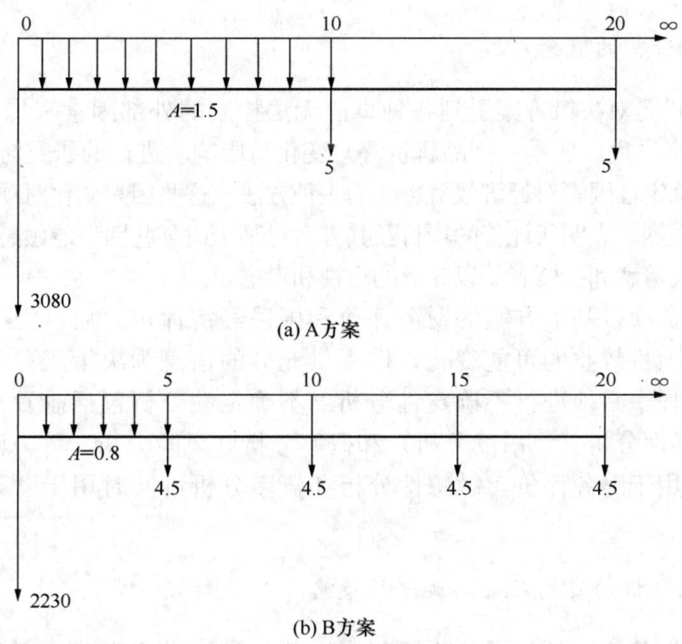

图 4.15　现金流量图（单位：万元）

对于仅有或仅需计算费用现金流量的互斥方案，可以比较净年值法，用费用年值法进行比选。判别准则是：费用年值最小的方案为优。

4.4　不确定性分析

4.4.1　投资项目决策分析与评价中的不确定性

1. 不确定性的由来

客观事物发展多变的特点以及人们对客观事物认识的局限性使得技术经济分析中各因素的实际情况很难准确测定，像技术进步和革新指标、价格浮动指标、生产能力指标等，加之政治、社会、道德、文化、风俗习惯等因素的共同作用，这些因素随着时间的推移又不断发生变化，因而客观事物的发展结果可能会偏离人们的预期。可见，技术经济分析的结论并非是绝对的，投资项目也不例外。

尽管在投资项目决策分析与评价工作中已就项目市场、采用技术、设备、工程方案、环境保护、配套条件、投融资和投入产出、价格等方面作了尽可能详尽的研究，但项目经营的未来状况仍然可能与设想状况发生偏离，项目实施后的实际结果难免会与预测的基本方案产生偏差，投资项目因而有可能面临潜在的风险。这是由于上述投资项目决策分析与评价工作所采用的各项数据都是根据历史数据和经验对将来相当长一段时期进行预测得到的。项目经济评价的数据多数来自预测和估算，而预测的不确定性已为人所共知。因此，这些数据都或多或少带有某种不确定性，致使投资项目的决策分析与评价结果具有不确定性。为了尽量避免投资决策失误，有必要进行不确定性分析。

2. 不确定性分析的概念

不确定性分析是对决策方案受到各种事前无法控制的外部因素（如人力、物力、资金、固定资产投资、生产成本、产品售价等）变化与影响所进行的研究与估计，是研究技术方案中主要不确定性因素对经济效益影响的一种方法。这些因素变化对项目经济效果评价所带来的响应越强烈，表明所评价的项目及其方案对某个或某些因素越敏感。对于这些敏感因素，要求项目决策者和投资者予以充分的重视和考虑。

在完成对投资项目基本方案的财务评价和国民经济评价之后，为了了解在不确定性条件下，投资项目效益的可能变化，以提供充分的信息为决策服务，在投资项目决策分析与评价过程中必须进行不确定性分析。不确定性分析包括盈亏平衡分析（损益平衡分析）、敏感性分析（灵敏度分析）和概率分析（风险分析）等方法和内容。盈亏平衡分析一般只用于财务评价，敏感性分析和概率分析可同时用于财务评价和国民经济评价。

3. 不确定性分析的目的及应对风险的策略

进行不确定性分析，是为了分析不确定因素，尽量弄清和减少不确定因素对经济效果评价的影响，以预测项目可能承担的风险，确定项目在财务上、经济上的可靠性，避免项目投产后不能获得预期的利润和收益，以致使投资不能如期收回或给企业造成亏损。在项目评价中，不确定性就意味着项目带有风险性。风险性大的工程项目，必须具有较大的潜在获利能力。

任何经济活动都可能有风险，风险通常有四种基本方式：①风险回避（即完全规避风险）；②风险降低；③风险转移；④风险自留。投资者必须清楚风险和收益是相伴的，不能将风险应对行动视为资源浪费，而应将其作为会产生收益的一种投资。

4.4.2 盈亏平衡分析法

1. 盈亏平衡点及盈亏平衡分析的概念

各种不确定因素的变化会影响投资方案的经济效果，当这些因素的变化达到某一临界值时，就会影响方案的取舍，如价格、产量（销售量）等。盈亏平衡分析的目的就是找出这些参数变化的临界值，即盈利与亏损的转折点，称之为盈亏平衡点 BEP（break even point），或称保本点。盈亏平衡点越低，说明项目盈利的可能性越大，亏损的可能性越小，因而项目有较大的抗风险能力。通过盈亏平衡分析找出不发生亏损的经济界限，以便判断投资方案对不确定因素变化的承受能力，为投资者决策提供依据。

盈亏平衡分析又叫损益平衡分析，在投资分析中有广泛的用途。它不仅可对单个方案进行分析，而且还可用于对多个方案进行比较。它是根据拟建项目正常生产年份的产量（销售量）、投资、成本、产品价格、项目寿命期、税金等，研究拟建项目以上参数发生变化与平衡关系的方法。最常见的是研究产量、成本和利润之间的关系，即“量、本、利分析”。

2. 固定成本与变动成本

盈亏平衡分析是将成本划分为固定成本与变动成本。假定产销量一致，根据项目正常年份的产量、成本、售价和利润四者之间的函数关系，分析产销量对项目盈亏的影响。

固定成本是指在一定的产量范围内不随产量的增减变动而变化的成本，如辅助人员工资、折旧及摊销费、维修费等；而变动成本是指随产量的增减变动而成正比例变化的成本，如原材料的消耗、直接生产用辅助材料、燃料、动力等。

在盈亏平衡分析中分离固定成本和变动成本的常用方法有以下三种。

（1）费用分解法

费用分解法就是按会计项目的费用属性进行归类分离的方法。

（2）高低点法

高低点法就是取历史资料中产量最高和最低两个时期的成本数据为样本，求出单位变动成本后、推求固定成本和变动成本的方法，即

$$C_v = \frac{C_{max} - C_{min}}{Q_{max} - Q_{min}} \tag{4.23}$$

式中：C_v——单位产品变动成本；

C_{max}——最高产量时期的成本额；

C_{min}——最低产量时期的成本额；

Q_{max}——最高产量；

Q_{min}——最低产量。

求出单位变动成本 C_v 后，便可得到

$$V = C_v Q \tag{4.24}$$

$$F = C - V \tag{4.25}$$

式中：V——变动成本；

F——固定成本；

C——成本总额；

Q——产品销售量（产量）。

（3）回归分析法

回归分析法就是采用一元线性回归方程 $C=F+C_vQ$（即 $y=a+bx$）来描述成本与产量之间的线性相关关系的方法。根据回归分析法的基本原理，系数 C_v、F 可由下式求得

$$C_v = \frac{\sum QC_A - \overline{Q}\sum C_A}{\sum Q^2 - \overline{Q}\sum Q} \tag{4.26}$$

$$F = \overline{C}_A - C_v \overline{Q} \tag{4.27}$$

$$C_A = F + C_v Q \tag{4.28}$$

式中：C_{A}——年成本；

$\overline{C}_{\mathrm{A}}$——统计期各年成本的平均值，$\overline{C}_{\mathrm{A}}=\frac{1}{n}\sum_{t=1}^{n}C_{\mathrm{A}t}$（$n$ 为统计期数）；

$\overline{Q}$——统计期各年产量的平均值，$\overline{Q}=\frac{1}{n}\sum_{t=1}^{n}Q_t$（$n$ 为统计期数）。

由于回归分析考虑了统计期各年的所有数据，因此比高低点法更合理、更准确，所以在成本分离方面应用较普遍。

3. 线性盈亏平衡分析

独立方案盈亏平衡分析的目的是通过分析产品产量、成本与方案盈利能力之间的关系，找出投资方案盈利与亏损在产量、产品价格、单位产品成本等方面的界限，即盈亏平衡点，以判断在各种不确定因素作用下方案的风险情况。

（1）销售收入、成本费用与产品产量的关系

进行分析的前提是：

1）产品按销售量组织生产，即产品销售量等于产量。

2）产量变化，其他指标（如单位可变成本、产品售价）等不变，从而总成本费（或销售收入）用是产量（或销售量）的线性函数。

3）只生产单一产品，或者生产多种产品，但可以换算为单一产品计算，也即不同产品负荷率的变化是一致的，即

$$\mathrm{TR}=PQ \tag{4.29}$$

式中：TR——销售收入；

P——单位产品价格（不含销售税）。

项目投产后，其总成本费用可分为固定成本和变动成本两部分。在经济分析中，一般可近似地认为变动成本与产品产量成正比例关系。因此，总成本费用与产品产量的关系也可以近似地认为是线性关系，即

$$\mathrm{TC}=F+C_vQ \tag{4.30}$$

式中：TC——总成本费用；

F——固定成本。

（2）盈亏平衡点的确定

盈亏平衡点可以用图解法或计算法确定。

1）计算法。根据盈亏平衡点的定义，当达到盈亏平衡状态时，总成本＝总收入，即

$$\mathrm{TR}=\mathrm{TC}$$

$$PQ^*=F+C_vQ^*$$

$$Q^*=F/(P-C_v) \tag{4.31}$$

式中 Q^* 所表示的产量就是盈亏平衡点的产量。

若用含税价格 p 计算，则计算公式为

$$Q=F/[(1-r)p-C_v] \tag{4.32}$$

式中：r——产品销售税率，$P=(1-r)p$。

【例 4.21】（重要案例）　某项目设计总产量 3 万吨，单位产品的含税价格为 630.24 元/吨，年生产成本为 1352.18 万元，其中固定成本为 112.94 万元，单位可变成本为 413.08 元/吨，销售税率为 8%，求项目投产后的盈亏平衡产量。

【解】　$p=630.24$ 万元，$F=112.94$ 万元，$r=8\%$，$C_v=413.08$ 元/吨，代入公式 (4.32)：

$$Q^*=112.94/[(1-8\%)\times 630.24-413.08]=0.68(\text{万吨})$$

计算表明，项目投产后只要有 0.68 万吨的订货量，就可以达到盈亏平衡。

盈亏平衡点除可用产量表示外，还可用其他指标参数来表示。例如：

① 以销售收入表示的盈亏平衡点是指项目不发生亏损时必须达到的最低销售收入额，其计算公式为

$$\mathrm{TR}^*=P\times Q^*=P\times F/(P-C_v) \tag{4.33}$$

式中：TR^*——盈亏平衡时的销售收入。

② 生产能力利用率的盈亏平衡点是指项目不发生亏损时至少达到的生产能力利用率，用下式表示，即

$$q^*=\frac{Q^*}{Q_C}\times 100\%=\frac{F}{Q_C(P-C_v)}\times 100\% \tag{4.34}$$

式中：q^*——盈亏平衡点的生产能力利用率，q^* 值越低，项目的投资风险度就越小；

　　Q_C——设计年产量。

③ 若按设计能力进行生产和销售，则盈亏平衡销售价格 P^* 为

$$P^*=\mathrm{TR}/Q_C=(F+C_vQ_C)/Q_C \tag{4.35}$$

④ 若按设计能力进行生产和销售，且销售价格已定，则盈亏平衡点单位产品变动成本 C_v^* 为

$$C_v^*=P-F/Q_C \tag{4.36}$$

【例 4.22】（重要案例）　某项目年生产能力 120 万吨，单位产品含税销售价 $p=150$ 元/吨，单位产品变动成本 $C_v=40$ 元/吨，固定成本总额 $F=6000$ 万元，综合税率 13.85%，试计算盈亏平衡点产量及生产能力利用率和盈亏平衡点价格。

【解】　$Q^*=\dfrac{60\,000\,000}{150\times(1-13.85\%)-40}=\dfrac{60\,000\,000}{89.225}=67.25(\text{万吨/年})$

$$q^*=\frac{67.25}{120}=56\%$$

$$1-q^*=44\%$$

即若项目减产幅度不大于 44%，项目不会亏损。

$$p^*=\frac{\frac{6000}{120}+40}{1-13.85\%}=104.47(\text{元})$$

当降价幅度在 30.35%$\left(\dfrac{150-104.47}{150}\times 100\%=30.35\%\right)$以内，该项目仍不会出现亏损局面。

2）图解法。盈亏平衡点也可以采用图解法求得。

将式（4.32）和式（4.33）表示在同一坐标图上，就得出线性盈亏平衡分析图，如图4.16所示。图中销售收入线（如果销售收入和成本费用都是按含税价格计算的，销售收入中还应减去增值税）与总成本费用线的交点即为盈亏平衡点，这一点所对应的产量即为BEP（产量），也可换算为BEP（生产能力利用率）。由图4.16还可看出，企业处于亏损状态或盈利状态的区域。

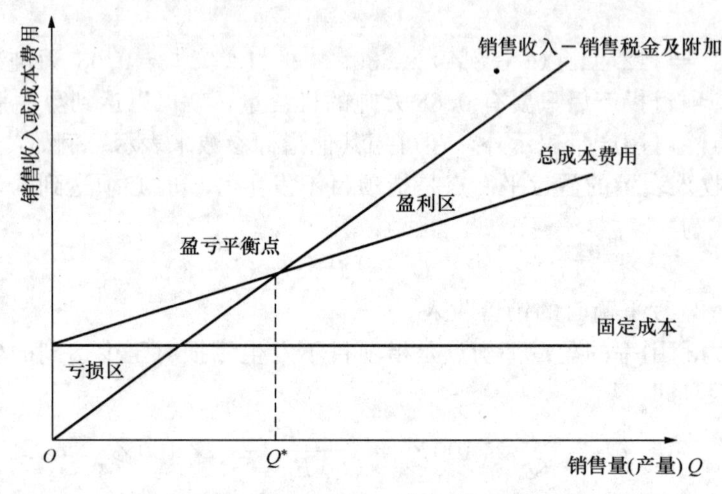

图4.16　线性盈亏平衡分析图

4．多方案比较时的优劣盈亏平衡分析

盈亏平衡分析也可用于两个以上方案的优劣比较与分析。如果两个或两个以上的方案其成本都是同一变量的函数时，便可以找到该变量的某一数值，恰能使两个对比方案的成本相等，该变量的这一特定值称为方案的优劣平衡点。

设有一组互斥方案，其成本函数决定于同一个共同变量 x，以共同变量建立每个方案的成本费用函数方程，即

$$C_i = f_i(x) \quad (i = 1,2,\cdots,n) \tag{4.37}$$

式中：C_i——i 方案的成本费用；

n——方案数。

若令 $C_i = C_{i+1}$，即 $f_1(x) = f_2(x)$。此时求出的 x 值即为两个方案费用平衡时的变量值，据此可以判断方案的优劣。

【例4.23】（重要案例）　现有一挖土工程，有两个挖土方案：一是人力挖土，单价为3.5元/m^3，另一是机械挖土，单价为1.5元/m^3，但需机械购置费10万元，问：怎样进行方案的选择？

【解】　设土方量为 Q m^3，则人力挖土费用

$$C_1 = 3.5Q$$

机械挖土费用

$$C_2 = 1.5Q + 100\,000$$

令 $C_1 = C_2$，解得

$$Q^* = \frac{100\ 000}{3.5-1.5} \approx 50\ 000(\mathrm{m}^3)$$

可见，当土方量<50 000m³ 时应采用人力挖土方案。

假设：某预算土方量为 80 000m³，原设计采用人力挖土方案。现由你按以上条件审核原预算，你有什么建议？

对于两个以上方案的优劣分析，其原理与两个方案的优劣分析相同。不同之处在于求优劣平衡点时要每两个方案进行求解，分别求出两个方案的平衡点，然后两两比较，选择其中最经济的方案。

4.4.3 敏感性分析

1. 敏感性分析的概念

敏感性分析又叫灵敏度分析，它主要研究不确定性因素的变化对项目经济效益的影响程度，即经济效益评价值对不确定性因素变化的敏感程度。敏感性分析就是要找出项目的敏感因素，并确定其敏感程度，以预测项目承担的风险，对项目提出合理的控制与改善措施，避免不利因素的影响，以便达到最佳经济效益。

所谓敏感因素，是指该不确定性因素的数值有很小的变动就能使项目经济效益评价值出现较显著改变的因素，反之则称为非敏感因素。

2. 敏感性分析的一般步骤

敏感性分析的步骤如下：

1）确定敏感性分析的指标，如净现值、净年值、费用年值、内部收益率、投资收益率等。

2）选择影响项目指标的不确定性因素，如投资额、建设工期、销售单价、年运营成本、基准收益率、项目经济寿命周期等，并设定它们的变化范围。

3）按照预先给定的变化幅度（±10%、±15%、±20%等），先变动一个（或一组）变量因素，而其他因素不便，计算该（组）因素的变化对经济效益指标的影响程度。如此逐一进行，对所有的变量因素进行考察。

4）在逐步计算的基础上，将结果加以整理分析，选择其中对经济效益指标影响变化幅度大的因素作为敏感因素，影响变化幅度小的因素则为非敏感因素。

5）综合分析，采取对策。

3. 敏感性分析的方法

根据每次所考虑的变动因素的数目不同，敏感性分析分为单因素敏感性分析和多因素敏感性分析。

（1）单因素敏感性分析

敏感性分析的方法主要是因素替换法，又称逐项替换法。它是先将方案中的其他因素固定不变，按照预先给定的变化幅度，逐一变动、替换该变动因素，以求得该因素敏感性的一种方法。计算时只变动某个因素，而令其他因素固定不变，观察该变动因素对方案经济效果的影响程度，从而确定其是否是敏感因素；然后逐次用其他因素来替换该因素，进而计算出其他影响因素的敏感性，直到得出方案全部影响因素的敏感性为止。

下面用一个具体的例子说明敏感性分析的具体做法和过程。

【例 4.24】（重要案例） 某地区最近发现铁矿石矿床，如果该矿床有开发价值，则进行投资。根据调查和分析，其基本情况是：初期投资（设备、铁路、公路、基础设施等）约需 5.4 亿美元；矿石品质（含铁量）为 60%以上有开采价值的铁矿石储量为 30 亿吨。根据市场预测，每年的销售量可达 1000 万吨，即该矿床可持续开采 300 年；按现在的物价水平，作业费用（以年生产并销售 1000 万吨计）每年约为 2.4 亿美元。其中，固定费用为 1.2 美元，产品的销售价格每吨为 30 美元。若该矿床开发后有支付利息和偿还能力，则银行可予以贷款，贷款的利率 $i=10\%$。试对该投资方案进行敏感性分析。

【解】 按现在的预测值，每年折旧和支付利息前的净收益为

$$1000 \times 30 - 2.4 = 0.6(\text{亿美元})$$

现金流量如图 4.17 所示。由于 $n=300$ 年（视为寿命无限），当所有数值都与预测值相同时，该投资方案的净现值为

$$\text{NPV} = \text{NAV}/i - 5.4 = 0.6/0.1 - 5.4 = 0.6(\text{亿美元})$$

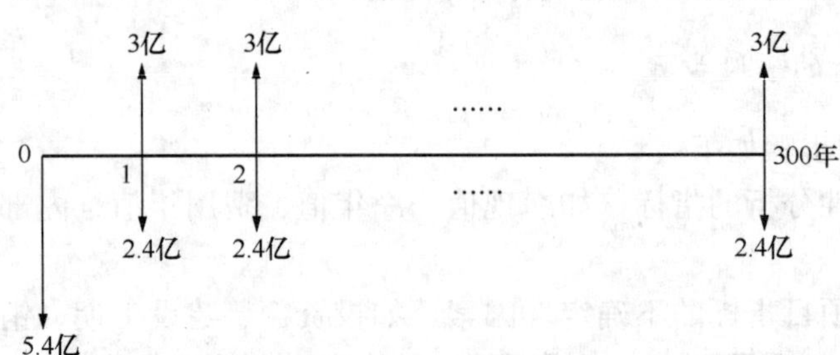

图 4.17 开发矿床的现金流量图

对于长期投资方案而言，不确定性是难免的。其中储量和市场的年需求量预测值是最令人不安的。对此，对以上两个因素进行敏感性分析，看各个因素单独变化时对经济评价指标值（此处为净现值）的影响程度。

当储量比预测值小，如仅为 3 亿吨时，该投资方案的净现值为

$$\begin{aligned}\text{NPV} &= 0.6 \times (P/A, 10\%, 30) - 5.4 = 0.6 \times 9.4269 - 5.4 \\ &= 0.256\ 14\ \text{亿美元} > 0\end{aligned}$$

上述结果表明，当储量发生了不利于投资方案的重大变化时，即储量由 30 亿吨降为 3 亿吨，其他预测数值不变时，该投资项目仍然可行，因而储量因素是非敏感因素，方案对储量变化的风险抵抗能力很强。

当销售量比预测值 1000 万吨少 10%时，销售收益为 2.7 亿美元，此时的作业费用为

$$1.2 + 1.2 \times 0.9 = 2.28(\text{亿美元})$$

假如其他所有量值都保持预测值不变，则此时投资方案的净现值为（$n=300$ 年）

$$\text{NPV}=(2.7-2.28)/0.1-5.4=-1.2(\text{亿美元})<0$$

可见，此时方案将由可行变为不可行。说明销售量是敏感因素，即使有 10%的偏差也会给投资方案以致命的打击。

按照以上的思路，也可对其他不确定性因素进行类似的分析，从而搞清哪些因素是敏感因素，哪些因素是非敏感因素，以此判定投资方案对各个不确定性因素的风险抵抗能力。

为了对该投资方案的特点有更为清醒的认识，求出各个不确定性因素的盈亏平衡点，这将给投资方案对各因素的抗风险能力的分析带来极大的方便。下面就进行这种分析：

设年销售量为 X，单位产品的销售价格为 P，年固定经费为 f，可开采的年限为 n，初期的投资额为 K_0，资本利率为 i，则本题的预测值分别为：$X=1000$ 万吨，$P=30$ 美元/吨，$q=12$ 美元/吨，$f=1.2$ 亿美元，$n=300$ 年，$i=10\%$，此时应有下式成立，即

$$\text{NAV}=(P-q)X-f-K_0\,i$$

以年销售量 X 为例，求其盈亏平衡点。此时设除 X 值之外，所有的其他量值都与预测值相同，则有下述等式成立，即

$$\text{NAV}=(30-12)X-1.2-5.4\times 10\%=0$$

由上式解得：$X=966.7$ 万吨，即当每年的销售数量小于 966.7 万吨时该投资方案将变为不可行。

同理，可分别求出 P、q、n、f、K_0、i 等参数的盈亏平衡点值。为使问题的分析方便、清晰，现将上述的结果和该值与预测值偏差率列成表格，见表 4.18。

表 4.18　开发矿床的现金流量表

不确定性因素	盈亏平衡点值	盈亏平衡点值与预测值的偏差率	不确定性因素	盈亏平衡点值	盈亏平衡点值与预测值的偏差率
X：销售量 1 年	966.7 万吨	−3.3%	f：年固定费用	1.26 亿美元	+5%
P：销售单价	29.4 美元/吨	−2.0%	K_0：初期投资额	6 亿美元	+11%
q：作业费用	12.6 美元/吨	+3.3%	i：资本利率	11.1%	+11%
n：寿命期	24 年	−92%			

根据表 4.18 即可判定投资方案对各个不确定性因素的抗风险的能力。表中盈亏平衡点值与预测值的偏差率是盈亏平衡点值减去预测值后的差值与预测值的比值。例如，年销售量的该值为（966.7−1000）/1000=−3.3%。该值越大，说明该不确定性因素的变化对经济评价指标值的影响越小，方案越安全且抗该因素的风险能力越强。反之，该值越小，说明该不确定性因素越敏感，方案对该因素变化的抗风险能力越差。

【例 4.25】（重要案例）　某投资方案的现金流量见表 4.19，表中数据是对未来最可能出现的情况预测估算得到的。由于未来经济环境的不确定性，预计某些参数可能会发生一定的变化，项目寿命期为 10 年，基准折现率为 12%。

1）试通过计算净现值分析投资额、年收益、年成本分别变化超过多少百分比时，项目变得不可行；

2）本项目对投资额、年收益、年成本三个因素的敏感性由强到弱的排序是什么？

表 4.19 投资方案现金流量的未来预测数据表 单位：元

参数	投资额（P）	年收益（AR）	年成本（AC）	残值（L）
预测值	150 000	38 000	9 000	6 000

【解】 1）设投资额变动的百分比为 x，分析投资额变动对方案净现值的影响。

$$\mathrm{NPV}=-P(1+x)+(\mathrm{AR}-\mathrm{AC})(P/A,12\%,10)+L(P/F,12\%,0)$$

当净现值为 0 时，可以求出 $x=10.5\%$，表示其他因素不变时，投资额增加超过 10.5%，净现值将小于 0，即项目不可行。

同理，设年收益变动的百分比为 y，分析年收益变动对方案净现值的影响。

$$\mathrm{NPV}=-P+[\mathrm{AR}(1+y)-\mathrm{AC}](P/A,12\%,10)+L(P/F,12\%,10)=0$$

解得 $y=-7.35\%$，表示其他因素不变时，年收益减少超过 7.35%时，净现值将小于 0，即项目不可行。

设年支出变动的百分比为 z，分析年支出变动对方案净现值的影响。

$$\mathrm{NPV}=-P+[\mathrm{AR}-\mathrm{AC}(1+z)](P/A,12\%,10)+L(P/F,12\%,10)=0$$

解得 $z=31.0\%$，表示其他因素不变时，年成本增加超过 31.0%时，净现值将小于 0，即项目不可行。

2）比较上述 x、y、z 的绝对值大小，可以知道年收益变化（减小）一个较小幅度，就可以使得项目由可行变为不可行，项目对此因素最敏感。因此，本例中敏感性由强到弱的因素依次为年收益、投资额、年成本。

单因素敏感性分析方法适合于分析项目方案的最敏感因素，但它忽略了各个变动因素综合作用的结果。无论是哪种类型的技术项目方案，各种不确定因素对项目方案经济效益的影响，都是相互交叉综合发生，而且各个因素的变化率及其发生的概率是随机的。因此，研究分析经济评价指标受多个因素同时变化的综合影响、研究多因素的敏感性分析更具有实用价值。

（2）多因素敏感性分析

多因素敏感性分析要考虑可能发生的各种因素不同变动幅度的多种组合，分析多个因素同时变化对方案的综合影响，计算起来要比单因素敏感性分析复杂得多。在这里就不做具体介绍了。

根据项目国民经济评价指标，如经济净现值或经济内部收益率等所作的敏感性分析叫经济敏感性分析；而根据项目财务评价指标所作的敏感性分析叫做财务敏感性分析。

（3）敏感性分析的特点

敏感性分析具有分析指标具体，能与项目方案的经济评价指标紧密结合，分析原理简单，分析方法容易掌握和应用，便于对方案的分析和决策等优点，有助于找出影响项目方案经济效益的敏感因素及其影响程度，对于提高项目方案经济评价的可靠性具有重大意义。但是，敏感性分析没有考虑各种不确定因素在未来发生变动的概率，这可能会影响分析结论的准确性。实际上，各种不确定因素在未来发生某一幅度变动的概率一般是不同的。可能有这样的情况，通过敏感性分析找出的某一敏感因素未来发生不利变动的概率很小，因而实际上所带来的风险并不大，以至于可以忽略不计。而另一非敏感因素未来发生不利变动的概率很大，实际上带来的风险比那个敏感因素更大。这种问题是敏感性分析方法所无法解决的，必须借助于概率分析方法。

习　题

1. 某工程项目各年净现金流量见表 4.20。如果基准折现率为 10%，试计算该项目的静态投资回收期、动态投资回收期。

表 4.20　净现金流量表

年度	1	2	3～10
净现金流量/元	−250 000	−200 000	120 000

2. 某厂将购买一台机床，已知该机床的制造成本为 6000 元，售价为 8000 元，预计运输费需 200 元，安装费用为 200 元，该机床运行投产后，每年可加工工件 2 万件，每件净收入为 0.2 元，试问：该机床的初始投资几年可以回收？如果基准投资回收期为 4 年，则购买此机床是否合理？(不计残值)

3. A、B 方案在项目计算期内的现金流量见表 4.21。试分别采用静态和动态评价指标比较其经济性（i_0=10%）。

表 4.21　A、B 方案的现金流量表　　单位：万元

方案	年度					
	0	1	2	3	4	5
A	−500	−500	500	400	300	200
B	−800	−200	200	300	400	500

4. 某工程总投资 5000 万元。投资后，每年生产支出 600 万元，每年收益额为 1400 万元。产品经济寿命期为 10 年，在 10 年末，还能回收资金 200 万元，基准折现率为 12%，求计算期内的净现值。

5. 某桥梁工程，初步拟定两个结构类型方案供备选。A 方案为钢筋混凝土结构，初始投资 1500 万元，年维护费 10 万元，每 5 年大修 1 次，费用为 100 万元；B 方案为钢结构，初始投资 2000 万元，年维护费为 5 万元，每 10 年大修 1 次，费用为 100 万元。试问：哪一个方案经济？

6. 某项目建设期 1 年。A 方案：0 年投资 5000 万元，寿命期为 8 年，每年收益 1400 万元；B 方案：0 年投资 7000 万元，第一年年末再投资 3000 万元，寿命期为 10 年，每年收益为 2500 万元。当基准收益率为 10%时，试选择最优方案。

7. 有三个互斥方案，寿命期均为 10 年，i_c=10%，各方案的初始投资和年净收益见表 4.22。试分别用净现值法、年值法、差额净现值法及差额内部收益率法在三个方案中选择最优方案。

表 4.22　投资方案的现金流量表　　单位：万元

方案	A	B	C
初始投资	49	60	70
年净收益	10	12	13

8. 有三个不相关的方案 A、B、C，各方案的投资、年净收益和寿命期见表 4.23，经计算可知，各方案的 IRR 均大于基准收益率 15%。已知总投资限额是 30 000 元，问应当怎样选择方案。

表 4.23　A、B、C 方案的有关数据

方案	投资/元	年净收益/元	寿命期/年
A	12 000	4 300	5
B	10 000	4 200	5
C	17 000	5 800	10

9. 某厂为降低成本，现考虑三个相互排斥的方案，三个方案的寿命期均为 10 年，各方案的初始投资和年成本节约金额见表 4.24。试在折现率为 10%的条件下选择经济上最有利的方案。

表 4.24　初始投资和年成本节约额　　单位：万元

方案	A	B	C
初始投资	40	55	72
年成本节约金额	12	15	17.8

10. 某项目方案预计在计算期内的支出和收入见表 4.25，试以净现值指标对方案进行敏感性分析，找出最敏感因素（基准收益率为 10%）。

表 4.25　项目的支出和收入　　单位：万元

年度	0	1	2	3	4	5	6
投资	50	300	50				
年经营成本				150	200	200	200
年销售收入				300	400	200	400

11. 某工程方案设计生产能力为 1.5 万吨/年，产品销售价格为 3000 元/吨，年总成本为 3900 万元，其中固定成本为 1800 万元。试求以产量、销售收入、生产能力利用率、销售价格和单位产品变动成本表示的盈亏平衡点。

12. 某投资方案用于确定性分析的现金流量见表 4.26。表中数据是对未来最可能出现的情况预测估算得到的。由于未来影响经济环境的某些因素的不确定性，预计各参数的最大变化范围为−30%～+30%，基准折现率为 12%。试对各参数分别作敏感性分析。

表 4.26　用于确定性分析的现金流量表

参数	投资额（K）/元	年收益（AR）/元	年支出（AC）/元	残值（L）/元	寿命期（n）/年
预测值	170 000	35 000	3 000	20 000	10

模拟自测题

一、填空题（共 11 空，每空 1 分，共 11 分）

1. 常用的动态分析方法有______、______、______、______、______和增量分析法。
2. 项目经济评价的指标有______指标、______指标和______指标三类。
3. 不确定性分析的方法主要有______、______和______三种。

二、判断题（共 9 小题，每小题 1 分，共 9 分）

1. 现值法、年值法和未来值法是等效的。（　）
2. 成本现值法就是将各方案的所有成本均折算成现值，然后取其现值最大的方案。（　）
3. 敏感性分析不能提供经济效果变化的可能性大小。（　）
4. 内部收益率就是一个项目尚未被收回的投资余额所取得的利率。（　）
5. 净现值法和内部收益率法得出的结论是完全一致的。（　）
6. 在多方案比较中，不能按内部收益率的大小来判断方案的优劣。（　）
7. 贷款偿还期其实就是投资回收期。（　）
8. 盈亏平衡分析不能提供经济效果变化的可能性大小。（　）
9. 在投资项目决策中，只要投资方案的内部收益率大于 0，该方案就是可行方案。（　）

三、单项选择题（共 11 小题，每小题 2 分，共 22 分）

1. 以下指标的计算中，没有考虑资金时间价值的是（　）。

A. 平均投资收益率　B. 净现值率　C. 内部收益率　D. 基准折现率

2. 下列关于投资回收期的描述，正确的是（　）。

A. 投资回收期不能全面反映项目在整个寿命期内真实的经济效果

B. 投资回收期是一个静态指标

C. 投资回收期是一个动态指标

D. 投资回收期从项目开始投入之日算起，到项目结束为止

3. 如果某个投资方案的 NPV 为正数，则必然存在的结论是（　）。

A. 投资回收期在 1 年以内　B. 净现值率大于 0

C. 内部收益率大于基准收益率　D. 年均现金流量大于原始投资

4. 某项目原始投资为 12 000 万元，当年完工，有效期 3 年。每年可得净现金流量 6730 万元；则该项目的内部收益率为（　）。

A. 7%　B. 6%　C. 8%　D. 9%

5. 下列各项中不会对内部收益率指标产生影响的因素是（　）。

A. 原始投资　B. 现金流量　C. 计算期　D. 设定折现率

6. 净现值率是一个效率型的指标，它是（　　）的比值。

A. 净现值与项目净收益　　B. 净现值与项目总投资

C. 净现值与项目固定资产投资　　D. 净现值与项目现金流出总额

7. 就单位产品而言，其中的固定成本随产量的增加而（　　）。

A. 增加　　B. 减小　　C. 不变　　D. 不规则变化

8. 通过分析产品产量、成本和盈利之间的关系，找出方案盈利和亏损在产品产量的临界点，此临界点称为（　　）。

A. 最低成本点产量　　B. 经济规模点产量

C. 盈亏平衡点产量　　D. 最优决策点产量

9. 下列关于增量内部收益率的说法，正确的是（　　）。

A. 增量内部收益率就是内部收益率的增加值

B. 增量内部收益率常用来判断单方案的可行性

C. 增量内部收益率指单位净现值的增加值对应的内部收益率增加值

D. 增量内部收益率是指增量净现值为 0 时的折现率

10. 下列属于动态评价指标的是（　　）。

A. 投资利润率　　B. 投资回收期

C. 投资利税率　　D. 费用年值

11. 同一地域的土地，现有两个利用方案作为备选实施，一个是建居民楼，一个是建写字楼，这两个方案之间的关系是（　　）。

A. 互斥型　　B. 混合型　　C. 相关型　　D. 独立型

四、多项选择题（共 4 小题，每小题 3 分，共 12 分）

1. 应对经济活动中的风险通常有（　　）等基本方式。

A. 风险识别　　B. 风险分析　　C. 风险降低　　D. 风险转移

E. 风险自留

2. 如果某个投资方案的 NPV 为正数，则错误的结论是（　　）。

A. 投资回收期在 1 年以内　　B. 净现值率大于 0

C. 内部收益率大于基准收益率　　D. 年均现金流量大于原始投资

E. 净年值率大于 0

3. 在下列作为价值型经济评价指标的是（　　）。

A. 费用现值　　B. 投资回收期　　C. 净现值　　D. 内部收益率

E. 外部收益率

4. 关于盈亏平衡分析的论述，下列说法中正确的是（　　）。

A. 盈亏平衡点的含义是指企业的固定成本等于变动成本

B. 当实际产量小于盈亏平衡产量时，企业亏损

C. 生产能力利用率大于盈亏平衡点，就可盈利

D. 盈亏平衡产量越小，抗风险能力就越强

E. 盈亏平衡产量越大，抗风险能力就越强

五、名词解释（共 11 小题，每小题 2 分，共 22 分）

1. 净现值　　2. 净年值　　3. 净现值率　　4. 基准收益率
5. 零方案　　6. 净效益　　7. 资金化成本　　8. 投资回收期
9. 环比法　　10. 差额内部收益率　　11. 敏感性分析

六、计算题（共 3 小题，每小题 8 分，共 24 分）

1. 现有投资 5000 万元，在预计 10 年中每年可回收 100 万元，并在第 10 年年末可获得 7000 万元，试计算内部收益率。

2. 某公司考虑下列可行而相互排斥的方案（表 4.27），各方案的寿命期为 5 年，标准折现率为 10%，试用增量净现值法选择方案。

表 4.27　方案　　单位：万元

方案	A_0	A_1	A_2	A_3
投资	0	5000	8500	7000
年净收益	0	1400	2400	2000

3. 某厂设计能力为生产钢材 30 万吨/年，钢材价格为 650 元/吨，单位产品可变成本为 400 元/吨，总固定成本为 3000 万元，其中折旧费用为 250 万元。试作以下分析：

1）以生产能力利用率表示的盈亏平衡点；

2）当价格、固定成本和变动成本变动±10%时，对生产能力利用率盈亏平衡点的影响，并指出敏感因素。

第5章
价值工程

价值工程就是“必要的功能”与“最低寿命周期成本”两个要素的结合。在工程经济分析中，它是一种思维方式、组织管理方法、设计理念和建造原则。价值工程的工作程序分为三个阶段和七个步骤，它以功能分析为核心，以产品、工艺技术等为研究对象，以有组织的集体创造活动为基础，以提高产品价值为目标。本章阐述了价值工程的基本概念和特征，详细介绍了开展价值工程活动的基本程序、工作内容和各种方法，最后以价值工程的应用实例结束本章内容。

5.1 价值工程的基本概念及其特征

价值工程（value engineering，简称 VE），也称价值分析（VA），它通过研究产品或系统的功能与成本之间的关系来改进产品或系统状态，以提高其经济效益的现代管理技术。价值工程在 20 世纪 40 年代末起源于美国。

第二次世界大战期间，美国的军事工业得到了很大的发展，但同时也出现了原材料供应紧张的问题，给企业生产带来了很大的困难。当时在美国通用电器公司采购部门任职的麦尔斯（L. D. Miles），在原材料供应十分紧张的情况下，提出了大胆的设想，并在公司进行了实践：能否用其他材料来代替所需要的紧缺材料而获得同样的效用(功能)？最典型的例子是所谓的“石棉板事件”。当时公司需要购买大量的石棉板，由于短缺，其价格成倍增长，给购买工作和公司财务都带来了很大的困难。当时麦尔斯提出了这样一个问题：为什么要使用石棉板？它的功能是什么？原来他们在给产品上涂料时，容易把地板弄脏，要在地板上垫一些东西，而涂料的溶剂又是易燃品，因而消防法规定要铺石棉板。经过市场调查，麦尔斯找到了一种不燃烧的纸，这种纸不仅容易采购而且价格便宜。由于消防法有明确规定，有人便以此为由不同意使用替代品。后几经周折，修改了消防法，才被允许代用，结果成本大幅度降低。经过反复的研究和多次实践，麦尔斯于 1947 年总结出一套在保证同样功能的前提下，降低成本的比较完整的科学方法，并以“价值分析”为题发表。

1954 年，美国国防部海军舰船局开始在产品设计中应用价值分析以节省费用，并把这一过程命名为“价值工程”。1955 年签定的订货合同，一年就节约了 3500 万美元。

其后的十多年里，这种以最小的寿命周期成本满足用户需求的分析技术，相继被英国、法国、加拿大、瑞典、德国、日本、苏联等多个国家和地区的政府部门和企业所采用。在 20 世纪 80 年代，美国哈佛大学迈克尔·波特（Michael E. Porter）教授提出价值链方法，从战略管理方面继续完善了价值管理的理论。20 世纪 90 年代开始，价值定价被作为一种提升企业价值的新途径，价值网、价值星群方法的提出是价值工程和价值管理（VM）研究的又一突破，其应用前景更为广阔。VE&VM 技术的成功应用，使之在世界各地迅速开展，为各国经济的持续增长做出了卓越的贡献。例如，1996 年英国伦敦地铁列车设计用 VE 方法节约了投资额的 16.2%，在投资额为 5 亿英镑的项目中累计节约的费用高达 8000 多万英镑。沃尔玛靠价值链管理成为世界百货巨头，仅从下订单到货物抵达商店所需时间一项，就由 20 世纪 80 年代的 1 个月缩短到本世纪初的 3 天。

价值分析在 20 世纪 80 年代以后被许多国家的立法部门和政府机构日益看重。从里根开始，美国的历届政府都有行政指令，要求各行政机构在提出法规之前都要提供一份法规影响分析，用以说明所提出的法规“是否还有基本上能达到同样目标的、费用更低的法规备选方案？简要说明这些备选方案的潜在效益和费用，并说明这些备选方案不被推荐的理由”。克林顿在任美国总统期间亲署了第 104—106 号法令，要求国民经济各部门都要应用价值工程，并规定凡是政府出资超过 200 万美元的项目，都必须由持有 CVS（认证的价值管理专家）证书的价值工程专家进行审核。2004 年，美国白宫的预算管理办公室起草了一份改革报告，对联邦政府出台的各种法规的效益和费用进行了评估，提出了包括环保署在内的各政府部门都要遵循的、统一的法规评估准则，要求所有出台的法规都要附有两份独立的、基于不同经济参数预测的费用效益分析报告。

1978 年以后，在党和国家领导人的关怀和各科研院所、企业界的努力下，价值工程被介绍到我国，并被许多企业采用。1985 年在全国政协会议上，沈日新委员的 1378 号提案要求在我国迅速推广 VE 的科学管理方法。1987 年我国颁布了《价值工程基本术语和一般工作程序》的国家标准。1988 年江泽民同志题词“价值工程，常用常新”。至今 VE 已为国民经济的发展创造了巨额的经济效益。

5.1.1　价值工程的基本概念

1. 价值

价值工程中的价值被定义为“功能”与“成本”的比值，即单位成本实现的功能。价值是一个比较结果，接近于日常生活中“值不值”“性价比”的概念。价值 V 的表达式为

$$V = F/C \tag{5.1}$$

式中：F——产品功能；

　　C——产品成本。

价值是评价某一产品、服务或工程项目的功能与实现这一功能所消耗费用之比的合理程度的尺度。衡量价值的大小主要看 F 与 C 的比值如何。通常在购买商品时要考

虑商品的“性价比”：“性”指性能，即商品所具有的功能和质量水平；“价”即价格，反映的是商品的成本水平；“性价比”则是指商品的价值。

功能 F 是指产品、服务、工程、作业等能够满足用户或消费者某种需求的一种属性。产品功能是产品具有的用途和使用价值，它是产品的本质特征。用户购买产品主要是购买产品的功能，以满足其需求。

由于功能只有通过对产品、工程等有形实体的使用才能体现出来，因此人们往往注重产品、工程的有形实体而忽视对产品功能的研究。这是造成设计不合理、产品功能不足或过剩的重要原因。功能是产品、工程设计的出发点，应该认真加以研究、改进和完善，达到提高产品价值的目的。

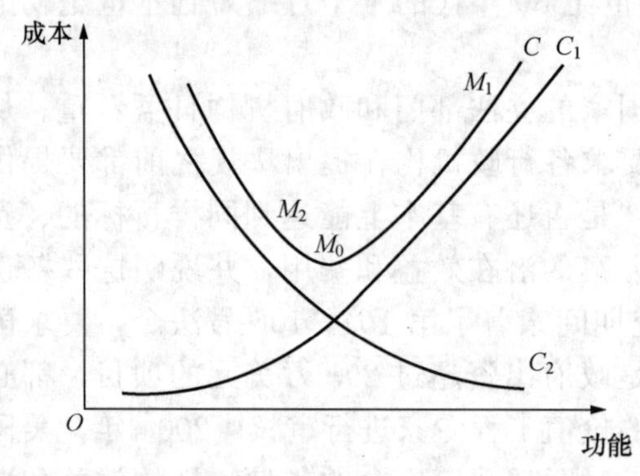

图 5.1 “成本-功能”特性曲线

价值工程中的成本 C 是指产品的寿命周期成本，它包括产品从开发设计、制造、使用到报废全过程所付出的费用总和，如图 5.1 及表 5.1 所示。这些费用可分为生产成本和使用成本，前者是企业生产产品必须付出的费用；后者是用户为了使用产品必须付出的费用。由于生产成本在短期内集中支出，并体现在产品价格中，容易被人们重视；使用成本的耗费虽远高于生产成本，但由于分散支出，容易被忽视。价值工程要求将两者综合考虑，兼顾生产者和消费者的利益。

表 5.1 产品寿命周期成本

产品寿命周期	开发设计	试制	制造	销售	使用	维修	“三废”处理	报废
寿命周期成本 C	生产成本 C_1				使用成本 C_2			

一般说来，生产成本随着产品功能的提高而增加，而产品功能越好使用成本越低，图 5.1 所示为成本-功能特性曲线。

从图 5.1 可知，若采取一定的技术措施，使功能成本点从 M_2 移到了 M_0，则既提高了功能，又降低了成本，属于第五种特征；当由 M_0 移到 M_1 时，也能提高功能，但增加了成本。

2. 价值工程

价值工程是一种运用集体智慧和有组织的活动，通过对产品（包括工程项目或服务，下同）进行功能分析，力求用最低的寿命周期总成本，实现产品的必要功能，借以提高产品价值的现代管理技术。

5.1.2 价值工程的特征

1. 提高产品价值是价值工程的目标

价值工程以提高产品价值、以最低的寿命周期成本实现产品的必要功能为目标；以有组织、有领导的活动为基础；以科学的技术方法为工具。它从技术与经济相结合的角度上去改进和创新产品。价值工程的这一目标不但反映了生产者、用户的共同利益，而且反映了有效利用社会资源的要求。

分析公式（5.1）可得表5.2结果，它表示了提高产品价值的五种途径，其中第五种类型：成本降低，功能提高，价值大幅提高是最理想的提高价值的途径。

表5.2 提高价值的途径

项目	途径				
	1	2	3	4	5
功能 F	不变	提高	大提高	略降低	提高
成本 C	降低	不变	略提高	大降低	降低
备注	节约型	改进型	投资型	牺牲型	双向型

2. 功能分析是价值工程的核心

功能是产品的某种属性，体现了满足人们某种需要的程度。价值工程以功能分析为核心，通过功能分析，区分产品的必要功能和不必要功能、基本功能和辅助功能，剔除不必要的功能，完善基本功能，从而降低产品的成本，改进产品的功能，严格按照用户的需求来设计产品。这种独特的以功能为核心的分析方法是管理思想和技术经济分析方法上的创新。

3. 有组织的集体创造活动是价值工程的基础

价值工程是贯穿于产品整个寿命周期的系统分析方法。从产品设计、材料选购、生产制造、交付使用，都涉及价值工程的内容。价值工程尤其强调创造性活动，只有创造才能突破原有的设计水平，大幅度提高产品性能，降低成本。因此，集体的知识、经验十分重要。在有组织的条件下，能充分发挥集体的智慧。

5.2 价值工程的工作程序与方法

5.2.1 价值工程的工作程序

价值工程的工作程序可分为两个阶段、七个步骤。

1. 分析问题阶段

（1）选择对象

确定价值工程的研究对象，即要找出有待改进的产品、部件或问题。

（2）收集资料

围绕选定的对象，收集一切必要的资料。

（3）功能分析

对选定的对象进行功能分析，清楚对象有哪些功能，这些功能哪些是必要的，功能之间的关系如何。

（4）功能评价

在功能分析的基础上进行功能评价。

2. 解决问题阶段

（1）创造方案

依靠集体智慧，尽可能多地提出各种改进方案和设想。

（2）方案评价与选择

对提出的各种改进方案和设想进行技术、经济、社会各方面的综合评价，选出有价值的方案，并使其具体化。

（3）试验与提案

通过试验证实的最优方案可作为正式提案送交有关方面审批。价值工程工作程序如表 5.3 所示。

表 5.3　价值工程工作程序

<table>
<tr><th rowspan="2">构思的一般过程</th><th colspan="2">程序内容</th><th rowspan="2">对应的问题及七个步骤</th></tr>
<tr><th>基本步骤</th><th>详细过程</th></tr>
<tr><td rowspan="4">分析</td><td rowspan="4">1. 功能定义</td><td>1. 对象确定</td><td rowspan="2">1. 这是什么？</td></tr>
<tr><td>2. 收集资料</td></tr>
<tr><td>3. 功能定义</td><td rowspan="2">2. 这是干什么用的？</td></tr>
<tr><td>4. 功能整理</td></tr>
<tr><td rowspan="8">综合评价</td><td rowspan="3">2. 功能评价</td><td>5. 功能成本分析</td><td>3. 它的成本是多少？</td></tr>
<tr><td>6. 功能评价</td><td rowspan="2">4. 它的价值是多少？</td></tr>
<tr><td>7. 确定对象范围</td></tr>
<tr><td rowspan="5">3. 制定改进方案</td><td>8. 创造</td><td>5. 有其他方法达到功能要求吗？</td></tr>
<tr><td>9. 概略评价</td><td rowspan="2">6. 新方案的成本是多少？</td></tr>
<tr><td>10. 具体化、调查</td></tr>
<tr><td>11. 详细评价</td><td rowspan="2">7. 新方案满足功能要求吗？</td></tr>
<tr><td>12. 提案</td></tr>
</table>

5.2.2　价值工程对象选择的原则和方法

1. 价值工程对象选择的原则

正确选择 VE 对象是 VE 收效大小与成败的关键。选择 VE 对象的原则如下：

1）选择设计因素多、结构复杂、体积大的产品。对于结构过于复杂的产品，在保证其必要功能的基础上，则可对其复杂结构进行分解，确定各组成部分的功能和作用，合理进行设计，加以简化，以大幅度降低成本。例如，为了满足交通的要求，柔性路面结构层次逐渐发展为面层、联结层、基层、底基层和垫层，不同结构层具有各自的主要功能。但结构层次过多则需要多种材料、多道工序施工，不但增加路面的造价，且往往因配合不当或施工不当引起质量问题。故可对路面层次进行价值分析。

2）选择造价高，占总成本比重大，且对经济效益影响大的产品，例如软土地中的桩基础工程、道路工程中的互通式立交、桥梁下部工程中的桩基础等。

3）选择量大而广的产品，如建筑用的砖、路面及桥梁工程中的上部结构物等。

4）选择质量差、用户意见大的产品，如路面等损坏率高的产品。

5）选择寿命周期较长的产品，如桥梁、堤坝、防洪建筑等产品。

6）选择技术经济指标较差的产品。通过与同类产品进行技术性能、经济指标的比较，找出差距大的产品作为价值工程对象。

7）从畅销产品中选择。为了使企业产品处于有利的竞争地位，必须做到既提高产品功能又不增加售价，甚至降低售价。

8）选择产品设计年代已久、技术已显陈旧的产品。

2. 价值工程对象选择的方法

(1) ABC分析法

ABC分析法是一种定量分析方法，它根据客观事物中普遍存在的不均匀分布规律分为“关键的少数”和“次要的多数”。此方法分别以对象数占总数的百分比为横坐标、对象成本占总成本的百分比为纵坐标绘制曲线分配图，如图5.2所示。

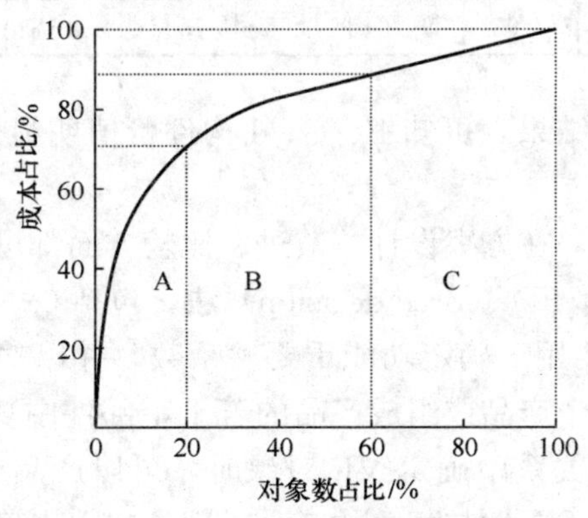

图5.2 比重分布曲线图

ABC法将全体对象分为A、B、C三类，A类对象的数目较小，一般占总数的20%左右，但成本比重占70%左右；B类对象一般占40%左右，其成本比重占20%左右；C类对象占40%左右，其成本比重占10%左右。显然，A类对象是关键少数，应作为VE对象；C类对象是次要多数，不作为VE对象；是否分析B类对象则视情况予以选择。

（2）百分比分析法

百分比分析法是通过分析不同产品在各类技术经济指标中所占的百分数不同来进行比较，找出 VE 对象。表 5.4 中的某产品由七类零部件组成。

表 5.4 百分比法分析表

零部件/件	A	B	C	D	E	F	G	合计
动力消耗比重/%	34	29	17	10	5	3	2	100
产值比重/%	36	30	7	12	7	6	2	100

从表 5.4 可以看出，C 类零部件动力消耗较多，但产值比重小，应选为 VE 分析对象；A、B 类零部件虽然动力消耗较多，但产值比重大，两者比较吻合。

（3）比较法

1）价值比较法。价值比较法是一种同时考虑“成本”和“功能”两个因素的选择价值工程对象的方法。如果一个产品的零部件或工程结构的组成部分，都具有一个共同的功能，则依据 $V=F/C$ 计算出每个零部件的价值，然后选取价值小的零部件作为 VE 对象。

【例 5.1】 某城市平交路口拟改建成直通式立交。已提出一个直通式立交设计方案，各结构组成部分投资估算见表 5.5，试选择立交设计方案作为 VE 对象的构件。

表 5.5 选择价值工程研究对象分析表

立交结构编号	A	B	C	D	E	F	G	H	I	J
功能 F（交通量）	1299	395	1852	955	1465	1600	438	1156	616	15 127
成本 C	800	100	200	100	200	100	200	100	200	400
价值 $V=F/C$	16.24	3.95	9.26	9.55	7.33	16	2.19	11.56	3.08	37.82

【解】 根据价值计算结果，可知 B、G、I 构件价值明显偏低，经济效果不好，应选为 VE 研究对象。

价值比较法计算方便，在方案设计、改进、比较方面都可应用。

2）强制确定法，又称 FD（force decision）法，包括 0—1 评分法、0—4 评分法与多比例评分法。FD 法主要用于确定功能重要性系数，并以功能重要程度作为选择 VE 对象的决策指标。当若干个产品或组成产品的若干个部件中功能成本对比关系不突出，因而不易从功能成本对应关系中确定 VE 对象时，可以产品或组成产品部件的重要程度代替其功能，再以这种重要性与相关的产品或部件成本来确定 VE 对象。

① 0—1 评分法。FD 法确定 VE 对象的步骤是：确定功能系数、成本系数和价值系数，再确定 VE 对象。

a. 确定功能系数。组织 5～10 个评判人员，对产品或部件按其重要性一对一地比较，重要的给 1 分，不重要的给 0 分。逐次比较后，将产品或部件的结果累计。然后求出考评人员对同一产品或部件评分的平均值，用该值除以所有产品或部件的得分总和，即得此产品或部件的功能重要性系数 F_f。

b. 确定成本系数。将产品或部件的成本之和除以所有产品或部件的成本总和，即得成本系数 C_f。

c. 确定价值系数 V_f。由 $V=F/C$，可得 $V_f=F_f/C_f$。

d. 确定 VE 对象。根据 V_f 确定。

【例 5.2】 已知组成某产品的部件为 A、B、C、D、E，现组织甲、乙、丙、丁、戊 5 人参加评选，试确定 VE 对象。

【解】 首先评价 A、B、C、D、E 各部件的重要性。其中甲的评价结果见表 5.6，其分值是一等差数列。同理，其余 4 人的评价结果见表 5.7 的左半部分。

表 5.6 功能重要性系数计算表（0—1 评分法）

部件	A	B	C	D	E	实际得分值	修正后得分值
A	×	1	0	1	1	3	4
B	0	×	0	1	1	2	3
C	1	1	×	1	1	4	5
D	0	0	0	×	0	0	1
E	0	0	0	1	×	1	2

表 5.7 功能系数表

部件	甲	乙	丙	丁	戊	合计	平均得分值	功能系数 F_f/%	成本/万元	成本系数 C_f/%	V_f	排序
A	4	5	3	5	5	22	4.4	29.3	180	25.7	1.14	4
B	3	1	2	2	1	9	1.8	12.0	80	11.45	1.05	5
C	5	4	5	3	4	21	4.2	28.0	80	11.45	2.45	3
D	1	3	1	4	2	11	2.2	14.7	110	15.7	0.94	2
E	2	2	4	1	3	12	2.4	16.0	250	35.7	0.45	1
累计							15.0	100.0	700	100.0		

然后确定功能系数 F_f 和成本系数 C_f，见表 5.7。

最后计算价值系数 $V_f=F_f/C_f$。根据 V_f 值选择 VE 对象并进行排序，如表 5.7所示。选择对象的原则如下：

a. $V_f<1$ 的产品或部件，如 E、D，说明其重要程度低而成本高，应选择。

b. $V_f>1$ 的产品或部件，说明其重要程度高而成本低，一般不选择；若 V_f 很大，如 C，则应选择，以分析产品或部件功能是否过剩。

c. $V_f=1$ 的产品或部件，说明其重要程度与成本相当，不选择。

② 0—4 评分法。0—4 评分法与 0—1 评分法基本相同，不同的是打分标准有所改进。当评价对象进行一对一的比较时，分为四种情况：

a. 非常重要（或实现难度非常大）的功能得 4 分，很不重要（或实现难度很小）的功能得 0 分。

b. 比较重要（或实现难度比较大）的功能得 3 分，不太重要（或实现难度不太大）

的功能得 1 分。

c. 两个功能重要程度（或实现难度）相同时各得 2 分。

d. 自身对比不得分，如表 5.8 所示。

表 5.8　功能重要性系数计算表（0—4 评分法）

评价对象	F_1	F_2	F_3	F_4	得分	功能重要性系数
F_1	×	3	4	2	9	0.375
F_2	1	×	3	1	5	0.208
F_3	0	1	×	0	1	0.042
F_4	2	3	4	×	9	0.375
合计					24	11

③ 多比例评分法。这种方法是 0—4 评分法的延伸，它是在对比评分时按（0.0，1.0），（0.1，0.9），（0.2，0.8），（0.3，0.7），（0.4，0.6），（0.5，0.5）六种比例来评定功能指数，以便更准确地反映功能之间的真实差别。若 A 功能相对于 B 功能的重要程度为 0.6，则 B 相对于 A 的重要程度为 0.4，其余依此类推。

对于例 5.2，若用多比例评分法，甲的评分表结果见表 5.9。对比表 5.6 和表 5.9 可看出两种方法的一些差别。

表 5.9　功能重要性系数计算表（多比例评分法）

功能	A	B	C	D	E	得分	F_I	得分值排序
A	×	0.6	0.3	0.6	0.7	2.2	0.22	3
B	0.4	×	0.3	0.8	0.9	2.4	0.24	4
C	0.7	0.7	×	0.6	0.8	2.8	0.28	5
D	0.4	0.2	0.4	×	0.1	1.1	0.11	1
E	0.3	0.1	0.2	0.9	×	1.5	0.15	2
合计						10	1.00	

应当注意，FD 法只注意了价值系数本身对 1 的偏离程度，而忽视了价值系数和成本系数间可能有很大差别的情形，不易反映功能差异很大或很小的零部件间的关系。因此，FD 法适用于被评价对象在功能程度上差异不大、并且评价对象的子功能数目不太多的情况。

5.2.3　对象情报的搜集

VE 对象确定之后，就可以围绕选定对象搜集资料了，这项工作十分重要。

1. 搜集资料的步骤

1）确定搜集资料的目的。

2）制定搜集资料的计划。

3）搜集并整理资料。

4）分析甄别资料。

5）确立资料查询方法。

2. 重点搜集三类资料

（1）内部资料

内部资料包括：企业的经营方针、生产能力、工时定额、质量统计数据；同类厂商的成本结构、生产费用、废品率及损耗额等；同类厂商的工艺方法，加工、作业管理，材料物理特性，设计、生产、销售资料，产量、批量等情况。

（2）外部企业资料

搜集世界上各竞争对手的经济分析资料、生产资料、质量统计数据及用户反映等资料。

（3）外部市场资料

外部市场资料包括：用户的使用目的及条件，使用中的故障情况，用户今后的希望是什么，使用上存在什么问题等。

5.2.4 功能分析

功能分析是价值工程活动的基本内容。从功能分析入手系统地对产品进行研究和分析是价值工程活动的核心。功能分析通过分析对象资料，正确表达分析对象的功能并予以满足，明确功能的特征要求，从而弄清产品与部件各功能之间的关系，去掉不合理的功能，使产品功能结构更合理，以达到降低产品成本的目的。通过功能分析，可以对对象"是干什么用的"这一价值工程提问作出回答，从而准确地掌握用户的功能要求。下面举两个案例来说明怎样进行功能分析。

【案例1】 对储油设备进行的功能分析。

美国的一个价值工程小组对海军登陆舰艇上的储油设备进行功能分析。该设备是用不锈钢特制的方形容器，它的功能仅仅是储存900L汽油，成本为520美元。价值分析人员了解到市场上有两种铁制的储油圆桶，一种是1100L容量，30美元一只；另一种是230L容量，6美元一只。如果采用大的只需1只，采用小的需要4只，再加些管道零件，80美元就够了。由于设备的功能是储油，他们用市场上的圆桶代替特制的不锈钢容器，成本从520美元下降到80美元。

【案例2】 美国俄亥俄河大坝枢纽的功能分析。

1972年，在美国俄亥俄河大坝枢纽设计中应用了价值工程。价值工程小组从功能和成本两个方面对大坝、溢洪道等进行了综合分析，采取增加溢洪道闸门高度的方法，使闸门数量由17道减少到12道，并通过改进闸门施工工艺，使大坝的功能和稳定性不受影响，保证具有必需的功能。仅此一项便节约了大坝建筑投资1930万美元，而用在聘请专家等进行价值工程分析的费用只花费了1.29万美元，取得了1美元收益接近于1500美元的投资效果。

通常，功能分析包括功能分类、功能定义和功能整理等内容。

1. 功能分类

根据功能的不同特点可将其分为以下类型。

（1）按功能特征分为基本功能与辅助功能

基本功能是决定产品性质和存在的主要功能；辅助功能是次要功能，是为实现基本功能的附加功能。例如，承重外墙的基本功能是承受荷载；室内间壁墙的基本功能是分隔空间，而隔声、隔热、保暖等是墙体的辅助功能。

（2）按功能性质分为使用功能与美学功能

使用功能反映产品的使用属性，是动态功能；美学功能反映产品外观的艺术属性，是静态功能。建筑产品的使用功能一般包括可靠性、安全性、舒适性和维修性等。建筑产品的美学功能一般包括造型、色彩、图案及周围环境等，它直接影响使用者对建筑产品的使用效果，是提高产品市场竞争力的重要因素。

（3）按用户要求分为必要功能与不必要功能

必要功能是用户要求产品必须具备的功能，如使用功能、美学功能、基本功能、辅助功能等。不必要功能是不符合要求的功能，如多余功能、重复功能和过剩功能。

（4）按功能完善程度分为过剩功能与不足功能

过剩功能是相对于标准功能而言，虽有必要但有余；不足功能是产品整体或部件功能水平低于标准水平。它们都是价值工程的研究对象，须经过设计进行改造和完善。

（5）按功能的结构位置分为上位功能与下位功能

在一个系统中，功能的上、下位关系是指功能之间的从属关系，是两个相对的概念。上位功能是目的，也称目的性功能；下位功能是手段，也称手段性功能。

2. 功能定义

功能定义是根据已有信息资料，用简洁、准确的语言从本质上解释说明对象具有哪些功能，从定性的角度对功能进行说明。在功能定义时应注意：

1）使用简洁的语言。多用“两词”法，即动词＋名词，如承重外墙功能定义为“承受荷载”，道路功能定义为“提高通行能力”。

2）尽量准确。使用的词汇要反映功能的本质。

3）适当抽象。描述以不违反准确性原则为度，如路面功能定义为“调整摩擦系数”或“提高强度”，但不注明采用何种方法提高强度，这有助于开阔思路。

4）全面。参照产品结构从上到下、从主到次顺序地分析定义。功能不必与零部件一一对应。因为有的功能由若干零部件提供，有的零部件能提供多种功能。

3. 功能整理

功能整理是对定义出的功能系统进行分析整理，明确功能间的关系，分清功能类别，建立功能系统图。功能整理回答和解决“它的功能是什么”这样的问题。

（1）功能合理化的方法

1）通过功能分析，找出现存的全部功能，尤其是迄今尚未觉察到的功能，进行恰当的剔除、缩减、利用、增添、补足、联合，提高功能水平，确定合理的必要功能。

2）改进各种必要功能的功能方式，充分发挥其效能。

3）发现新原理。这一方法的难度大、效果大、意义深远。

4）实现标准化、系列化、通用化、模块化、程序化、自动化和柔性化。

5）提高人的工作能力与系统的管理能力。

6）提高美学功能的途径。

（2）绘制功能系统图

1）分析产品的基本功能和辅助功能。依据用户对产品的功能需求，挑出基本功能，并把其中最基本的功能排出来，得到的就是最上位功能。基本功能通过回答如下问题判别：

① 取消这个功能，产品本身是不是就没有存在的必要了？

② 对于功能的主要目的而言，它的作用是否必不可少？

③ 这个功能改变之后，是否要引起其他一连串的工艺和构配件的改变？

如果以上回答是肯定的，这个功能就是基本功能。除此之外，剩余的功能就是辅助功能了。

2）明确功能的上、下位关系和并列关系。如图 5.3 所示，平屋顶功能中的“遮盖室内空间”和“防水”、“保温隔热”的关系，就是上、下位功能关系。“遮盖室内空间”是上位功能，为目的；“防水”是为了能够“遮盖室内空间”，为手段，所以是下位功能。这里，目的和手段是相对的，一个功能，对它的上位功能来说是手段（下位功能），对它的下位功能来说又是目的（上位功能）。

功能并列关系是指两个功能之间没有从属关系，但却同属于一个上位功能的关系。图 5.3 中，平屋顶为了“遮盖室内空间”，有三条遮盖途径，即“遮蔽顶部”“防水”“保温隔热”。很显然，这三个功能是“遮盖室内空间”的下位功能，且这三个功能之间是并列关系。同样，“隔绝雨水”与“排除雨水”也是并列关系。

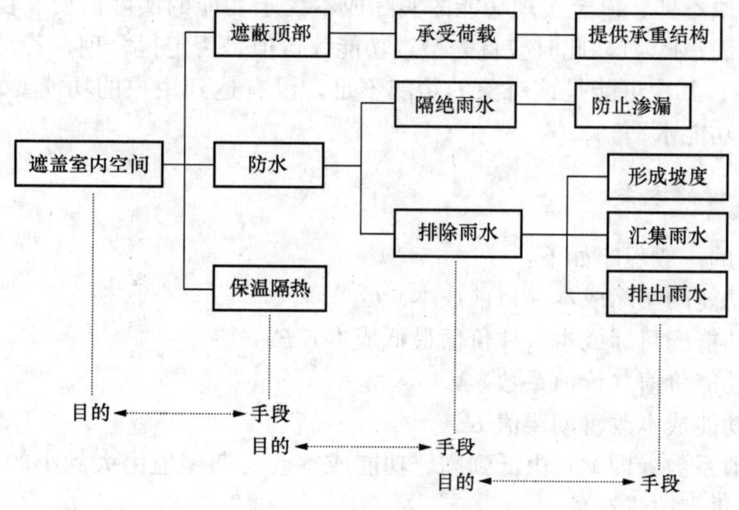

图 5.3　平屋顶功能系统图

3）排列功能系统图。所谓功能系统图，就是产品应有的功能结构图。在图中，上位功能在左，下位功能在右，依次排列，整个图形呈树形由左向右扩展、延伸。图 5.3 是根据上述步骤和方法，对平屋顶进行研究，在功能定义的基础上，通过功能分析和功能整理，得到的平屋顶功能系统图。

5.2.5 功能评价

1. 功能评价的概念

所谓功能评价，就是对功能的价值进行测定和评定。它根据功能系统图，在同一级的功能之间，运用一定的技法，计算并比较各功能价值的大小，将那些功能价值低、成本改善期望值大的功能作为开展价值工程的重点对象。

功能评价的基本内容包括功能成本分析、功能评价和选择对象区域。进行功能评价，首先要进行功能成本分析，即确定功能的目前成本（实际成本）C，这是比较困难的，因为功能是一种概念性的东西，比较抽象。然后确定实现这一功能的最低成本，既确定功能评价值 F，以此作为该功能成本的降低目标，称为功能目标成本。将功能的目标成本与实现功能的实际成本相比，便得到该功能的功能价值（功能系数）V；将实现功能的实际成本减去功能的目标成本，得到功能成本改善期望值 E，E 值大的功能将作为价值工程活动的重点对象。其公式为

$$V = F/C \tag{5.2}$$

$$E = C - F \tag{5.3}$$

功能评价的目的是探讨功能价值，找出低功能区域及 $V<1$ 的部分，进而明确需要改进的具体对象及优先次序。

对 V 值的分析：$V=1$，表明实现评价对象功能的目前成本与实现此对象功能的最低成本（即目标成本）大致相当，一般无须改进；$V<1$，表明实现此对象功能的目前实际成本偏高，这时有两种可能：其一是此对象功能过剩，其二是虽无功能过剩，但实现功能的手段不佳，以至实现功能的实际成本大于功能的实际需要（目标成本），应纳入改进的范围；$V>1$，此时应首先检查功能评价值是否定得合理，若是 F 定得太高，则应降低 F 值，其次可能是该对象的功能不足，没有达到用户的功能要求，应适当增加成本，提高功能水平。

2. 功能评价的方法

功能评价的一般程序如下：

1）确定功能的实际成本（目前成本）C。

2）确定功能的目标成本（评价值最低成本）F。

3）计算功能价值（价值系数）V。

4）计算功能成本改善期望值 E。

5）按价值系数（即 V）由低到高、功能成本改善期望值由大到小的顺序排列，确定价值工程的重点改进对象。

（1）确定功能的实际成本 C

成本通常是以产品或构配件为对象进行计算的，而功能 C 的计算是以功能为对象进行计算的。在产品中构配件与功能之间常常呈现一种相互交叉的复杂情况。因此，计算功能的实际成本 C，就是采用适当方法将构配件成本转移分配到功能中去。

当一个构配件只实现一个功能，且这项功能只由这个构配件实现时，构配件的成本就是该功能的 C；当一项功能由多个构配件实现，且这多个构配件只为实现这项功能服务时，这多个构配件的成本之和就是该功能的 C；当一个构配件实现多项功能，且这多项功能只由这个构配件实现时，则按该构配件实现各功能所起作用的比重，将成本分配到各项功能中，即为各功能的 C。然而，更多的情况是多个构配件交叉实现多项功能，且这多项功能只由这多个构配件交叉地实现。这时计算功能的 C，可通过填表进行，见表 5.10。首先将各构配件成本按该构配件对实现各功能所起作用的比重，将成本分配到各项功能上去，然后将各功能从有关构配件上分配到的成本相加，便可得出各功能的 C。

表 5.10　功能实际成本计算表　　成本单位：元

构配件			功能或功能区域									
序号	名称	成本	F_1		F_2		F_3		F_4		F_5	
			比重	成本	比重	成本	比重	成本	比重	成本	比重	成本
1	A	150			66.7%	100			33.3%	50		
2	B	250	20%	50			60%	150			20%	50
3	C	500	50%	250	10%	50			40%	200		
4	D	100					100%	100				
功能实际成本 C_0			C_{01}		C_{02}		C_{03}		C_{04}		C_{05}	
合计		1000	300		150		250		250		50	

构配件对实现功能所起作用的比重，可请几位有经验的人员集体研究确定，或者采用评分方法确定。例如，某产品具有 $F_1 \sim F_5$ 共五项功能，由四种构配件实现，功能 C 的计算如表 5.10 所示。

在表 5.10 中，A 构配件对实现 F_2、F_4 两项功能所起的作用分别为 66.7% 和 33.3%，故功能 F_2 分配成本为 $66.7\% \times 150 \approx 100$ 元，F_4 分配成本为 $33.3\% \times 150 \approx 50$ 元。按此方法将所有构配件成本分配到有关功能中去，再按功能进行相加，即可得出 $F_1 \sim F_5$ 五种功能的实际成本 $C_{01} \sim C_{05}$。

（2）确定功能评价值（目标成本）F

功能评价值是依据功能系统图上的功能概念，预测出对应于功能的成本。它不是一般概念的成本计算，而是把用户需求的功能换算为金额，其中成本最低的即是功能评价值。下面介绍三种确定功能评价值的方法。

1）经验估算法。这种方法是邀请一些有经验的人，根据收集到的有关信息资料，构思出几个实现各功能或功能区域的方案，然后每个人对构思出的方案进行成本估算，取其平均值，最后从方案中取成本最低的。这种方法有时不一定很准确，但对经验丰富的人来说，还是比较实用的，见表 5.11。

表 5.11　各方案的功能成本

功能 F	F_1			F_2			F_3		
功能区	功能区$_1$			功能区$_2$			功能区$_3$		
方案	方案 a_1	方案 b_1	方案 c_1	方案 a_2	方案 b_2	方案 c_2	方案 a_3	方案 b_3	方案 c_3
成本/元	460	420	370	170	130	80	100	70	50

对于 F_1 功能，有三个方案，方案 c_1 成本为 370 元，为最低，则 $F_1=370$ 元。同理，$F_2=80$ 元，$F_3=50$ 元。

2）实际调查法。该方法是通过广泛的调查，收集具有同样功能产品的成本，从中选择功能水平相同而成本最低的产品，以这个产品的成本作为功能评价值，如图 5.4 所示。由于此法确定的 F 值是现实中存在的，比较可靠。具体步骤如下：

① 广泛收集企业内外完成同样功能的产品资料，包括反映功能水平的各项性能指标和可靠性、安全性、操作性、维修性、外观等。

② 将收集到的产品资料进行分析整理，按各自功能要求的程度排出顺序。

③ 绘制坐标图，作出实际最低成本线。以横坐标表示功能水平，纵坐标表示成本。按功能水平等级分类，把各产品功能水平等级和成本标在坐标图上，这样在每个等级的功能水平上总有一个产品的成本是最低的。将各功能水平等级的最低成本点连接起来，所形成的线即为最低成本线，因而可以把这条线上的各个点作为对应功能的评价值。但应注意，最低成本线是不断变化的，现实产品中难免存在不必要的功能，因此要不断去掉不必要的功能。

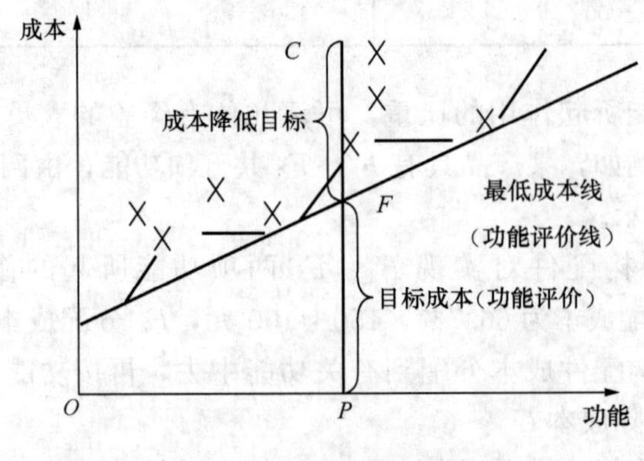

图 5.4　功能评价图解

3）功能重要程度评价法。此法是根据功能重要性程度确定功能评价值。首先将产品功能划分为几个功能区，根据功能区的重要程度和复杂程度，确定各个功能区的功能重要性系数，然后将产品的目标成本按功能重要性系数分配给各功能区作为该功能区的目标成本，即功能评价值。其步骤如下。

第一步，确定功能重要性系数 F_f。

倍数确定法又称环比评分法、DARE 法。这种方法的适用范围较广，它是利用评价因素之间的相关性进行比较，定出 F_f，用以选择方案，即首先由上而下两两比较相邻两个功能的重要程度（或实现难度），给出它们之间的功能重要度比值，见表 5.12。然后对得出的功能重要度比值进行修正，令最后一个功能的重要度为1，由下至上乘以相邻功能重要度比值，得相邻功能的修正重要度比值。最后求修正重要度比值之和，进而求得 F_f。

表 5.12　倍数确定法计算对象功能重要性系数

功能	F_1	F_2	F_3	F_4	合计
重要度比值	0.5	3.0	2.0		
修正重要度	3.0=6.0×0.5	6.0=2.0×3.0	2.0=1.0×2.0	1.0	12.0
功能重要性系数 F_f	3/12=0.25	6/12=0.50	2/12=0.17	1/12=0.08	1.00
备注	修正重要度$_{i-1}$=修正重要度$_i$×重要度比值$_{i,i-1}$				

【例 5.3】 某产品的目前成本为 800 元，目标成本为 600 元，有 F_1、F_2、F_3、F_4 四个功能区，各功能区的成本分别为 251 元、370 元、97 元和 82 元，试对各功能进行评价。

【解】 首先，用倍数确定法确定 F_f，其评分结果见表 5.12。除了倍数确定法外，也可用强制确定法、直接评分法、逻辑判断评分法等方法来确定 F_f。

第二步，确定各功能的功能评价值。

在第一步求出功能重要性系数之后，根据新产品和老产品的不同情况求出相应的功能评价值。

① 新产品设计：新产品的目标成本可以通过市场预测、技术预测等方法加以确定，然后将新产品的目标成本按 F_f 分摊到各个功能上去，即得各功能的评价值 F。如例 5.3，如果新产品的目标成本为 600 元，根据倍数确定法可求出各功能的功能评价值 F，如表 5.13 所示。

表 5.13　新产品功能评价值计算表

功能	F_1	F_2	F_3	F_4	合计
F_f	0.25	0.50	0.17	0.08	1.00
功能评价值/元	0.25×600=150	0.50×600=300	0.17×600=102	0.08×600=48	600

② 老产品改进设计：老产品的现实成本已知，如例 5.5。将已知现实成本分摊到各个功能上去，然后根据功能评价值求价值系数及成本降低值。具体计算见表 5.14。

(3) 计算功能价值（价值系数）V

V 值可由公式（5.2）求出。如表 5.14 所示，功能 F_1 的现实成本为 251 元，则 F_1

的价值系数为150/251=0.598。

表 5.14 功能实际评价计算表

功能（1）	F_1	F_2	F_3	F_4	合计
现实成本（2）/元	251	370	97	82	800
功能重要性系数（3）	0.25	0.50	0.17	0.08	1.00
功能评价值（4）/元	150	300	102	48	600
价值系数（5）=（4）/（2）	0.598	0.811	1.052	0.585	
成本降低期望值（6）=（2）-（4）/元	101	70	−5	34	229
改善优先次序（7）	1	3		2	

（4）计算功能成本改善期望值 E

根据公式（5.3）求得改善期望值 E。如 F_1 的功能成本改善期望值为 251－150＝101（元）。

（5）选择改进对象

选择改进对象时，考虑因素主要是价值系数和功能成本改善期望值的大小。根据前面对 V_f 和 V 值的分析可知，F_3 无须改进；F_1、F_2、F_4 应作为价值工程的改进对象。

在选择改进对象时，应将价值系数和成本改善期望值两个因素综合起来考虑，即选择价值系数低、成本改善期望值大的功能或区域作为重点改进对象。如 F_1 和 F_4 比较，尽管 F_4 的价值系数比 F_1 低，但成本改善期望值 F_1 明显地要大得多，因此在选择改进对象排序时 F_1 排在 F_4 前面，见表 5.14。

3. 功能评价的目的

（1）进一步确定功能目标成本

通过功能评价可得出目标项目的最低成本和降低成本的期望值，由此便可比较价值工程之初所订的目标成本是否合理，从而使我们进一步准确确定功能目标成本，并据此适时修改设计构思方向，重新研究实现功能的其他手段，达到降低成本的期望值，使价值工程取得满意的效果。

（2）准确地选定价值工程活动的改进对象

通过收集情报、功能定义、功能分析和功能评价，准确求出功能评价值和功能价值，明确产品或零部件各功能领域的价值高低及改进方向，有效提高价值工程的效率。

（3）调动和激励工作人员的积极性和创造性

通过功能评价，明确价值工程的改善目标和降低成本期望值，不仅有利于挖掘企业内部降低成本、提高产品价值的潜力，也能够大大调动和激励价值工程人员工作的积极性和创造性，使价值工程工作取得良好的效果。

5.2.6　方案创新与评价

价值工程活动能否取得成效，关键在于能否针对产品存在的问题提出解决的方法，创造新方案，完成产品的改进。这是一个创造、突破、不断完善的过程。

1. 方案创新

方案创新要具备创新精神和创新能力。它以提高对象功能和降低成本为出发点，根据已建立的功能流程图和功能目标成本，运用创造性的思维方法，加工已获得的资料，在设计思想上产生质的飞跃，创造出实用效果好、经济效益高的新方案。因此，要注意养成积累知识、分析观察事物的习惯，要善于广泛联想。

价值工程中常用的方案创新的方法有头脑风暴法（BS法）、头脑书写法（BW法、“635”法）、提喻法（Gorden法）、德尔菲法（Delphi法）等，这里不再一一介绍。

2. 方案评价

方案创新阶段所产生的大量方案需要进行评价和筛选，从中找出有实用价值的方案付诸实施。方案评价分为以下两个阶段，如图5.5所示。

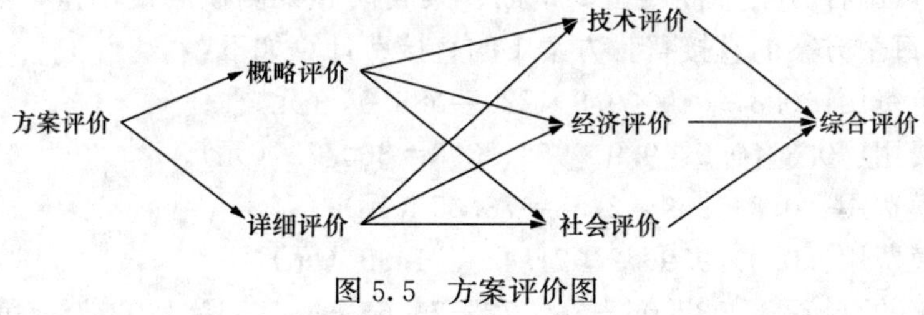

图5.5　方案评价图

（1）概略评价

概略评价是对创造出的方案从技术、经济和社会三个方面进行初步研究，其目的是从众多的方案中进行粗略地筛选，使精力集中于优秀方案，为详细评价作准备。

（2）详细评价

详细评价是在掌握大量数据资料的基础上，对概略评价获得的少数方案进行详尽的技术评价、经济评价和社会评价，或将以上三个方面结合起来进行综合评价，为提案的编写和审批提供依据。技术评价是对方案功能的必要性及必要程度以及实施的可能性进行分析评价；经济评价是对方案实施所带来的经济效果进行分析评价；社会评价是对方案给国家和社会所带来的影响，如环境、生态、国民生产总值等方面进行分析评价。一般先作技术评价，然后分别作经济评价和社会评价，再作综合评价，其中，经济评价是最主要的部分。

5.3　价值工程的应用

价值工程方法作为一个方便实用的经济分析方法，在施工方案的经济分析中也得到较好的应用。利用价值工程方法，可对建筑材料、构配件及周转性工具材料的代换进行价值分析，也可直接用于方案的经济比较。

【例 5.4】 某工程一根 9.9m 长的钢筋混凝土梁，可采用三种设计方案，见表 5.15。经测算，梁侧模的摊销费用为 21.4 元/m^2，梁底模的摊销费用为 24.8 元/m^2，钢筋制作、绑扎的费用为 3390 元/吨。问：哪个方案为优？

表 5.15　钢筋混凝土梁设计方案

方案	梁断面尺寸	钢筋/(kg/m^3)	混凝土标号	混凝土制作费用/(元/m^3)
1	300mm×900mm	95	A	220
2	500mm×600mm	80	B	230
3	300mm×800mm	105	C	225

【解】 不管采用哪个方案，梁承受的荷载并不改变，也就是说梁发挥的功能和作用是一样的，所以可采用最小费用法比较。其次，对于各方案，梁将来的维护费用并无差异，因此只比较初始投资造价，而无须考虑资金的时间价值因素。可用方案的直接费的大小来比较优劣。

首先要计算出各方案中混凝土、钢筋、梁底模和梁侧模的使用量，然后根据给定的单价，计算每个方案的直接费。方案 1 的直接费计算如下：

1）混凝土费用：0.3×0.9×9.9×220＝588.06（元）。

2）钢筋费用：0.3×0.9×9.9×95×3390＝860.72（元）。

3）梁底模费用：0.3×9.9×24.8＝73.65（元）。

4）梁侧模费用：0.9×9.9×2×21.4＝381.35（元）。

5）方案 1 的直接费：588.06＋860.72＋73.65＋381.35＝1903.78（元）。

同理，可计算出方案 2 与方案 3 的直接费，计算结果汇总在表 5.16 中，比较后选方案 3。

表 5.16　三种方案的直接费计算结果

项目	混凝土/m^3	钢筋/kg	梁侧模/m^2	梁底模/m^2	混凝土费用/元	钢筋费用/元	模板费用/元	直接费合计/元
方案 1	2.637	253.9	17.82	2.97	588.06	860.72	455.00	1903.78
方案 2	2.970	237.6	11.88	4.95	683.10	805.46	376.99	1865.55
方案 3	2.373	249.5	15.84	2.97	534.60	845.81	412.63	1793.04

下面是价值工程在施工组织设计中的应用实例。

【例 5.5】 某厂储配煤槽筒仓是我国目前最大的群体钢筋混凝土结构储煤仓之一。它由 3 组 24 个直径为 11m，壁厚为 0.2m 的圆柱形薄壁连体仓筒组成。工程体积庞大，地质条件复杂，施工场地狭小，实物工程多，结构复杂。设计储煤量为 4.8 万吨，预算造价近千万元，为保证施工质量，按期完成施工任务，施工单位决定在施工组织设计中展开价值工程活动。

【解】（1）对象选择

该施工单位先对工程情况进行分析，工程主体由三个部分组成，即地下基础、地表至 16m 的框架结构并安装钢漏斗、16m 以上的底环梁和筒仓；然后针对三个部分的主体工程就施工时间、实物工程、施工机具占用、人工占用和施工难度等进行测算，用百分比分析法选择价值工程对象，结果表明筒仓工程在指标对比中占首位，情况见表 5.17。

表 5.17　某筒仓工程各项指数预算

工程名称指标	施工时间	实物工程	施工机具占用	人工占用	施工难度
地下基础/%	15	12	11	17	5
框架结构，钢漏斗/%	25	34	33	29	16
底环梁，筒仓/%	60	54	56	54	79

能否如期完成施工任务的关键在于能否正确处理筒仓工程面临的问题，能否选择符合本企业技术经济条件的施工方法。总之，筒仓工程是整个工程的主要矛盾，是关键工程。因此，该施工单位决定以筒仓工程为价值工程研究对象，优化筒仓工程施工组织设计。

（2）功能分析

1）功能定义。筒仓的基本功能是提供储煤空间，其辅助功能主要为方便使用和外形美观。

2）功能整理。在筒仓工程功能定义的基础上，根据筒仓工程内在的逻辑联系，采取剔除、合并、简化等措施对功能定义进行整理，绘出筒仓工程功能系统图，如图 5.6 所示。

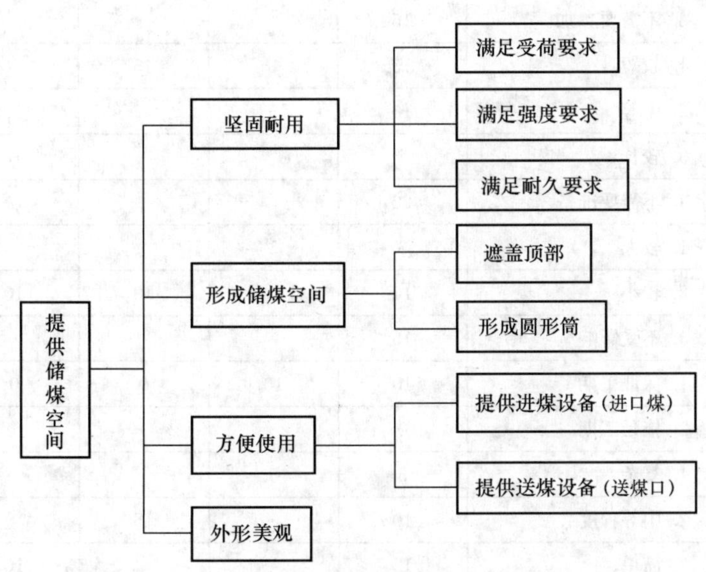

图 5.6　筒仓工程功能系统图

3）功能评价和方案创造。根据功能系统图可以明确看出，施工对象是混凝土筒仓体。在施工阶段运用价值工程不同于设计阶段运用价值工程，其重点不在于实现储煤空间这个功能，而在于考虑实现过程。这就是说，采用什么样的方法组织施工、保质保量地浇灌混凝土筒仓体，是应用价值工程编制施工组织设计中所要解决的中心问题。根据“质量好、时间短、经济效益好”的原则，工程技术人员、施工人员、管理人员初步制定滑模、翻模、大模板和施工合同外包 4 个方案，在此基础上进一步进行技术经济评价。

4）施工方案评价。价值工程人员运用“给分定量法”进行方案评价，以 A、B、C、D 分别代表滑模、翻模、大模板、施工合同外包 4 种施工方案，评价情况和具体打分结果见表 5.18。

表 5.18　施工方案评价表（一）

方案评价			方案			
指标体系	评分等级	分值	A	B	C	D
施工平台	1. 需要制作	0	0			
	2. 不需要制作	10		10	10	10
模板	1. 制作专用模板	0	0		0	
	2. 使用标准模板	10		10		
	3. 不需制作模板	15				15
千斤顶	1. 需购置	0	0			
	2. 不需购置	10		10	10	10
施工人员	1. 少工种少人员	10	10			
	2. 多工种多人员	5		5	5	
	3. 不需要参加	15				15
施工准备时间	1. 较短	15		15		
	2. 中等	10	5		10	
	3. 较长	5				
	4. 不需要准备	20				20
受气候、机械等因素影响	1. 较大	5	5			
	2. 较小	10		10	10	
	3. 不受影响	15				15
施工时间	1. 保证工期	10	10	0	0	0
	2. 拖延工期	0				
施工难度	1. 复杂	5	5			
	2. 中等程度	10		15		
	3. 简单	15			10	
	4. 无难度	20				20
合计			35	75	55	105

由表 5.18 可知，施工合同外包方案得分最高，其次为翻模和大模板施工方案。合同外包方案虽较其他方案更优，但还需作进一步分析。可利用“给分定量法”对施工方案作进一步的分析，见表 5.19。

表 5.19　施工方案评价表（二）

方案评价			方案			
指标体系	评分等级	分值	A	B	C	D
技术水平	1. 清楚	10	10	10	10	
	2. 不清楚	5				5
材料	1. 需求量小	5				5
	2. 需求量大	10	10	10	10	
成本	1. 很高	5				5
	2. 较低	10	10	10	10	
工程质量	1. 保证质量	10	10	10	10	
	2. 难以保证	5				5
安全生产	1. 避免事故责任	10				10
	2. 尽量避免事故责任	5	5	5	5	
施工质量	1. 需要参加	5	5	5	5	
	2. 不需要参加	10				10
合计			50	50	50	40

表 5.19 表明，虽然合同外包方案更优，但权衡利弊，应选翻模施工方案。为了证明这种选择的正确性，进一步对各方案作价值分析，各方案的预算成本及价值系数如表 5.20 所示。由表 5.20 可知，B 方案最优。

表 5.20　各方案预算成本及价值系数表　　单位：万元

方案	A	B	C	D
目标成本	630			
预算成本	＞608.30	630.30	660.70	＞750.00
价值系数	＜0.880	0.999	0.950	＜0.840

5）翻模施工方案的进一步优化。由于翻模施工方案存在多工种、多人员作业和总体施工时间长的问题，适宜用价值工程方法作进一步优化。

经考察，水平运输和垂直运输使大量人工用在无效益的搬运上。为减少人工耗用，提出以下三种途径，同时对应提出三个施工方案：

① 成本不增加，人员减少。提出方案一：单纯减少人员。

② 成本略有增加，人员减少而工效大大提高。提出方案二：变更施工方案为单组流水作业。

③ 成本减少，总人数不变而工效提高。提出方案三：采用双组流水作业。

对以上三个方案采用“给分定量法”进行评价，方案三为最优，即采用翻模施工双组流水作业，在工艺上采用二层半模板和二层角架施工。

6）效果评价。通过运用价值工程，使该工程施工方案逐步完善，施工进度按计划完成，产值小幅增加，利润提高，工程质量好，被评为全优工程。从降低成本方面看，筒仓工程实际成本为 577.2 万元，与原滑模施工方案相比节约 31.1 万元；与大模板施工方案相比节约 83.5 万元；与合同外包方案相比节约 172.8 万元；与翻模施工方案相比节约 53.1 万元，降低成本率为 8.4%；与目标成本相比下降 52.8 万元，降低成本率为 8.3%，成效显著。

思 考 题

1. 什么是价值工程？价值工程的价值含义是什么？提高价值有哪些途径？

2. 什么是寿命周期和寿命周期成本费用？价值工程中为什么要考虑寿命周期成本费用？

3. 价值工程的特点是什么？

4. ABC 分析法和强制确定法选择分析对象的基本思路和步骤是什么？

5. 什么是功能？功能如何分类？什么是功能定义？怎样进行功能定义？

习 题

1. 造价工程师在某开发公司的某幢公寓设计工程中，采用价值工程的方法对该工程的设计方案和编制的施工方案进行了全面的技术经济评价，取得了良好的经济收益和社会效益。有四个设计方案，经有关专家对上述方案进行技术经济分析和论证得出如下资料，见表 5.21 和表 5.22。

表 5.21 功能重要性评分表

方案功能	F_1	F_2	F_3	F_4	F_5
F_1	0	4	2	3	1
F_2	4	0	3	4	2
F_3	2	3	0	1	1
F_4	3	4	1	0	1
F_5	1	2	1	1	0

问题：

1）计算功能重要性系数。

2）计算功能系数、成本系数和价值系数，选择最优设计方案。

表 5.22　方案功能得分及单方造价

方案功能	方案功能得分及单方造价			
	A	B	C	D
F_1	9	10	9	8
F_2	10	10	8	9
F_3	9	9	10	9
F_4	8	8	8	7
F_5	9	7	9	6
单方造价/(元/m^2)	1420.00	1230.00	1150.00	1360.00

2. 某市住宅试点小区两幢科研楼及一幢综合楼的设计方案对比项目如下：

A楼方案：结构设计方案为大柱网框架轻墙体系，采用预应力大跨度叠合楼板，墙体材料采用多孔砖及移动式可拆装式分隔墙，窗户采用单框双玻璃钢塑窗，面积利用系数93%，单方造价为1437.58元/m^2。

B楼方案：结构设计方案同A墙体，采用内浇外砌，窗户采用单框双玻璃空腹钢窗，面积利用系数87%，单方造价1108元/m^2。

C楼方案：结构设计方案采用砖混结构体系，采用多孔预应力砖，墙体材料采用标准黏土砖，窗户采用单玻璃空腹钢窗，面积利用系数70.69%，单方造价1081.8元/m^2。

各方案功能得分及重要系数见表5.23，试应用价值工程方法选择最优设计方案。

表 5.23　方案功能得分及重要系数表

方案功能	方案功能得分			方案功能重要系数
	A	B	C	
结构体系 f_1	10	10	8	0.25
模板类型 f_2	10	10	9	0.05
墙体材料 f_3	8	9	7	0.25
面积系数 f_4	9	8	7	0.35
窗户类型 f_5	9	7	8	0.10

问题：

1）试应用价值工程方法选择最优设计方案。

2）为控制工程造价和进一步降低费用，拟针对所选的最优设计方案的土建工程部分，以工程材料费为对象开展价值工程分析。将土建工程划分为4个功能项目，各功能项目评分值及其目前成本见表5.24。按限额设计要求，目标成本额应控制为12 170万元。

表 5.24 基础资料表

序号	功能	功能评分	目前成本/万元
1	A. 桩基围护工程	11	1 520
2	B. 地下室工程	10	1 482
3	C. 主体结构工程	35	4 705
4	D. 装饰工程	38	5 105
合计		94	12 812

试分析各功能项目的目标成本及其可能降低的幅度，并确定出功能改进顺序。

第6章
建设项目经济评价

建设项目的经济评价包括财务评价和国民经济评价，是项目可行性研究和项目评估决策的重要依据。财务评价是建设项目经济评价的核心内容，国民经济评价是建设项目经济评价的重要组成部分。本章论述了财务评价的概念、作用、内容、指标体系和基本步骤，详细介绍了财务评价中主要财务基础数据的估算、确定和分析，以及财务评价基本报表的编制，并通过实际案例的演示说明财务评价报表的编制和评价指标的计算；阐述了国民经济评价的概念、作用、基本原理以及国民经济效益与费用识别和计算的原则，介绍了国民经济评价费用效益评价报表以及评价指标等相关内容。

6.1 建设项目经济评价方法概述

6.1.1 建设项目经济评价的意义

为了把有限的资源合理配置到建设项目的建设活动中，真正体现最优的经济效益和社会效益，需要通过对拟建工程项目的经济效益进行预先估算，避免决策失误；同时，进行工程项目经济评价还有利于控制投资规模，优化投资结构，充分发挥投资效益。

建设项目的经济评价是项目可行性研究和项目评估的核心内容和决策的重要依据，由企业财务评价和国民经济评价两个部分构成。一般情况下，投资方案只有分别通过了财务评价和国民经济评价，才是可行方案。

企业财务评价属于微观经济效果分析范畴，是从企业或项目的角度出发，根据国家现行财税制度和价格体系，分析计算项目范围内的财务效益和费用，编制财务报表，计算评价指标，考察项目的盈利能力和清偿能力等财务状况，以此判断建设项目在财务上的可行性。

国民经济评价属于宏观经济效果分析范畴，是从国家整体角度出发，按照资源合理配置和有效利用的原则，采用费用与效益的分析方法，运用影子价格、影子工资、影子汇率和社会折现率等国民经济评价参数，考察项目的效益和费用，分析计算项目对国民经济的贡献，评价项目的经济合理性。

6.1.2 国民经济评价与财务评价的区别与联系

国民经济评价与财务评价都是经济评价，都使用基本的经济评价理论，即费用与效益比较的理论方法。

1. 国民经济评价与财务评价的区别

1）两种评价的角度和基本出发点不同。财务评价是站在项目的层次上，从项目的经营者、投资者、未来的债权人角度，分析项目在财务上能够生存的可能性，分析各方的实际收益或损失，分析投资或贷款的风险及收益。国民经济评价则是站在国家和地区的层次上，从全社会的角度分析、评价、比较项目对国民经济可能产生的费用和效益。

2）项目的费用与效益的含义及划分范围不同。财务评价只根据项目直接发生的财务收支，计算项目的直接费用和效益。国民经济评价则从全社会的角度考察项目的费用和效益，考察项目所消耗的有用社会资源和对社会提供的有用产品，不仅要考虑直接的费用和效益，还要考虑间接的费用和效益。

3）价格体系不同。财务评价使用预测的财务收支价格体系，国民经济评价则使用一套专用的影子价格体系。

4）财务评价包括两个方面，即盈利性分析和清偿能力分析。国民经济评价则仅仅有盈利性分析，而没有清偿能力分析。

2. 财务评价与国民经济评价之间的联系

财务评价与国民经济评价之间的联系是很密切的，在很多情况下，国民经济评价是在财务评价的基础之上进行的。国民经济评价利用财务评价中已经使用过的数据资料，以财务评价为基础进行所需要的调整计算，得到国民经济评价的结论。国民经济评价也可以独立进行，在项目的财务评价之前进行国民经济评价。

财务评价与国民经济评价的相同点在于：评价的目的相同，都是为了以最小的投入获得最大的产出；评价的基础相同，都是在完成了产品需求预测、工程技术方案、资金筹措等可行性研究的基础上进行评价。

6.2 建设项目经济评价参数

建设项目经济评价参数是指用于计算、衡量建设项目费用与效益的主要基础数据，包括项目计算期、财务价格、税费、借款利率、汇率、生产负荷等，以及判断项目财务可行性和经济合理性的一系列评价指标的基准值和参考值，包括财务评价参数和国民经济评价参数。

6.2.1 费用与效益识别的参数

（1）项目计算期

详见第 3 章 3.1.3 节的内容。

（2）财务价格

财务评价应采用以市场价格体系为基础的预测价格。在建设期内，一般应考虑投入的相对价格变动及价格总水平变动。在运营期内，若能合理判断未来市场价格变动趋势，投入与产出可采用相对变动价格；若难以确定投入与产出的价格变动，一般可采用运营期初的价格，有要求时，也可考虑价格总水平的变动。

（3）税费

财务评价中合理计算各种税费，是正确计算项目效益与费用的重要基础。项目评价涉及的税费主要包括关税、增值税、营业税、所得税、资源税、城市维护建设税和教育费附加等。

（4）借款利率

借款利率是项目财务评价的重要基础数据，用以计算借款利息。采用固定利率的借款项目，财务评价直接采用约定的利率计算利息。采用浮动利率的借款项目，财务评价时应对借款期内的平均利率进行预测，采用预测的平均利率计算利息。

（5）生产负荷

生产负荷，也称生产能力利用率，是指项目生产运营期内生产能力的发挥程度，用百分比表示。生产负荷是计算销售收入和经营成本的依据之一，一般应按项目投产期和投产后正常生产年份分别设定。

6.2.2 财务评价参数

财务评价参数主要包括判断项目盈利能力的参数和判断项目偿债能力的参数。其中，前者主要包括财务内部收益率、总投资收益率、项目资本金净利润率等指标的基准值或参考值，后者主要包括利息备付率、偿债备付率、资产负债率、流动比率、速动比率等指标的基准值或参考值。

（1）基准收益率 i_c

基准收益率 i_c 也称基准折现率（详见第 4 章 4.1.2 节）。

（2）盈利能力指标

1）总投资收益率。总投资收益率（ROI）表示总投资的盈利水平，系指项目达到设计能力后正常生产年份的年息税前利润或运营期内年平均息税前利润（EBIT）与项目总投资（TI）的比率，常用于财务评价的静态盈利能力分析。其计算公式为

$$\mathrm{ROI} = \frac{\mathrm{EBIT}}{\mathrm{TI}} \times 100\% \tag{6.1}$$

其中，EBIT＝年销售收入－年销售税金及附加－年总成本费用＋利息支出

＝年利润总额＋利息支出

总投资收益率的判别准则：将计算出的总投资收益率与所确定的基准收益率进行比较，若总投资收益率高于基准收益率，则建设项目在经济上可以考虑接受，否则，应予拒绝。

2）项目资本金净利润率。项目资本金净利润率（ROE）表示项目资本金的盈利水平，是指项目达到设计能力后正常年份的年净利润或运营期内年平均净利润（NP）与

项目资本金（EC）的比率。

项目资本金净利润率的计算公式为

$$\text{ROE}=\frac{\text{NP}}{\text{EC}}\times 100\% \tag{6.2}$$

其中，NP＝年销售收入－年销售税金及附加－年经营成本－年折旧摊销费－利息支出－所得税＝年息税前利润－利息支出－所得税

项目资本金净利润率的判别准则：将计算出的项目资本金净利润率与所确定的基准收益率进行比较，若项目资本金净利润率高于基准收益率，则建设项目在经济上可以考虑接受，否则，应予拒绝。

（3）项目偿债能力指标

1）利息备付率。利息备付率（ICR）也称已获利息倍数、利息保障倍数，是指项目在借款偿还期内各年可用于支付利息的息税前利润（EBIT）与当期应付利息（PI）的比值。它从付息资金来源的充裕性角度反映项目偿付债务利息的保障程度和支付能力，表示使用项目税息前利润偿付利息的保证倍率。利息备付率高，表明利息偿付的保障程度高。利息备付率应分年计算，其计算公式为

$$\text{ICR}=\frac{\text{EBIT}}{\text{PI}} \tag{6.3}$$

利息备付率的判别准则：利息备付率在项目正常经营情况下应当大于2，并结合债权人的要求确定。当利息备付率低于1时，表示项目没有足够资金支付利息，偿债风险很大。

2）偿债备付率。偿债备付率（DSCR）是指在借款偿还期内各年可用于还本付息的资金（EBITDA－T_{AX}，其中，EBITDA为息税前利润加折旧和摊销，T_{AX}为企业所得税）与当期应还本付息金额（PD）的比值，PD包括还本金额和计入总成本费用的全部利息。融资租赁费用可视同借款偿还。运营期内的短期借款本息也应纳入计算。偿债备付率从还本付息资金来源的充裕性角度反映项目偿付债务本息的保障程度和支付能力，其计算公式为

$$\text{DSCR}=\frac{\text{EBITDA}-T_{AX}}{\text{PD}} \tag{6.4}$$

偿债备付率应分年计算，其判别准则：偿债备付率在正常情况下应大于1.3，且越高越好。当指标小于1时，表示当年资金来源不足以偿付当期债务，需要通过短期借款偿付已到期债务。

3）资产负债率。资产负债率（LOAR）是指各期末债务总额（TL）同资产总额（TA）的比率，表示总资产中有多少是通过负债得来的。它是评价项目负债水平的综合指标，既能反映项目利用债权人提供资金后的经营活动能力，又能体现债权人发放贷款的安全度。资产负债率越低，表明企业长期偿债能力越强，其计算公式为

$$\text{LOAR}=\frac{\text{TL}}{\text{TA}}\times 100\% \tag{6.5}$$

资产负债率的判别准则：对于资产负债率，应根据国家宏观经济状况、行业发展

趋势、所处竞争环境等具体条件来分析，目前通常认为 LOAR 在 40%～60%之间为宜。适度的资产负债率，表明企业经营安全、稳健，具有较强的筹资能力，企业和债权人的风险小。过高的 LOAR（LOAR>1）表明项目将资不抵债，财务风险大，过低则表明项目对财务杠杆利用不够。

（4）流动比率与速动比率

流动比率是反映项目各年偿付流动负债能力的指标，衡量项目流动资产在短期债务到期以前可以变为现金用于偿还流动负债的能力。流动比率是流动资产与流动负债之比，其计算公式为

$$\text{流动比率} = \frac{\text{流动资产总额}}{\text{流动负债总额}} \times 100\% \tag{6.6}$$

速动比率反映了用可以立即变现的货币资金偿付流动负债的能力。速动比率是速动资产与流动负债之比，其计算公式为

$$\text{速动比率} = \frac{\text{速动资产总额}}{\text{流动负债总额}} \times 100\% = \frac{\text{流动资产总额} - \text{存货}}{\text{流动负债总额}} \times 100\% \tag{6.7}$$

流动比率与速动比率的比较：

1）流动比率指标是流动资产对流动负债的比率，用来衡量企业流动资产在短期债务到期前，可以转化为现金用于偿还流动负债的能力。速动比率指标是对流动比率指标的补充，是将流动比率指标计算公式的分子剔除了流动资产中变现力最差的存货后，计算企业实际的短期债务偿还能力，较流动比率更为准确。该指标越高，说明偿还流动负债的能力越强。

2）两个指标在行业间差异较大，国际公认的标准比率如下：

① 流动比率是 2。通常，若行业生产周期较长，流动比率就应该相应提高，反之就可以相对降低。

② 速动比率为 1。实践中应结合行业特点分析判断。

6.2.3 国民经济评价参数

国民经济评价参数体系有两类，一类是通用参数，如社会折现率、影子汇率和影子工资等，这些通用参数由有关专门机构组织测算和发布；另一类是影子价格等一般参数，由行业或者项目评价人员测定。

（1）社会折现率

社会折现率（i_s）是从社会角度对资金时间价值的估量，代表社会资金被占用应获得的最低收益率。社会折现率可根据国民经济发展的多种因素综合测定。各类投资项目的国民经济评价都应采用有关专门机构统一发布的社会折现率作为计算经济净现值的标准。社会折现率可作为经济内部收益率的判别标准。

《建设项目经济评价方法与参数》（第三版）中规定，一般项目社会折现率为 8%；而对于受益期长的建设项目，如果远期效益较大、效益实现的风险较小，社会折现率可适当降低，但不应低于 6%。

（2）影子汇率

影子汇率是指单位外汇的经济价值，区别于外汇的财务价格和市场价格。在国民经济评价中使用影子汇率，是为了正确计算外汇的真实经济价值，影子汇率代表着外汇的影子价格。在国民经济评价中，影子汇率通过影子汇率换算系数计算，影子汇率换算系数是影子汇率与国家外汇牌价的比值。投资项目投入物和产出物涉及进出口的，应采用影子汇率换算系数调整计算影子汇率。根据目前我国外汇收支状况、主要进出口商品的国内价格与国外价格的比较、出口换汇成本以及进出口关税等因素综合分析，目前我国的影子汇率换算系数取值为1.08。

（3）影子工资

影子工资是建设项目使用劳动力、耗费劳动力资源而使社会付出的代价。在国民经济评价中，影子工资为国民经济费用，计入经营费用。

（4）影子价格

所谓影子价格，是指当社会经济处于某种最优状态时，能够反映社会劳动的消耗、资源稀缺程度和最终产品需求状况的价格。可见，影子价格是一种理论上的虚拟价格，是为实现一定的社会经济发展目标而人为确定的、更为合理（相对于实际交换价格）的价格，而不是产品的实际交换价格。在工程项目的国民经济评价中，影子价格被用来代替市场价格进行费用与效益的计算，从而消除在市场不完善的条件下由于市场价格失真可能导致的评价结论失实。

影子价格是进行项目国民经济评价、计算国民经济效益与费用时专用的价格，是指依据一定原则确定的、能够反映投入物和产出物真实经济价值、市场供求状况、资源稀缺程度，使资源得到合理配置的价格。进行国民经济评价时，项目的主要投入物和产出物价格，原则上都应采用影子价格。

6.3 建设项目财务分析

6.3.1 财务分析概述

1. 财务分析的概念

财务分析也称财务评价，是依据国家现行的财税制度、价格体系和有关法规及规定，从企业或项目本身的角度出发，在财务效益与费用的估算以及编制财务辅助报表的基础上，分析、计算项目直接发生的财务效益和费用，编制财务报表，计算财务分析指标，考察和分析项目的盈利能力、偿债能力、财务生存能力等财务状况，据以评价和判别项目财务可行性。财务分析是建设项目经济评价中的微观层次，主要从微观投资主体的角度分析项目可以给投资主体带来的效益以及投资风险。

财务评价是从投资者自身能否获利及获利程度来取舍项目，做出评价，它并不涉及一个项目建成投产后对国民经济、社会发展的影响。因而，一个项目在企业财务上可行，只是达到了作为直接受益的投资者的要求，至于是否达到整个国民经济和社会发展要求，尚需作进一步的评价。

2. 财务评价的作用

1）考察项目的财务盈利能力。
2）用于制定适宜的资金规划。
3）为协调企业利益和国家利益提供依据。
4）为中外合资项目提供双方合作的基础。

3. 财务评价的内容与指标体系

财务评价的内容主要包括盈利能力评价、清偿能力评价。

建设项目财务评价指标体系是按照财务评价的内容建立起来的，同时也与编制的财务评价报表密切相关。建设项目财务评价内容、评价报表、评价指标之间的关系见表 6.1。

表 6.1　财务评价指标体系

<table>
<tr><th rowspan="2">评价内容</th><th rowspan="2" colspan="2">基本报表</th><th colspan="2">评价指标</th></tr>
<tr><th>静态指标</th><th>动态指标</th></tr>
<tr><td rowspan="4">盈利能力分析</td><td>融资前分析</td><td>项目投资现金流量表</td><td>项目投资回收期</td><td>项目投资财务内部收益率
项目投资财务净现值</td></tr>
<tr><td rowspan="3">融资后分析</td><td>项目资本金现金流量表</td><td></td><td>项目资本金财务内部收益率</td></tr>
<tr><td>投资各方现金流量表</td><td></td><td>投资各方财务内部收益率</td></tr>
<tr><td>利润与利润分配表</td><td>总投资收益率
项目资本金
净利润率</td><td></td></tr>
<tr><td rowspan="2">偿债能力分析</td><td colspan="2">借款还本付息计划表</td><td>偿债备付率
利息备付率</td><td></td></tr>
<tr><td colspan="2">资产负债表</td><td>资产负债率
流动比率
速动比率</td><td></td></tr>
<tr><td>财务生存能力分析</td><td colspan="2">财务计划现金流量表</td><td>累计盈余资金</td><td></td></tr>
<tr><td rowspan="2">不确定性分析</td><td colspan="2">盈亏平衡分析</td><td>盈亏平衡产量
盈亏平衡生产能力利用率</td><td></td></tr>
<tr><td colspan="2">敏感性分析</td><td>灵敏度
不确定因素的临界值</td><td></td></tr>
<tr><td rowspan="2">风险分析</td><td rowspan="2" colspan="2">概率分析</td><td>FNPV≥0 的累计概率</td><td></td></tr>
<tr><td>定性分析</td><td></td></tr>
</table>

4. 财务分析的步骤

建设项目的财务分析，首先要估算或计算出项目的投资、成本、各项税金和利润等基础数据，然后据此编制必要的财务报表，计算出相应的技术经济指标，并与有关标准进行比较，判断项目是否可行或从中选择最佳方案。具体步骤如下。

（1）选取财务分析的基础数据与参数

财务分析的基础数据与参数包括主要投入品和产出品的财务价格、税率、利率、汇率、计算期、固定资产折旧率、无形资产和递延资产摊销年限，生产负荷及基准收益率等基础数据和参数。

（2）财务效益与费用估算

财务效益与费用是财务分析的重要基础，其估算的准确性与可靠程度对项目财务分析影响极大。财务效益与费用的估算应遵循“有无对比”的原则，正确识别和估算“有项目”和“无项目”状态的财务效益与费用。

项目的财务效益是指项目实施后所获得的营业收入。对于适用增值税的经营性项目，除营业收入外，其可得到的增值税返还也应作为补贴收入计入财务效益；对于非经营性项目，财务效益应包括可能获得的各种补贴收入。项目所支出的费用主要包括投资、成本和税金等。

（3）编制财务分析辅助报表

根据项目市场分析和实施条件分析的结果，以及现行的有关法律法规和政策，对项目总投资、资金筹措方案、总成本费用、营业收入、税金、利润和利润分配，以及其他与项目有关的一系列财务基础数据进行分析和估算，并将所得的数据编制成财务分析辅助报表（详见本书第 3 章 3.1 节内容）。

（4）编制财务分析基本报表

将分析和估算所得的财务基础数据进行汇总，即可编制出财务分析基本报表。

1）财务现金流量表，包括项目投资现金流量表、项目资本金现金流量表和投资各方现金流量表。

2）利润与利润分配表。

3）资金来源与资金运用表。

4）资产负债表。

5）借款还本付息计划表。

6）财务计划现金流量表。

以上报表是计算盈利能力、偿债能力和财务生存能力等分析指标的基础。

（5）计算、分析财务评价指标

对于经营性项目，应通过计算财务评价指标分析项目的盈利能力、偿债能力和财务生存能力，判断项目的财务可接受性，明确项目对财务主体及投资者的价值贡献，为项目决策提供依据；对于非经营性项目，应主要分析项目的财务生存能力。

（6）进行不确定性分析和风险分析

具体内容详见本书第 4 章 4.4 节。

（7）编写财务评价报告

把上述分析结果与国家有关部门公布的基准值，或与经验标准、历史标准、目标标准等加以比较，并从企业或项目本身的角度提出项目可行性与否的结论。

财务分析的具体步骤如图 6.1 所示。

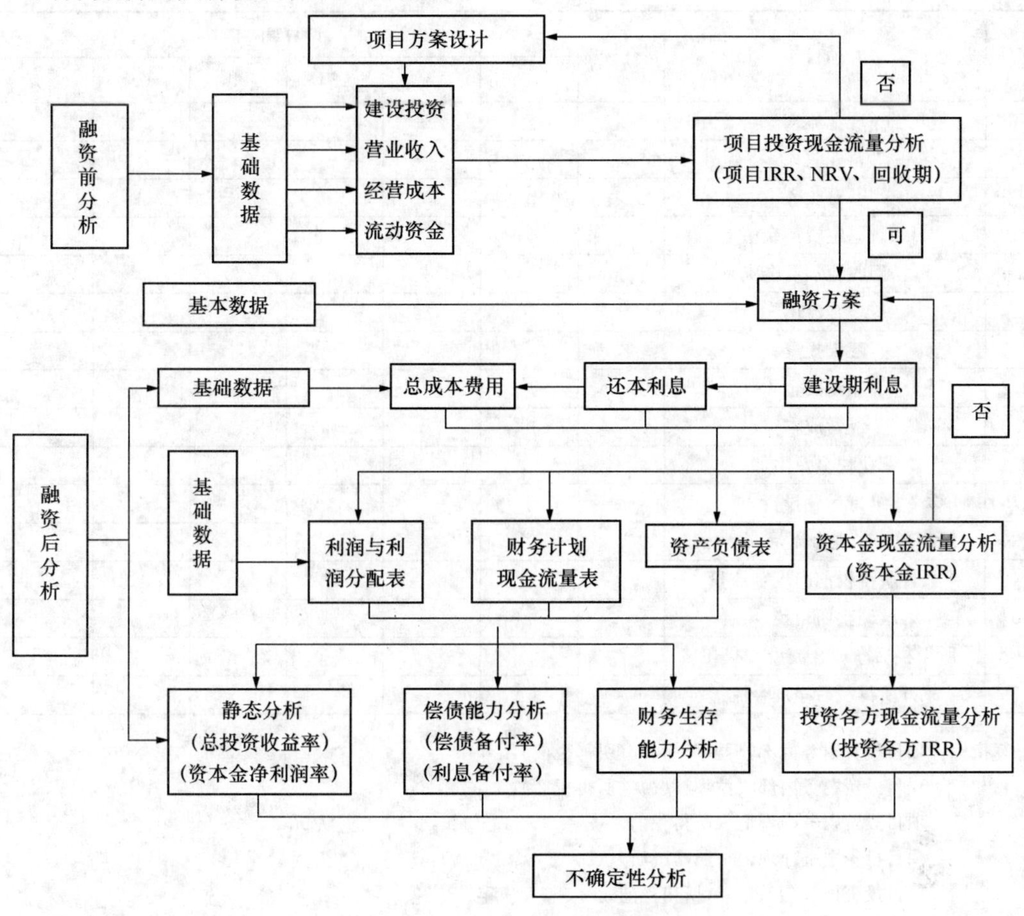

图 6.1　财务分析的具体步骤

6.3.2　财务分析的基本报表

为了进行投资项目的经济效果分析，需编制财务分析基本报表。

1. 财务现金流量表

(1) 现金流量表的概念和作用

财务现金流量表是反映项目在计算期内各年的现金流入、现金流出和净现金流量的计算表格。根据投资计算基础不同，分为项目投资财务现金流量表和项目资本金现金流量表（表 6.2 和表 6.3）。编制现金流量表的主要作用是计算财务内部收益率、财务净现值和投资回收期等分析指标。

现金流量表的编制基础是会计上的收付实现制原则。收付实现制又称现金制或现金基础，是以现金是否收到或付出作为该时期收入和费用是否发生的依据。因此，现金流量表中的成本是经营成本，即现金流量只反映项目在计算期内各年实际发生的现金收支，不反映非现金收支（如折旧费、摊销费等）。

表 6.2 项目投资财务现金流量表　　人民币单位：万元

序号	项目	合计	计算期/年					
			1	2	3	4	…	n
1	现金流入							
1.1	营业收入							
1.2	补贴收入							
1.3	回收固定资产余值							
1.4	回收流动资金							
2	现金流出							
2.1	建设投资							
2.2	流动资金							
2.3	经营成本							
2.4	营业税金及附加							
2.5	维持运营投资							
3	所得税前净现金流量（1－2）							
4	累计所得税前净现金流量							
5	调整所得税							
6	所得税后净现金流量（3－5）							
7	累计所得税后净现金流量							

计算指标：项目投资财务内部收益率（%）（所得税前）：

项目投资财务内部收益率（%）（所得税后）：

项目投资财务净现值（所得税前）（i_c＝　　%）：　　万元

项目投资财务净现值（所得税后）（i_c＝　　%）：　　万元

项目投资回收期（年）（所得税前）：　　年

项目投资回收期（年）（所得税后）：　　年

注：1）现金流入中营业收入的各年数据取自营业收入和营业税金及附加估算表。另外，固定资产余值和流动资金的回收均在计算期最后一年。固定资产余值回收额为固定资产折旧费估算表中最后一年的固定资产期末净值，流动资金回收额为项目正常生产年份流动资金的占用额。

2）现金流出中固定资产投资和流动资金的数额取自第 3 章中的表 3.13 项目总投资使用计划与资金筹措表；流动资金投资为各年流动资金增加额；经营成本取自总成本费用估算表；营业税金及附加包含营业税、消费税、资源税、城市维护建设税和教育费附加，它们取自营业收入、营业税金及附加和增值税估算表。尤其需要注意的是，项目投资现金流量表中的“所得税”应根据息税前利润（EBIT）乘以所得税率计算，称为“调整所得税”。原则上，息税前利润的计算应完全不受融资方案变动的影响，即不受利息多少的影响，包括建设期利息对折旧的影响（因为折旧的变化会对利润总额产生影响，进而影响息税前利润）。但如此将会出现两个折旧和两个息税前利润（用于计算融资前所得税的利润和利润表中的息税前利润）。为简化起见，当建设期利息占总投资比例不是很大时，也可按利润表中的息税前利润计算调整所得税。

3）项目计算期各年的净现金流量为各年现金流入量减对应年份的现金流出量，各年累计现金流量为本年及以前各年净现金流量之和。

4）所得税前净现金流量为上述净现金流量加所得税之和，也即在现金流出中不计入所得税时的净现金流量。所得税前累计净现金流量的计算方法与上述累计净现金流量的相同。

（2）项目投资财务现金流量表

项目投资财务现金流量表（表 6.2）是站在项目全部投资的角度，不分资金来源（自有或借入），即在假定全部投资为自有资金的条件下，以项目所需的全部资金为计算基础，不考虑资金本息偿还的前提下，反映项目各年现金流量状况，并以此为基础计算表 6.2 中全部投资的相应经济指标，考察项目的盈利能力，为各个投资方案（不包括其资金来源及利息多少）进行比较建立共同的基础。

（3）项目资本金现金流量表

项目资本金现金流量表（表 6.3）是站在项目投资主体角度考察项目的现金流入流出情况。从项目投资主体的角度看，建设项目投资借款是现金流入，但又同时将借款用于项目投资则构成同一时点、相同数额的现金流出，二者相抵，对净现金流量的计算无影响，因此表中投资只计自有资金。另一方面，现金流入又是因项目全部投资所获得，故应将借款本金的偿还及利息支付计入现金流出。以此表中的数据计算自有资金的财务内部收益率、财务净现值等财务分析指标。项目资本金现金流量表主要考察自有资金盈利能力和向外部借款对项目是否有利。

表 6.3　项目资本金现金流量表　　人民币单位：万元

序号	项目	合计	计算期/年					
			1	2	3	4	…	n
1	现金流入							
1.1	营业收入							
1.2	补贴收入							
1.3	回收固定资产余值							
1.4	回收流动资金							
2	现金流出							
2.1	项目资本金							
2.2	借款本金偿还							
2.3	借款利息支付							
2.4	经营成本							
2.5	营业税金及附加							
2.6	所得税							
2.7	维持运营投资							
3	净现金流量（1−2）							
计算指标：资本金财务内部收益率/%								

注：1）现金流入各项的数据来源与全部投资现金流量表相同。

2）现金流出项目中项目资本金数额取自第 3 章表 3.13 项目总投资使用计划与资金筹措表中资金筹措项下的自有资金分项。借款本金偿还由两部分组成：一部分为借款还本付息计算表中所还本额；一部分为流动资金借款本金偿还，一般发生在计算期最后一年。借款利息支付数额来自总成本费用估算表中的利息支出项。现金流出中其他各项与全部投资现金流量表中相同。

3）项目计算期各年的净现金流量为各年现金流入量减对应年份的现金流出量。

（4）投资各方财务现金流量表

对于某些项目，为了考察投资各方的具体收益，还应从投资各方实际收入和支出的角度，确定其现金流入和现金流出，分别编制投资各方现金流量表(表 6.4)。投资各方现金流量表是通过计算投资各方财务内部收益率，分析投资各方投入资本的盈利能力的财务分析报表。

表 6.4　投资各方现金流量表　　人民币单位：万元

序号	项目	合计	计算期/年					
			1	2	3	4	…	n
1	现金流入							
1.1	实分利润							
1.2	资产处置收益分配							
1.3	租赁费收入							
1.4	技术转让或使用收入							
1.5	其他现金流入							
2	现金流出							
2.1	实缴资本							
2.2	租赁资产支出							
2.3	其他现金流出							
3	净现金流量（1−2）							
计算指标：投资各方财务内部收益率/%								

注：现金流入与现金流出分别是指出资方因该项目的实施将实际获得的各种收入或将实际投入的各种支出。填写时应注意下列问题：

1）实分利润是指投资者由项目获取的利润。

2）资产处置收益分配是指对有明确的合营期限或合资期限的项目，在期满时对资产余值按持股比例或约定比例的分配。

3）租赁费收入是指出资方将自己的资产租赁给项目使用所获得的收入，此时应将资产价值作为现金流出，列为租赁资产支出科目。

4）技术转让或使用收入是指出资方将专利或专有技术转让或允许该项目使用所获得的收入。

5）现金流入和现金流出的有关数据可以依据“利润和利润分配表”、“项目总投资使用计划与资金筹措表”和“总成本费用估算表”等有关财务报表，直接填列或经过这些报表计算间接得出。

2. 利润与利润分配表

利润与利润分配表（表 6.5）是反映项目计算期内各年营业收入、总成本费用、利润总额以及所得税后利润分配情况的表格，用以计算总投资收益率、投资利润率、投资利税率等指标，考察项目的盈利能力。

表 6.5　利润与利润分配表　　人民币单位：万元

序号	项目	合计	计算期/年					
			1	2	3	4	…	n
1	营业收入							
2	营业税金及附加							
3	总成本费用							
4	补贴收入							
5	利润总额（1－2－3＋4）							
6	弥补以前年度亏损							
7	应纳税所得额（5－6）							
8	所得税							
9	净利润（5－8）							
10	期初未分配利润							
11	可供分配利润（9＋10）							
12	提取法定盈余公积金							
13	可供投资者分配的利润（11－12）							
14	应付优先股股利							
15	提取任意盈余公积金							
16	应付普通股股利（13－14－15）							
17	各投资方利润分配							
	其中：××方							
	××方							
18	未分配利润（13－14－15－17）							
19	息税前利润（利润总额＋利息支出）							
20	息税折旧摊销前利润 （息税前利润＋折旧＋摊销）							

3. 资金来源与资金运用表

资金来源与资金运用表（表 6.6）反映项目计算期内各年的资金盈余或短缺情况，用于选择资金筹措方案，制定适宜的借款及偿还计划，并为编制资产负债表提供依据。编制该表时，首先要计算项目计算期内各年的资金来源与资金运用，然后通过资金来源与资金运用的差额反映项目各年的资金盈余或短缺情况，计算累计盈余资金，分析项目的财务生存能力。

表 6.6 资金来源与资金运用表　　人民币单位：万元

序号	项目	合计	计算期/年					
			1	2	3	4	…	n
	生产负荷/%							
1	资金来源							
1.1	利润总额							
1.2	折旧费							
1.3	摊销费							
1.4	长期借款							
1.5	流动资金借款							
1.6	其他短期借款							
1.7	自有资金							
1.8	其他							
1.9	回收固定资产余值							
1.10	回收流动资金							
2	资金运用							
2.1	固定资产投资							
2.2	建设期贷款利息							
2.3	流动资金							
2.4	所得税							
2.5	应付利润							
2.6	长期借款本金偿还							
2.7	流动资金借款本金偿还							
2.8	其他短期借款本金偿还							
3	盈余资金（1−2）							
4	累计盈余资金							

注：1）利润总额、所得税和应付利润取自利润与利润分配表；折旧费取自折旧费估算表；摊销费取自无形资产摊销估算表。

2）长期借款、流动资金借款、其他短期借款、自有资金及“其他”项的数据均取自投资总额与资金筹措表。

3）回收固定资产余值、回收流动资金取自全部投资现金流量表。

4）固定资产投资、建设期贷款利息及流动资金数据取自投资计划与资金筹措表；各种借款本金偿还取自借款还本付息计算表。

5）盈余资金等于资金来源减去资金运用。累计盈余资金各年数额为当年及以前各年盈余资金之和。

4. 资产负债表

资产负债表（表 6.7）综合反映项目计算期内各年年末资产、负债和所有者权益的增减变化以及对应关系，以考察项目资产、负债、所有者权益的结构是否合理，用以计算资产负债率、流动比率及速动比率等指标，进行清偿能力分析。

表 6.7　资产负债表　　　　人民币单位：万元

序号	项目	合计	计算期/年					
			1	2	3	4	…	n
1	资产							
1.1	流动资产总额							
1.1.1	货币资金							
1.1.2	应收账款							
1.1.3	预付账款							
1.1.4	存货							
1.1.5	其他							
1.2	在建工程							
1.3	固定资产净值							
1.4	无形资产和其他资产净值							
2	负债及所有者权益（2.4+2.5）							
2.1	流动负债总额							
2.1.1	短期借款							
2.1.2	应付账款							
2.1.3	预收账款							
2.1.4	其他							
2.2	建设投资借款							
2.3	流动资金借款							
2.4	负债小计（2.1+2.2+2.3）							
2.5	所有者权益							
2.5.1	资本金							
2.5.2	资本公积金							
2.5.3	累计盈余公积金							
2.5.4	累计未分配利润							
计算指标：资产负债率/%								

注：1）应收账款、预付账款和存货三项数据取自流动资金估算表；货币资金数据则取自财务计划现金流量表的累计资金盈余与流动资金估算表中现金项之和。

2）在建工程是指建设投资和建设期贷款利息的年累计额。

3）固定资产净值和无形资产净值分别取自固定资产折旧费估算表和无形及其他资产摊销估算表。

4）流动负债总额中的应付账款、预收账款数据取自流动资金估算表。

5）建设投资借款和流动资金借款需要根据财务计划现金流量表中的对应项及相应的本金偿还进行计算。

6）所有者权益中的累计未分配利润可直接取自利润表；累计盈余公积金也可由利润表中盈余公积金项计算各年份的累计值，但应根据是否用盈余公积金弥补亏损或转增资本金的情况进行相应调整；资本金为项目投资中累计自有资金（扣除资本溢价），当存在由资本公积金或盈余公积金转增资本金的情况时应进行相应调整。资本公积金为累计资本溢价及赠款，转增资本金时进行相应调整。

7）资产负债表满足等式：资产＝负债＋所有者权益。

5. 借款还本付息计划表

借款还本付息计划表（表 6.8）反映项目计算期内各年借款本金偿还和利息支付情况，用于计算偿债备付率和利息备付率指标。

表 6.8　借款还本付息计划表　　人民币单位：万元

序号	项目	合计	计算期/年					
			1	2	3	4	…	n
1	借款 1							
1.1	期初借款余额							
1.2	当期还本付息							
	其中：还本							
	付息							
1.3	期末借款余额							
2	借款 2							
2.1	期初借款余额							
2.2	当期还本付息							
	其中：还本							
	付息							
2.3	期末借款余额							
3	债券							
3.1	期初债务余额							
3.2	当期还本付息							
	其中：还本							
	付息							
3.3	期末债务余额							
4	借款和债券合计							
4.1	期初余额							
4.2	当期还本付息							
	其中：还本							
	付息							
4.3	期末余额							

计算指标：利息备付率/%

偿债备付率/%

注：期末借款余额＝期初借款余额－当期还本付息。

6. 财务计划现金流量表

财务计划现金流量表（表 6.9）反映项目计算期各年的投资、融资及经营活动的现金流入和流出，用于计算累计盈余资金，分析项目的财务生存能力。

表 6.9　财务计划现金流量表　　人民币单位：万元

序号	项目	合计	计算期/年					
			1	2	3	4	…	n
1	经营活动净现金流量（1.1—1.2）							
1.1	现金流入							
1.1.1	营业流入							
1.1.2	增值税销项税额							
1.1.3	补贴收入							
1.1.4	其他流入							
1.2	现金流出							
1.2.1	经营成本							
1.2.2	增值税进项税额							
1.2.3	营业税金及附加							
1.2.4	增值税							
1.2.5	所得税							
1.2.6	其他流出							
2	投资活动净现金流量（2.1—2.2）							
2.1	现金流入							
2.2	现金流出							
2.2.1	建设投资							
2.2.2	维持运营投资							
2.2.3	流动资金							
2.2.4	其他流出							
3	筹资活动净现金流量（3.1—3.2）							
3.1	现金流入							
3.1.1	项目资本金流入							
3.1.2	建设投资借款							
3.1.3	流动资金借款							
3.1.4	债券							
3.1.5	短期借款							
3.1.6	其他流入							
3.2	现金流出							
3.2.1	各种利息支出							
3.2.2	偿还债务本金							
3.2.3	应付利润（股利分配）							
3.2.4	其他流出							
4	净现金流量（1＋2＋3）							
5	累计盈余资金							

6.4 建设项目国民经济评价

6.4.1 建设项目国民经济评价概述

1. 建设项目国民经济评价的概念

建设项目的国民经济评价是把工程项目放到整个国民经济体系中来研究考察，从国民经济的角度来分析、计算和比较国民经济为项目所要付出的全部成本及其从项目中可能获得的全部效益，并据此评价项目的经济合理性，从而选择对国民经济最有利的方案。国民经济评价是针对工程项目所进行的宏观效益分析，其主要目的是实现国家资源的优化配置和有效利用，以保证国民经济能够可持续地稳定发展。

2. 建设项目国民经济评价的作用

建设项目国民经济评价的作用主要体现在以下几个方面：

1）可以从宏观上优化配置国家的有限资源。

2）可以真实反映建设项目对国民经济的净贡献。

3）可以对项目进行优化并作出科学的决策。

3. 建设项目国民经济评价的基本原理

建设项目的国民经济评价使用基本的经济主价理论，采用费用效益分析方法，即费用与效益比较的理论方法，寻求以最小的投入（费用）获取最大的产出（效益）。国民经济评价采取“有无对比”方法识别项目的费用和效益，采取影子价格理论方法估算各项费用和效益，采用现金流量分析方法使用报表分析，采用经济内部收益率、经济净现值等经济盈利性指标进行定量的经济效益分析。

国民经济评价的主要工作包括识别国民经济的费用与效益、测算和选取影子价格、编制国民经济评价报表、计算国民经济评价指标并进行方案比选。

“有无对比”方法是经济评价的基本方法，在建设项目的国民经济评价中，应将“有”项目与“无”项目两种不同条件下国民经济的不同情况进行对比，识别项目的费用和效益。

6.4.2 建设项目国民经济效益与费用识别

进行国民经济评价，首先要对项目的费用和效益进行识别和划分，也就是要认清所评价的项目在哪些方面对整个国民经济产生费用，又在哪些方面产生效益。识别和划分费用与效益的基本原则：凡是建设项目使国民经济发生的实际资源消耗，或者国民经济为建设项目付出的代价，即为费用；凡是建设项目对国民经济发生的实际资源产出与节约，或者对国民经济作出的贡献，即为效益。

1. 直接效益与直接费用

(1) 直接效益的确定

项目的直接效益是指项目本身直接增加销售量和劳动量所获得的收益，或为社会节约开支、减少的损失和节省的资源。它是由项目本身产生，由其产出物提供，并用影子价格计算的产出物的经济价值。项目直接效益的确定分为以下两种情况：

1）如果项目的产出物用以增加国内市场的供应量，其效益就是所满足的国内需求，也就等于消费者支付意愿。

2）如果国内市场的供应量不变，则又有以下 3 种情况。

① 项目产出物增加了出口量，其效益为所获得的外汇。

② 项目产出物替代了进口货物，即减少了总进口量，其效益为节约的外汇。

③ 项目产出物顶替了原有项目的生产，致使其减产或停产的，其效益为原有项目减产或停产向社会释放出来的资源，其价值也就等于这些资源的支付意愿。

(2) 直接费用的确定

项目的直接费用是指由项目消耗社会资源（投入物）所产生，并在项目范围内计算的经济费用。也就是用影子价格计算的，本身为项目的建设和生产经营而支付的各项投入物的经济价值。项目直接费用的确定，分为以下两种情况：

1）项目所需投入物需要依靠国内供应总量的增加才能满足需求的，其成本就是增加国内生产所消耗的资源的价值。

2）如果国内供应总量不变：

① 项目投入物依靠从国外进口来满足需求时，其经济成本就是进口投入物所花费的外汇。

② 项目的投入物本来可以出口换汇，为满足项目需求，减少了该项投入物的出口量，其经济成本就是因减少出口而减少的外汇收入。

③ 项目投入物本来用于其他项目和企业，由于拟建项目需要使用该项投入物而导致减少对其他项目或企业的供应，其经济成本应为其他项目或企业因减少该投入物的用量而减少的效益，也就是其他项目或企业对该项投入物的支付意愿。

以上②、③两项经济成本的确定，也就是通常所说的机会成本的原则，即投入物的经济成本要以放弃另一用途而减少的效益来确定。

2. 间接效益与间接费用

(1) 间接效益与间接费用的概念

间接效益与间接费用是指项目对国民经济作出的贡献与国民经济为项目付出的代价中，在直接效益与直接费用中未得到反映的那部分效益与费用。通常把与项目相关的间接效益（外部效益）和间接费用（外部费用）统称为外部效果。它必须同时满足下列两个条件：

1）相关条件：生产消费经济活动将影响与本项目无直接关系的其他生产者和消费者的生产水平和效用水平。

2）不计价条件：这种效果不计价或不需补偿。

例如，养蜂者的产出受水果生产者的影响，这对水果生产者来说，是一个积极的外部效果，即间接效益（外部效益）；但是，如果要对养蜂者收取相应的费用，那就不是水果生产者的间接效益（外部效益）了。又如，印染厂排的废液，使附近区域的鱼类生产下降，是一种间接费用（外部费用）；如果给养鱼者以相应的赔偿，那也不算是间接费用（外部费用）。

（2）项目的间接效益

项目的间接效益是指项目对社会作出了贡献，是由项目引起而项目本身并未得益的那部分效益。项目的外部效益通常主要表现为以下几种情况：

1）项目建设中修建了厂外运输等公用系统，它除了为项目本身服务外，还使当地工农业生产和人民生活得到效益。

2）项目生产出一种新产品，它在使用中可使用户得到节料、节能和降低运行费用的好处，如果这部分节料、节能的效益未反映在项目新产品的财务价格中，那么它就成为项目的外部效益。

3）工业项目中引进的先进技术得到推广、扩散，以致提高了社会的科学技术水平，而使社会生产力得到提高和发展的效益。

（3）项目的间接费用

项目的间接费用是国民经济为项目付出的代价，是由项目引起而项目本身并不实际支付的费用。例如，工业项目生产中产生的“三废”（废水、废气和废渣）所引起的环境污染和对生态平衡的破坏，项目除投资内安排治理三废的措施费用外，一般不支付任何费用，而国民经济却为之付出了更多的代价。

（4）间接效益与间接费用计量方法

间接效益与间接费用不仅难以鉴别，而且难以计量。为了减少计量上的困难，首先可采取外部效果内部化的方法，即：①扩大项目范围。把一些相互关联的项目合并作为一个“联合体”进行评价，从而使外部成本和外部效益转为直接成本和直接效益；②投入物、产出物价格本身的内部化。一般是运用机会成本和消费者支付意愿等原则，在确定项目投入物和产出物的影子价格、影子工资、影子外汇汇率时，用影子价格等参数计算成本和效益，在很大程度上已使外部效果在项目内部得到了体现。

通过以上两步工作，虽然还有一些“外部效果”需要单独计算和考虑，但实际上已将很多“外部效果”内部化了。

3. 转移支付

在项目的评价中，某些财务费用和效益并不真正反映国民经济整体的有用资源的投入和产出变化。这些收支不影响社会最终产品的增减，即不反映国民收入的变化，而只是表现为资源的使用权从社会的一个实体转移到另一个实体手中，仅仅是货币在社会实体之间的一种转移而已。这种并不伴随资源增减的纯粹货币性质的转移，称为转移支付。

例如，税金作为国家财政收入的主要来源，只是表明相应资源的分配权与使用权从纳税人手里转移到了国家手中，而在财务评价中，税金无疑是一种费用。相反，补贴，如国家对下乡的家电产品实行价格补贴，则是一种货币流动方向与税金相反的转移支付；又如，证券市场各方股东、相关公司之间的博弈产生的效益与费用，以及印花税等就属于转移支付；再如，贷款及其还本付息、折旧、工资等也是属于转移支付。可以判定转移支付并不构成国民经济评价意义上的费用或效益，即它们既不是经济费用也不是经济效益。

总之，在项目的国民经济评价中，对转移支付的识别和处理是将财务现金流调整为经济现金流的关键内容之一。它不仅反映了评价中系统边界的扩展，而且也反映了国民经济评价中始终追踪实际资源流动，而不是货币流动的本质特征。

6.4.3　建设项目国民经济效益评价及指标

国民经济效益评价包括国民经济盈利能力分析和外汇效果分析。建设项目国民经济评价的基本报表一般包括全部投资国民经济效益费用流量表和国内投资国民经济效益费用流量表。前者以全部投资作为计算基础，用以计算全部投资的经济内部收益率、经济净现值等评价指标；后者以国内投资作为计算基础，将国外借款利息和本金的偿还作为费用流出，用以计算国内投资的经济内部收益率、经济净现值等指标，作为利用外资项目经济评价和方案比较取舍的依据。对于涉及产品出口创汇或替代进口节汇的项目，还需编制经济外汇流量表，以计算经济外汇净现值、经济换汇成本和经济节汇成本等指标，进行外汇效果分析。

1. 建设项目国民经济费用效益评价报表的编制

编制建设项目国民经济评价报表是进行建设项目国民经济评价的基础工作之一。建设项目经济费用效益流量表的编制可以在建设项目投资现金流量表的基础上，按照经济费用效益识别和计算的原则和方法直接进行，也可以在财务分析的基础上将财务现金流量转化为反映真正资源变动状况的经济费用效益流量。

（1）直接编制建设项目国民经济费用效益流量表

有些行业的项目可能需要直接进行国民经济评价，以判断项目的经济合理性。可按以下步骤直接编制国民经济费用效益流量表。

1）确定国民经济效益、费用的计算范围，包括直接效益、直接费用以及间接效益、间接费用。

2）测算各种主要投入物的影子价格和产出物的影子价格（交通运输项目国民经济效益不按产出物影子价格计算，而是按节约的运输时间、费用等计算效益），并在此基础上对各项国民经济费用和效益进行估算。

3）编制国民经济效益费用流量表。

（2）在财务分析的基础上编制国民经济效益费用流量表

由于国民经济评价时取用的成本、效益范围、外汇汇率以及主要投入产出物的价格都同财务评价不同，因而需要对财务效益评价所用的成本效益数据进行必要的调整。

首先，剔除在财务评价中计算为效益或费用的转移支付，增加财务评价中未反映的间接效益和间接费用；其次，用影子价格、影子工资、影子汇率和土地影子费用等代替财务价格及费用，对销售收入（或收益）、固定资产投资、流动资金、经营成本等进行调整；然后，编制国民经济评价基本报表，并据此计算国民经济评价的有关评价指标。具体调整内容如下：

1）剔除转移支付。将财务现金流量表中列支的销售税金及附加税、增值税、国内借款利息作为转移支付剔除。

2）计算外部效益与外部费用。根据建设项目的具体情况，确定可以量化的项目外部效益和外部费用。分析确定哪些是项目重要的外部效果，需要采用什么方法估算，并保持效益费用的计算口径一致。

3）调整建设投资。用影子价格、影子汇率逐项调整构成投资的各项费用，剔除涨价预备费、税金、国内借款建设期利息等转移支付项目。进口设备价格调整通常要剔除进口关税、增值税等转移支付。建筑工程费和安装工程费按材料费、劳动力的影子价格进行调整，土地费用按土地影子价格进行调整。

4）调整流动资金。财务账目中的应收、应付款项及现金并没有实际耗用国民经济资源，在国民经济评价中应将其从流动资金中剔除。如果财务评价中的流动资金是采用扩大指标法估算的，国民经济评价仍应按扩大指标法，以调整后的销售收入、经营费用等乘以相应的流动资金指标系数进行估算；如果财务评价中的流动资金是采用分项详细估算法进行估算的，则应用影子价格重新分项估算。

5）调整经营费用。用影子价格对各项经营费用，以及主要原材料、燃料及动力费用进行调整；用影子工资对劳动工资及福利费用进行调整。

6）调整销售收入。用影子价格调整计算项目产出物的销售收入。

7）调整外汇价值。国民经济评价各项销售收入和费用支出中的外汇部分，应用影子汇率进行调整，计算外汇价值。从国外引入的资金和向国外支付的投资收益、贷款本息，也应用影子汇率进行调整。

2. 建设项目国民经济费用效益分析的指标

在国民经济评价中，反映项目投资的经济效率指标主要有经济净现值、经济内部收益率和经济效益费用比。这些指标可根据国民经济效益费用流量表来进行计算。

（1）经济净现值（ENPV）

经济净现值是反映项目对国民经济净贡献的绝对指标，是用社会折现率 i_s 将建设项目计算期各年的净效益流量折算到建设期初的现值之和，是经济费用效益分析的主要评价指标。其计算公式为

$$\text{ENPV}=\sum_{t=1}^{n}(B-C)_t(1+i_s)^{-t} \tag{6.8}$$

式中：B——国民经济效益流量；

C——国民经济费用流量；

$(B-C)_t$——第 t 年的国民经济净效益流量；

n——建设项目计算期；

i_s——社会折现率。

经济净现值可行性判别标准：当 ENPV>0 时，表明项目收益超过了社会折现率 i_s 的水平。即国家为拟建项目付出代价后，项目的盈利性（净贡献）除了满足 i_s 的社会盈余外，还得到以现值计算的超额社会盈余；当 ENPV=0 时，表明项目收益刚好达到了 i_s 的水平。因此，项目是可行的。反之，当 ENPV<0 时，则表明项目不可行。

（2）经济内部收益率（EIRR）

经济内部收益率是反映建设项目对国民经济净贡献的相对指标，它表示项目占用资金所获得的动态收益率，也是项目在计算期内各年经济净效益流量的累计现值等于零时的折现率，是经济费用效益分析的辅助评价指标。其计算公式为

$$\sum_{t=1}^{n}(B-C)_t(1+\mathrm{EIRR})^{-t}=0 \tag{6.9}$$

经济内部收益率可根据定义式用数值法求解，或根据国民经济效益费用流量表利用试算法求解，也可利用计算机使用现成的软件程序求解。为方便国民经济效益费用流量表的编制，可将投资调整、销售收入调整及经营费用调整的结果用表格的形式反映出来，然后根据这些辅助报表直接编制国民经济效益费用流量表。

经济内部收益率可行性判别标准：当 EIRR≥i_s 时，表明建设项目投资对国民经济的净贡献能力达到或者超过了预定要求的水平，项目可以接受；否则，项目不可以接受。

以上经济净现值和经济内部收益率按分析效益费用的口径不同，可分为全部投资（包括国内投资和国外投资）的经济内部收益率和经济净现值，以及国内投资经济内部收益率和经济净现值。如果项目没有国外投资和国外借款，全部投资指标与国内投资指标相同；如果项目有国外资金流入与流出，应以国内投资的经济内部收益率和经济净现值作为项目国民经济评价的评价指标。

（3）经济效益费用比（R_{BC}）

经济效益费用比是项目在计算期内效益流量的现值与费用流量的现值的比率，是经济费用效益分析的辅助评价指标。其计算公式为

$$R_{\mathrm{BC}}=\frac{\sum_{t=1}^{n}B_t(1+i_s)^{-t}}{\sum_{t=1}^{n}C_t(1+i_s)^{-t}} \tag{6.10}$$

式中：B_t——经济效益流量；

C_t——经济费用流量。

经济效益费用比可行性判别标准：当 $R_{\mathrm{BC}}>1$ 时，表明项目资源配置的经济效率达到了可以接受的水平。

6.5　新建项目的财务分析

根据不同决策的需要，对于新建项目的财务分析可分为融资前分析和融资后分析。

6.5.1　融资前分析与融资后分析的关系

新设项目决策可分为投资决策和融资决策两个层次。投资决策重在考察项目净现

金流量的价值是否大于其投资成本，融资决策重在考察资金筹措方案能否满足要求。从严格意义上说，投资决策在先，融资决策在后。

财务分析一般宜先进行融资前分析，融资前分析是指在考虑融资方案前就可以进行的财务分析，即不考虑债务融资条件下进行的财务分析。在融资前分析结论满足要求的情况下，初步设定融资方案，然后再进行融资后分析。融资后分析是指以设定的融资方案为基础进行的财务分析。

融资前分析只进行盈利能力分析，并以项目投资折现现金流量分析为主，计算项目投资内部收益率和净现值指标，也可以计算投资回收期指标（静态）。

融资后分析主要是针对项目资本金折现现金流量和投资各方折现现金流量进行盈利能力分析，同时又包括偿债能力分析和财务生存能力分析等。

融资前分析广泛应用于项目各阶段的财务分析。在规划和机会研究阶段，可以只进行融资前分析，此时也可只选取所得税前指标。只有通过了融资前分析的检验，才有必要进一步进行融资后分析。

6.5.2 融资前分析

（1）融资前项目投资现金流量分析

融资前项目投资现金流量分析，是从项目投资总获利能力的角度，考察项目方案设计的合理性，以动态分析（折现现金流量分析）为主，静态分析（非折现现金流量分析）为辅。根据需要，可从所得税前和（或）所得税后两个角度进行考察，选择计算所得税前和（或）所得税后指标。

计算所得税前指标的融资前分析（所得税前分析）是从息前税前角度进行的分析；计算所得税后指标的融资前分析（所得税后分析）是从息前税后角度进行的分析。

（2）正确识别、选用现金流量

进行现金流量分析应正确识别和选用现金流量，包括现金流入和现金流出。融资前财务分析的现金流量应与融资方案无关。从该原则出发，融资前项目投资现金流量分析的现金流量主要包括建设投资、营业收入、经营成本、流动资金、营业税金及附加和所得税。

为了体现与融资方案无关的要求，在各项现金流量的估算中都需要剔除利息的影响。

所得税前和所得税后分析的现金流入完全相同，但现金流出略有不同，所得税前分析不将所得税视为现金流出，所得税后分析将所得税视为现金流出。

（3）所得税前分析

现金流入主要包括营业收入，还可能包括补贴收入，在计算期最后一年还包括回收固定资产余值及回收流动资金。

现金流出主要包括建设投资、流动资金、经营成本、营业税金及附加。

$$\text{净现金流量} = \text{现金流入} - \text{现金流出}$$

净现金流量是计算分析指标的基础。

根据上述现金流入与流出编制项目投资现金流量表，并依据该表计算项目投资息税前财务内部收益率（FIRR）和项目投资息税前财务净现值（FNPV）。

按所得税前净现金流量计算的相关指标，即所得税前指标，是投资盈利能力的完整体现，用以考察由项目方案设计本身所决定的财务盈利能力，它不受融资方案和所得税政策变化的影响，仅仅体现项目方案本身的合理性。

所得税前指标可以作为初步投资决策的主要指标，并用于考察项目是否基本可行，是否值得去为之融资。

（4）所得税后分析

项目投资现金流量表中的所得税应根据息税前利润乘以所得税税率计算，称为调整所得税。原则上，息税前利润的计算应完全不受融资方案变动的影响，即不受利息多少的影响，包括建设期利息对折旧的影响（因为折旧的变化会对利润总额产生影响，进而影响息税前利润）。但如此将会出现两个折旧和两个息税前利润（用于计算融资前所得税的息税前利润和利润表中的息税前利润）。为简化起见，当建设期利息占总投资比例不是很大时，也可按利润表中的息税前利润计算和调整所得税。

所得税后分析是所得税前分析的延伸。由于所得税作为现金流出，可用于在融资的条件下判断项目投资对企业价值的贡献，是企业投资决策依据的主要指标。

（5）融资前分析参数的选取

在财务分析中，一般将内部收益率的判别基准（i_c）和计算净现值的折现率采用同一数值，以便对项目效益的判断结果一致。

作为项目投资判别基准的财务基准收益率的计算或项目投资净现值的折现率取值，在实际工作中，应根据项目的性质使用有关部门发布的行业财务基准收益率，或参考使用有关主管部门发布的财务基准收益率，见附录 3。

计算净现值的折现率也可以取不同于内部收益率判别基准的数值。折现率的取值应十分谨慎，因为折现率的微小差异，会带来净现值数以万计的差异。当依据不充分时或可变因素较多时，可取几个不同数值的折现率，计算多个净现值，以给决策者提供全面的信息。

6.5.3 融资后分析

在融资前分析结果可以接受的前提下，可以开始考虑融资方案，进行融资后分析。融资后分析包括项目的盈利能力分析、偿债能力分析以及财务生存能力分析，进而判断项目方案在融资条件下的合理性。融资后分析是比选融资方案，进行融资决策和投资者最终决定出资的依据。可行性研究阶段必须进行融资后分析，但只是阶段性的。实践中，在可行性研究报告完成之后，还需要进一步深化融资后分析，这样才能完成最终的融资决策。

（1）融资后的盈利能力分析

融资后的盈利能力分析，包括动态分析（折现现金流量分析）和静态分析（非折现盈利能力分析）。

1）动态分析。动态分析是指通过编制财务现金流量表，根据资金等值原理，计算财务内部收益率、财务净现值等指标，分析项目的获利能力。融资后的动态分析可分为以下两个层次：

① 项目资本金现金流量分析。项目资本金现金流量分析是从项目权益投资者整体的角度，考察项目给项目权益投资者带来的收益水平。它是在拟定的融资方案的基础上进行的息税后分析，依据的报表是项目资本金现金流量表。该表将各年投入项目的项目资本金，以及各年缴付的所得税和还本付息作为现金流出，因此其净现金流量可以表示为缴税和还本付息之后的剩余，即项目增加的净收益，也是投资者的权益性收益。因此计算的项目资本金内部收益率指标反映了从投资者整体权益角度考察盈利能力的要求，也就是从项目发起人（或企业）的角度对盈利能力进行判断的要求。在依据融资前分析的指标对项目基本获利能力有所判断的基础上，项目资本金内部收益率指标体现了在一定的融资方案下，投资者整体所获得的权益收益水平。该指标可用来对融资方案进行比较和取舍，是投资者整体作出最终融资决策的依据，也可进一步帮助投资者最终决定取舍。

② 投资各方现金流量分析。投资各方的内部收益率表示了投资各方的收益水平。一般情况下，投资各方按股本比例分配利润和分担亏损及风险，因此投资各方的利益一般是均等的，没有必要计算投资各方的内部收益率。只有投资者中的各方有股权之外的不对等的利益分配时（契约式的合作企业常常会有这种情况），投资各方的收益率才会有差异，此时常常需要计算投资各方的内部收益率。计算投资各方的内部收益率可以看出各方收益是否均衡，或者其非均衡性是否在一个合理的水平上，这有助于促成投资各方在合作谈判中达成平等互利的协议。

2）静态分析。静态分析是不采取折现方式处理数据，主要依据利润与利润分配表，并借助现金流量表计算相关盈利能力指标，包括项目资本金净利润率（ROF）、总投资收益率（ROI）等。

对静态分析指标的判断，应按不同指标选定相应的参考值（企业或行业的对比值）。当静态分析指标分别符合其相应的参考值时，则认为从该指标看盈利能力满足要求。如果不同指标得出的判断结论相反，则应分析原因，得出合理的结论。

（2）融资后的偿债能力分析

对筹措了债务资金（以下简称借款）的项目，偿债能力分析主要用来考察项目是否有按期偿还借款的能力。

通过计算利息备付率和偿债备付率指标，可以判断项目的偿债能力。如果能够得知或根据经验设定所要求的借款偿还期，就可以直接计算利息备付率和偿债备付率指标；如果难以设定借款偿还期，也可以先大致估算出借款偿还期，再采用适宜的方法计算出每年需要还本和付息的金额，代入公式计算利息备付率和偿债备付率指标。需要注意的是，该借款偿还期只是为估算利息备付率和偿债备付率指标所用，不应与利息备付率和偿债备付率指标并列。

按照有关法规，融资租赁固定资产可视同购置的固定资产计算折旧，同时按税法规定，融资租赁费用不应在所得税前扣除，因此在项目评价中，融资租赁费用的支付可视作偿还本金处理，按要求的期限和数额逐年偿还。

（3）融资后的财务生存能力分析

在项目运营期间，确保从各项经济活动中得到足够的净现金流量是项目能够持续生存的条件。在财务分析中，应根据财务计划现金流量表，综合考察项目计算期内各年的投资活动、融资活动和经营活动所产生的各项现金流入与流出，计算净现金流量和累计盈余资金，分析项目是否有足够的净现金流量维持正常运营。因此，财务生存能力分析也可称为资金平衡分析。

财务生存能力分析应结合偿债能力分析进行。如果拟安排的还款期过短，致使还本付息负担过重，导致为维持资金平衡必须筹借的短期借款过多，可以调整还款期，减轻各年还款负担。

通过以下相辅相成的两个方面可具体判断项目的财务生存能力：

1）拥有足够的经营现金流量是财务可持续的基本条件，特别是在通常还本付息负担较重的运营初期。一个项目具有较大的经营现金流量，说明项目方案比较合理，实现自身资金平衡的可能性大，不会过分依赖短期融资来维持运营。

对于非经营项目，如果不能产生足够的经营现金流量实现自身资金平衡，则提示要靠政府补贴。

2）各年累计盈余资金不出现负值是财务生存的必要条件。在整个运营期间，允许个别年份的净现金流量出现负值，但不能容许任一年份的累计盈余资金出现负值。

财务计划现金流量表是项目财务生存能力分析的基本报表，其编制基础是财务分析辅助报表和利润与利润分配表。

6.6　新建工业项目财务分析案例

6.6.1　简述

1. 项目概况

某新建工业项目，其可行性研究已完成市场需求预测、生产规模、工艺技术方案、建厂条件和厂址方案、环境保护、工厂组织和劳动定员以及项目实施规划诸方面的研究论证与多方案比较。生产规模为年产1.2万吨某化工原料。产品方案为A型及B型两种，以A型为主。

2. 编制依据

本项目财务分析的编制依据为《建设项目经济评价方法与参数》（第三版）和国家现行的财税政策、会计制度与相关法规。根据2018年12月29日第十三届全国人民代表大会常务委员会第七次会议通过的《中华人民共和国企业所得税法》（2018年修正）规定，企业所得税按应纳税所得额的25％计取。

3. 计算期

计算期包括建设期与生产经营期，根据本项目实施计划，其建设期确定为2年，生产经营期确定为8年，项目计算期为10年。第三年投产，当年生产负荷达到设计能力的70％，第四年达到90％，第五年达到100％。

4. 产品售价与产销计划

产品售价以市场价格为基础，预测到生产期初的市场价格，每吨出厂价按 15 850 元计算（不含增值税）。产品产销率按 100%考虑，即产量=销量。

6.6.2 财务效益与费用估算

1. 投资估算

1）建设投资估算。建设投资为 19 143.45 万元，建设投资估算见表 6.10。

2）建设期利息估算。建设期利息为 889.82 万元，建设利息估算见表 6.10。

表 6.10 财务分析辅助报表一——建设投资估算（概算法） 人民币单位：万元

序号	工程或费用名称	建筑工程费	设备购置费	安装工程费	其他费用	合计
1	建设投资（1.1+1.2+1.3）	1 559.25	10 048.95	3 892.95	3 642.30	19 143.45
1.1	工程费用	1 559.25	10 048.95	3 892.95	0.00	15 501.15
1.1.1	主要生产项目	463.50	7 849.35	3 294.00		11 606.85
1.1.2	辅助生产车间	172.35	473.40	22.95		668.70
1.1.3	公用工程	202.05	1 119.60	457.65		1 779.30
1.1.4	环境保护工程	83.25	4 915.00	101.25		679.50
1.1.5	总图运输	23.40	111.60			135.00
1.1.6	厂区服务性工程	117.90				117.90
1.1.7	生活福利工程	496.80				496.80
1.1.8	厂外工程			17.10		17.10
1.2	工程建设其他费用				1 368.90	1 368.90
	其中：土地费用				600.00	600.00
	1.1+1.2	1 559.25	10 048.95	3 892.95	1 368.90	16 870.05
1.3	预备费				2273.40	2 273.40
2	建设期利息					889.82
	合计（1+2）	1 559.25	10 048.95	38 922.95	3 642.30	20 033.27

3）流动资金估算。流动资金估算采用分项详细估算法进行估算，估算总额为 3111.02 万元。流动资金估算见表 6.11。

表 6.11 财务分析辅助报表二——流动资金估算 人民币单位：万元

序号	项目	最低周转天数	周转次数	计算期					
				3	4	5	6	…	10
1	流动资产（1.1+1.2+1.3）			2 925.50	3 645.15	4 001.22	4 001.22	…	4 001.22
1.1	应收账款	30	12	769.17	951.03	1 040.03	1 040.03	…	1 040.03
1.2	存货			2 117.99	2 655.78	2 922.85	2 922.85	…	2 922.85

续表

序号	项目	最低周转天数	周转次数	计算期					
				3	4	5	6	…	10
1.3	现金	15	24	38.34	38.34	38.34	38.34	…	38.34
2	流动负债			622.80	800.93	890.20	890.20	…	890.20
2.1	应付账款	30	12	622.80	800.93	890.20	890.20	…	890.20
3	流动资金（1－2）			2 302.70	2 844.22	3 111.02	3 111.02	…	3 111.02
4	当年流动资金增加额			2 302.70	541.52	266.80	0.00	…	0.00

4）总投资估算。总投资＝建设投资＋建设期利息＋流动资金，即

$$19\,143.45 + 889.82 + 3111.02 = 23\,144.29(\text{万元})$$

2. 总成本费用估算

1）外购原材料费。每年总的外购原材料费用见表 6.12。

2）外购燃料及动力费。每年总外购燃料及动力费用见表 6.12。

3）工资及福利费。全厂定员 500 人，工资及福利费按平均每人每年 30 000 元估算，全年工资及福利费估算为 1500 万元（其中福利费按工资总额的 14%计算）。工资及福利费估算见表 6.13。

4）折旧费。固定资产原值中除工程费用外还包括建设期利息、预备费用以及其他费用中的土地费用。固定资产原值为 19 524.29 万元，按平均年限法计算折旧，折旧年限为 8 年，残值率为 5%，折旧率为 11.88%，年折旧额为 2318.51 万元。固定资产折旧费估算见表 6.14。

5）摊销费。无形资产为 368.90 万元，按 8 年摊销，年摊销额为 46.11 万元。其他资产为 400 万元，按 5 年摊销，年摊销额为 80 万元。其计算过程见表 6.15。

6）修理费。修理费按年折旧额的 50%计取，每年 1159.25 万元。

7）财务费用。财务费用全部为借款利息支出。流动资金年应计利息为 136.78 万元，长期借款利息计算见表 6.16。生产经营期间应计利息全部计入财务费用。

8）其他费用。其他费用是指除了上述七项费用以外的费用，本案例为每年 520.20 万元。

9）可变成本和固定成本。可变成本包含外购原材料、外购燃料、动力费以及流动资金借款利息。固定成本包含总成本费用中扣除可变成本以外的费用。

3. 营业收入和税金

1）营业收入。营业收入的估算见表 6.17。

2）税金。产品增值税税率为 17%。本项目采用价外计税方式考虑增值税。城市维护建设税按增值税的 7%计算，教育费附加按增值税的 3%计算。税金的估算见表 6.17。

表 6.12　财务分析辅助报表三——总成本费用估算（生产要素法）

人民币单位：万元

序号	项目	合计	投产期			达到设计生产能力期				
			3	4	5	6	7	8	9	10
	生产负荷/%		70	90	100	100	100	100	100	100
1	外购原材料费	71 811.00	6 614.40	8 503.80	9 448.80	9 448.80	9 448.80	9 448.80	9 448.80	9 448.80
2	外购燃料及动力费	9 357.00	861.60	1 108.20	1 231.20	1 231.20	1 231.20	1 231.20	1 231.20	1 231.20
3	工资及福利费	12 000.00	1 500.00	1 500.00	1 500.00	1 500.00	1 500.00	1 500.00	1 500.00	1 500.00
4	修理费	9 274.04	1 159.25	1 159.25	1 159.25	1 159.25	1 159.25	1 159.25	1 159.25	1 159.25
5	其他费用	4 161.60	520.20	520.20	520.20	520.20	520.20	520.20	520.20	520.20
6	经营成本（1+2+3+4+5）	106 603.64	10 655.25	12 791.45	13 859.45	13 859.45	13 859.45	13 859.45	13 859.45	13 859.45
7	折旧费	18 548.08	2 318.51	2 318.51	2 318.51	2 318.51	2 318.51	2 318.51	2 318.51	2 318.51
8	摊销费	768.88	126.11	126.11	126.11	126.11	126.11	46.11	46.11	46.11
9	利息支出	3 246.31	939.41	819.63	607.59	332.56	136.78	136.78	136.78	136.78
10	总成本费用合计（6+7+8+9）	132 366.91	14 039.48	16 055.70	16 911.66	16 636.63	16 440.85	16 360.85	16 360.85	16 360.85
	其中：固定成本	47 925.61	5 354.80	5 354.80	5 354.80	5 354.80	5 354.80	5 354.80	5 354.80	5 354.80
	可变成本	84 414.31	8 415.41	10 431.63	11 287.59	11 012.56	10 816.78	10 816.78	10 816.78	10 816.78

表 6.13　总成本费用估算附表一——工资及福利费估算　　人民币单位：万元

项目	合计	投产期		达到设计生产能力期					
		3	4	5	6	7	8	9	10
工资及福利费	1.2×10⁴	1500	1500	1500	1500	1500	1500	1500	1500

表 6.14　总成本费用估算附表二——固定资产折旧费估算　　人民币单位：万元

序号	项目	合计	折旧率/%	投产期		达到设计生产能力期					
				3	4	5	6	7	8	9	10
	固定资产合计										
1	原值	19 524.29									
2	折旧	18 548.08	11.88	2 318.51	2 318.51	2 318.51	2 318.51	2 318.51	2 318.51	2 318.51	2 318.51
3	余值	976.21		17 205.78	14 887.27	1 256.76	10 250.25	7931.74	5 613.23	3 294.72	976.21

表 6.15　总成本费用估算附表三——无形资产和其他资产摊销估算

人民币单位：万元

序号	项目	摊销年限	合计	投产期		达到设计生产能力期					
				3	4	5	6	7	8	9	10
1	无形资产	8									
	原值		368.90								
	当期摊销费		368.90	46.11	46.11	46.11	46.11	46.11	46.11	46.11	46.11
	余值		0	322.79	276.68	230.56	184.45	138.34	92.22	46.11	0.00
2	其他资产	5									
	原值		400.00								
	当期摊销费		400.00	80.00	80.00	80.00	80.00	80.00			
	余值		0	320.00	240.00	160.00	80.00	0.00			
3	合计										
	原值		768.90								
	当期摊销费		768.90	126.11	126.11	126.11	126.11	126.11	46.11	46.11	46.11
	余值		0	642.79	516.68	390.56	264.45	138.34	92.22	46.11	0.00

表 6.16　利息支付计算　　人民币单位：万元

项目	合计	3	4	5	6	7～10
长期借款利息支付（6.2%）	2 215.94	850.65	698.70	470.81	195.78	
流动资金中的借款数额		1 494.38	2 035.90	2 302.70		
流动资金借款利息支付（5.94%）	1 030.37	88.76	120.93	136.78	136.78	136.78
各种借款利息支付总和	3 246.31	939.41	819.63	607.59	332.56	136.78

表 6.17　财务分析辅助报表四——营业收入、营业税金及附加和增值税估算

人民币单位：万元

序号	项目	合计	投产期		达到设计生产能力
			3	4	5～10
1	营业收入		13 314.00	17 118.00	19 020.00
2	营业税金及附加		99.25	127.60	141.78
2.1	营业税				
2.2	消费税				
2.3	城市维护建设税		69.47	89.32	99.25
2.4	教育费附加		29.77	38.28	42.53
3	增值税		992.46	1 276.02	1 417.80
	销项税额		2 263.38	2 910.06	3 233.40
	进项税额		1 270.92	1 634.04	1 815.60

6.6.3　资金筹措

1. 项目资本金

项目资本金为 7121.43 万元，其中甲方出资 3000 万元、乙方出资 4121.43 万元，资本金用于流动资金 808.32 万元。从还完建设投资长期借款年开始，每年分红按出资额的 20%进行，经营期末收回投资。

2. 借款

流动资金借款为 2302.70 万元，建设投资由中国建设银行提供贷款，年利率为 6.2%；流动资金由中国工商银行提供贷款，年利率为 5.94%。

投资分年使用，计划按第一年 60%、第二年 40%的比例分配。资金筹措的估算见表 6.18。

表 6.18　财务分析辅助报表五——项目总投资使用计划与资金筹措估算

人民币单位：万元

序号	项目	合计	1	2	3	4	5
1	总投资	23 144.29	11 724.71	8 308.56	2 302.70	541.52	266.80
1.1	建设投资	19 143.45	11 486.07	7 657.38			
1.2	建设期利息	889.82	238.64	651.18			
1.3	流动资金	3 111.02			2 302.70	541.52	266.80
2	资金筹措	23 144.29					
2.1	项目资本金	7 121.43	3 787.87	2 525.24	808.32		

续表

序号	项目	合计	1	2	3	4	5
2.2	借款	16 022.86	7 936.84	5 783.32	1 494.38	541.52	266.80
2.2.1	长期借款	12 830.34	7 698.20	5 132.14			
2.2.2	流动资金借款	2 302.70			1 494.38	541.52	266.80
2.2.3	建设期利息	889.82	238.64	651.18			
2.3	其他资金						

6.6.4　参数的选取

项目财务基准收益率为 12%，行业标准投资回收期为 8.3 年，行业平均投资利润率为 8%。

6.6.5　财务分析

1. 有关数据说明

1）所得税。根据规定，企业所得税按应纳税所得额的 25%计取。

2）利润及利润分配。利润总额正常年为 3617.36 万元，盈余公积金按税后利润的 10%计取。

3）财务分析说明。本项目采用量入偿付法归还长期借款本金。财务分析辅助报表三——总成本费用估算（表 6.12）、财务分析报表四——利润与利润分配表（表 6.22）及财务分析报表五——借款还本付息计划表（表 6.23）。通过利息支出、当年还本和税后利润互相联系，通过三表联算得出借款偿还计划；在全部借款偿还后，再计提盈余公积金和确定利润分配方案。三表联算的关系如图 6.2 所示。

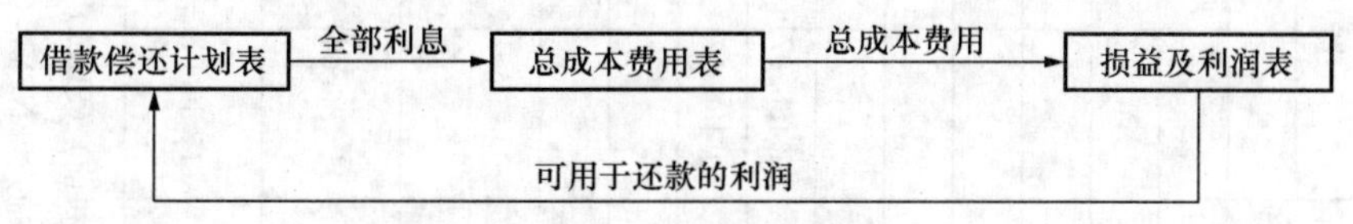

图 6.2　三表联算的关系

2. 盈利能力分析

1）项目投资现金流量表见表 6.19。根据表 6.19 计算的评价指标：项目投资财务内部收益率（FIRR）为 17.62%>12%，说明盈利能力满足了行业最低要求；项目投资财务净现值（FNPV）(i_c=12%）为 4781.34 万元>0，说明项目在财务上可以接受；全部资金静态投资回收期为 6.17 年（含建设期）<8.3 年，表明项目投资能按时收回。

2）项目资本金现金流量表见表 6.20。根据该表计算的资本金财务内部收益率为 21.29%。

表 6.19　财务分析报表——项目投资现金流量表

人民币单位：万元

序号	项目	合计	建设期		投产期		达到设计生产能力期					
			1	2	3	4	5	6	7	8	9	10
	生产负荷/%				70	90	100	100	100	100	100	100
1	现金流入	148 639.23	0.00	0.00	13 314.00	17 118.00	19 020.00	19 020.00	19 020.00	19 020.00	19 020.00	23 107.23
1.1	营业收入	144 552.00			13 314.00	17 118.00	19 020.00	19 020.00	19 020.00	19 020.00	19 020.00	19 020.00
1.2	补贴收入											
1.3	回收固定资产余值	976.21										976.21
1.4	回收流动资金	3 111.02										3 111.02
2	现金流出	121 135.64	11 486.07	7 657.38	11 957.40	12 360.58	13 168.03	12 901.23	12 901.23	12 901.23	12 901.23	12 901.23
2.1	建设投资	19 143.45	11 486.07	7 657.38								
2.2	流动资金	3 111.02			2 302.70	541.52	266.80					
2.3	经营成本	97 803.64			9 555.45	11 691.45	12 759.45	12 759.45	12 759.45	12 759.45	12 759.45	12 759.45
2.4	营业税金及附加	1 077.53			99.25	127.60	141.78	141.78	141.78	141.78	141.78	141.78
2.5	维持运营投资											
3	所得税前净现金流量（1−2）	27 503.60	11 486.07	−7 657.38	1 356.60	4 757.42	5 851.97	6 118.77	6 118.77	6 118.77	6 118.77	10 206.00
4	累计所得税前净现金流量		11 486.07	−19 143.45	−17 786.85	−13 029.43	−7 177.46	−1 058.70	5 060.07	11 178.83	17 297.60	27 503.60

计算指标：项目投资财务内部收益率（%）（所得税前）（FIRR）＝17.62%

项目投资财务净现值（万元）（所得税前）（FNPV）（i_c＝12%）＝4781.34 万元

项目投资回收期（年）（所得税前）（从建设期算起）＝6.17 年

表6.20 财务分析报表二——项目资本金现金流量表

人民币单位：万元

序号	项目	合计	建设期		投产期		达到设计生产能力期					
			1	2	3	4	5	6	7	8	9	10
	生产负荷/%				70	90	100	100	100	100	100	100
1	现金流入	148 639.23	0	0	13 314.00	17 118.00	19 020.00	19 020.00	19 020.00	19 020.00	19 020.00	23 107.23
1.1	营业收入	144 552.00			13 314.00	17 118.00	19 020.00	19 020.00	19 020.00	19 020.00	19 020.00	19 020.00
1.2	补贴收入											
1.3	回收固定资产余值	976.21										976.21
1.4	回收流动资金	3 111.02										3 111.02
2	现金流出	130 905.16	3 787.87	2 525.24	13 855.56	16 773.63	18 687.76	17 222.96	13 922.35	13 942.35	13 942.35	16 245.05
2.1	项目资本金	7 121.43	3 787.87	2 525.24	808.32							
2.2	借款本金偿还	16 022.86			2 450.82	3 675.62	4 435.92	3157.80				2 302.70
2.3	借款利息支付	3 246.31			939.41	819.63	607.59	332.56	136.78	136.78	136.78	136.78
2.4	经营成本	97 803.64			9 555.45	11 691.45	12 759.45	12 759.45	12 759.45	12 759.45	12 759.45	12 759.45
2.5	营业税金及附加	1 077.53			99.25	127.60	141.78	141.78	141.78	141.78	141.78	141.78
2.6	所得税	5 633.39			2.31	459.33	743.02	831.37	884.34	904.34	904.34	904.34
2.7	维持运营投资											
3	净现金流量（1－2）	17 734.07	－3 787.87	－2525.24	－541.56	344.37	332.24	1 797.04	5 097.65	5 077.65	5 077.65	6 862.18

计算指标：资本金财务内部收益率为21.29％

3）甲方投资现金流量表见表 6.21。根据该表计算的甲方投资内部收益率为 16.85%。

表 6.21 财务分析报表三——甲方投资现金流量表 人民币单位：万元

序号	项目	合计	建设期		投产期		达到设计生产能力期					
			1	2	3	4	5	6	7	8	9	10
	生产负荷/%				70	90	100	100	100	100	100	100
1	现金流入	6000						600	600	600	600	3600
1.1	实分利润	6000						600	600	600	600	3600
1.2	资产处置收益分配											
1.3	租赁费收入											
1.4	技术转让或使用收入											
1.5	其他现金流入											
2	现金流出	3000	1800	1200								
2.1	实缴资本	3000	1800	1200								
2.2	租赁资产支出											
2.3	其他现金流出											
3	净现金流量（1−2）	3000	−1800	−1200				600	600	600	600	3600

计算指标：甲方投资内部收益率为 16.85%

4）利润与利润分配表见表 6.22。根据表 6.22 和表 6.10 计算以下指标。

$$投资利润率=\frac{年利润总额}{总资金}\times 100\%=\frac{3617.36}{20\ 033.27}\times 100\%=18.06\%$$

该项目投资利润率大于行业平均利润率 8%，说明单位投资收益水平达到行业标准。

3. 偿债能力分析

根据财务分析报表四——利润与利润分配表（表 6.22）、财务分析报表五——借款还本付息计划表（表 6.23）、总成本费用估算附表二——固定资产折旧费估算（表 6.14）、总成本费用估算附表三——无形资产和其他资产摊销估算（表 6.15）计算以下指标。

$$\begin{aligned}\text{利息备付率（按整个借款期考虑）}&=\frac{利息前利润}{当期应付利息费用}=\frac{借款利息支付+利润总额}{借款利息支付}\\&=\frac{3246.31+22\ 533.56}{3246.31}=7.94>2.0\end{aligned}$$

$$\begin{aligned}\text{偿债备付率（按整个借款期考虑）}&=\frac{当期用于还本付息资金}{当期应还本付息金额}\\&=\frac{固定资产折旧费+无形及其他资产摊销+税后利润+应付利息}{借款利息支付+借款本金偿还}\\&=\frac{18\ 548.07+768.90+16\ 900.17+3246.31}{3246.31+13\ 720.16}=2.33>1.0\end{aligned}$$

表 6.22 财务分析报表四——利润与利润分配表

人民币单位：万元

序号	项目	合计	投产期		达到设计生产能力期					
			3	4	5	6	7	8	9	10
	生产负荷/%		70	90	100	100	100	100	100	100
1	营业收入	144 552.00	13 314.00	17 118.00	19 020.00	19 020.00	19 020.00	19 020.00	19 020.00	19 020.00
2	营业税金及附加	1 077.53	99.25	127.60	141.78	141.78	141.78	141.78	141.78	141.78
3	总成本费用	120 940.91	13 205.50	15 153.09	15 906.14	15 552.76	15 340.86	15 260.86	15 260.86	15 260.86
4	补贴收入									
5	利润总额（1－2－3＋4）	22 533.56	9.25	1 837.31	2 972.08	3 325.46	3 537.36	3 617.36	3 617.36	3 617.36
6	弥补以前年度亏损									
7	应纳税所得额	22 533.56	9.25	1 837.31	2 972.08	3 325.46	3 537.36	3 617.36	3 617.36	3 617.36
8	所得税（25%）	5 633.39	2.31	459.33	743.02	831.37	884.34	904.34	904.34	904.34
9	净利润（5－8）	16 900.17	6.94	1 377.98	2 229.06	2 494.10	2 653.02	2 713.02	2 713.02	2 713.02
10	期初未分配利润	39 240.98	0	6.20	1 237.19	3 228.49	5 456.55	7 589.58	9 770.85	11 952.12
11	可供分配利润（9＋10）	56 141.15	6.94	1 384.18	3 466.25	5 722.59	8 109.57	10 302.60	12 483.87	14 665.14
12	盈余公积金（9×10%）	1 079.21					265.30	271.30	271.30	271.30
13	应付利润	0								
14	未分配利润（11－12－13）	55 061.94	6.94	1 384.18	3 466.25	5 722.59	7 844.27	10 031.30	12 212.57	14 393.84
15	息税前利润（5＋利息支出）	25 779.87	948.66	2 656.94	3 579.67	3 658.02	3 674.14	3 754.14	3 754.14	3 754.14

式中，利息支付的计算如表 6.16 所示，借款偿还金为

借款本金偿还＝建设投资－建设投资中的资本金

＝20 033.27－7121.43＋808.32＝13 720.16（万元）

该项目利息备付率大于 2.0，偿债备付率大于 1.0，说明项目偿债能力较强。

表 6.23　财务分析报表五——借款还本付息计划表　　　　人民币单位：万元

序号	项目	合计	建设期		投产期		达到设计生产能力期	
			1	2	3	4	5	6
1	借款							
1.1	期初借款余额			7 936.84	13 720.16	11 269.34	7 593.72	3 157.80
1.2	本年借款	12 830.34	7 698.20	5 132.14				
1.3	当期还本付息	15 936.10			3 301.47	4 374.32	4 906.73	3 353.58
	其中：还本	13 720.16			2 450.82	3 675.62	4 435.92	3 157.80
	付息	2215.94			850.65	698.70	470.81	195.78
1.4	期末借款余额							

计算指标：利息备付率（%）＝7.94%

　　　　　偿债备付率（%）＝2.33%

6.6.6　不确定性分析

1. 盈亏平衡分析

$$\text{BEP}_{\text{生产能力利用率}}=\frac{\text{年固定成本}}{\text{年营业收入}-\text{年可变成本}-\text{年营业税金及附加}}\times 100\%$$

$$=\frac{4524.08}{19\,020.00-11\,382.06-141.78}\times 100\%=60.35\%$$

盈亏平衡点的产量为

$$\text{BEP}_{\text{产量}}=\frac{\text{年固定成本}}{\text{单位产品价格}-\text{单位产品可变成本}-\text{单位产品营业税金及附加}}$$

$$=\frac{4524.08}{1.5850-(11\,382.06-141.78)/12\,000}=7242.24\text{（吨）}$$

或　$$\text{BEP}_{\text{产量}}=12\,000\times 60.35\%=7242.24\text{（吨）}$$

计算结果表明，当年产量为 7242.24 吨，即产量达到设计能力的 60.35%时，可保本。

2. 敏感性分析

产品产量、售价、经营成本及投资等因素的变化对财务内部收益率的影响见表 6.24，对投资回收期的影响见表 6.25。

表 6.24　敏感性分析表一——对内部收益率的影响　　单位：%

指标	−20%	−15%	−10%	−5%	0	5%	10%	15%	20%
产量	0.94	4.44	9.23	13.59	17.62	21.38	24.92	28.28	31.48
售价	−0.72	4.58	9.32	13.63	17.62	21.34	24.85	28.18	31.36
经营成本	27.45	25.13	22.72	20.22	17.62	14.89	12.03	9.0	5.78
投资	22.95	21.45	20.08	18.80	17.62	16.51	15.47	14.49	13.57

表 6.25　敏感性分析表二——对投资回收期的影响　　单位：年

指标	−20%	−15%	−10%	−5%	0	5%	10%	15%	20%
产量	>10	9.23	7.86	6.86	6.17	5.67	5.28	4.98	4.73
售价	>10	9.16	7.83	6.85	6.17	5.67	5.29	4.99	4.73
经营成本	5.04	5.26	5.51	5.81	6.17	6.62	7.18	7.92	8.92
投资	5.55	6.70	6.86	6.02	6.17	6.33	6.49	6.64	6.80

从敏感性分析表一、二可知，四个因素中产量和售价的变化对内部收益率和投资回收期的影响最大。当产量和售价下降 10%时，内部收益率分别下降到 9.23%和 9.32%，方案将不可行；而建设投资的变化对内部收益率和投资回收期的影响最小，当投资增加 20%时，内部收益率下降到 13.57%，投资回收期增加到 6.80 年，方案仍然可行。

6.6.7　财务分析结论

财务分析结论详见财务分析结论汇总表（表 6.26）。

表 6.26　财务分析结论汇总表

财务分析指标	计算结果	评价标准	是否可行
项目投资财务内部收益率	17.62%	>12%	是
项目投资回收期	6.17 年	<8.3 年	是
项目投资财务净现值	4781.34 万元	>0	是

从主要指标上看，财务分析效益均可行，而且生产的产品是国家急需的，所以项目是可以接受的。

习　题

1. 建设项目的国民经济评价与财务评价有何异同？
2. 简述财务评价的概念和作用。
3. 财务评价的主要内容及其评价指标是什么？
4. 财务评价的基本步骤是什么？
5. 全部投资现金流量表和自有资金现金流量表的主要差别有哪些？
6. 国民经济评价的作用是什么？

7. 在国民经济评价中采用的经济参数主要有哪些？

8. 什么叫社会折现率？它的作用是什么？

9. 什么是影子价格？在国民经济评价中为什么要采用影子价格来度量建设项目的费用与效益？

10. 在国民经济评价中，识别和划分费用与效益的基本原则是什么？外部效果包括哪些内容？

11. 什么是建设项目的直接效益、直接费用和间接效益、间接费用？

12. 什么是转移支付？常见的转移支付有哪些？

13. 项目财务分析分为融资前分析和融资后分析，试从分析的时间、内容和目的等方面简述两种分析的联系和区别。

14. 计算、分析题。建设某工业生产项目，项目基础数据如下：

1）固定资产投资额为5058.9万元，其中无形资产600万元，建设期2年，生产期8年。

2）项目投资来源为自有资金和贷款。自有资金在建设期均衡投入；贷款总额2000万元，建设期每年贷入1000万元。贷款利率为10%（年息）。在生产期每年按最大偿还能力偿还（有多少可用于偿还的资金就还多少）。无形资产在生产期8年中，均衡摊入成本。固定资产残值300万元，按直线法折旧，折旧年限12年。

3）项目第三年投产，当年生产负荷达到设计生产能力的70%，第四年达到设计生产能力的90%，以后各年均达到设计生产能力。流动资金全部为自有资金。

4）所得税税率为25%。建设项目的资金投入、收益、成本见表6.27。

表6.27　建设项目资金投入、收益、成本费用表　　单位：万元

序号	项目	1	2	3	4	5	6	7	8～10
1	建设投资，其中： 自有资金 贷款（不含建设期贷款利息）	 1529.45 1000	 1529.45 1000						
2	销售额			3500	4500	5000	5000	5000	5000
3	销售税金及附加			210	270	300	300	300	300
4	经营成本			2490.9	3443.2	3947.9	4003.8	4059.7	4061.3
5	流动资产 （应收账款+现金+存货）			532	684	760	760	760	760
6	流动负债（应付账款）			89.83	115.5	128.33	129.33	128.33	128.33
7	流动资金（5−6）			442.17	568.5	631.67	631.67	631.67	631.67

问题：

1）计算建设期贷款利息和生产期固定资产折旧费、无形资产摊销费。

2）编制还本付息表、损益表。

3）编制资金来源与运用表。

4）编制资产负债表，分析项目清偿能力和项目可行性。

第7章 项目环境影响评价与社会评价

项目建设及运营与环境、与社会密切相关，项目的经济评价不能解决项目与环境、与社会的相互适应性问题。本章简要介绍了项目环境影响评价与社会评价的概念、内容、基本做法和程序，以及相关要求，重点介绍了特大型建设项目区域经济和宏观经济影响分析，同时详细介绍了特大型建设项目对区域经济影响和宏观经济影响的四个评价指标体系，使读者对一个项目的完整评价，即财务评价、国民经济评价、环境影响评价及社会评价四个部分有一个全面的掌握和了解，并对特大型建设项目的经济影响分析有所了解。

7.1 项目环境影响评价

项目建设及运营与环境密切相关，环境是由不同的环境要素组成的，主要包括大气、水（地表水和地下水）、声环境、土壤、生态、人群健康状态、文物与自然遗迹、珍贵景观、地质环境及日照、热、振动、放射性、电磁与光辐射波等。在项目评价阶段，如何运用科学的方法和技术手段，对项目进行环境影响评价是项目评价的重要组成部分，也是项目法人必须履行的法律义务。为了规范建设项目的环境影响评价工作，国家颁布了《中华人民共和国环境保护法》、《中华人民共和国环境影响评价法》（以下简称《环评法》）、《中华人民共和国水污染防治法》、《中华人民共和国固体废物污染环境防治法》、《中华人民共和国环境噪声污染防治法》、《中华人民共和国海洋环境保护法》、《环境影响评价技术导则——总纲》等法律法规。在这些法律法规中，规定了建设项目环境保护及环境影响评价的一般原则、评价方法、内容和要求，其目的是规范项目环境影响评价工作，以保护环境，促进经济、社会的可持续发展。

7.1.1 项目环境影响评价的工作程序

1. 建设项目环境影响评价的管理程序

1）编制环境影响评价大纲。

2）编制环境影响报告书（表）。

3）评估环境影响报告书（表）。

4）审批环境影响报告书（表）。

2. 建设项目环境影响评价的工作程序

（1）工作准备阶段

工作准备阶段主要是研究有关文件，具体包括：国家、行业和地方的法律法规、发展规划、环境功能区划、技术导则和相关标准、建设项目依据、可行性研究资料及其他技术文件。根据项目组成和工艺流程进行初步工程分析，确定排污环节和主要污染物。根据环境现状调查及初步工程分析，识别项目的环境影响因素，明确项目环境影响评价重点，确定评价的范围和工作等级，最终编制完成环境影响评价大纲。

（2）评价工作阶段

评价工作阶段主要是做进一步的工程分析，进行充分的环境现状调查、监测，并开展环境质量现状评价。根据污染源及环境现状资料进行项目的环境影响预测，评价项目的环境影响。根据环境保护的法律法规、标准及公众意愿，提出减少环境污染和生态影响的措施。

（3）环境影响报告编制阶段

根据评价工作阶段所得的各种数据、资料，从环境保护的角度确定建设项目的可行性，给出评价结论并提出减缓环境影响的建议，最终完成环境影响报告书（或报告表）的编制。

7.1.2 项目环境影响评价的工作等级

根据《环评法》的规定，国家依据建设项目对环境的影响程度，对建设项目的环境影响评价实行分类管理。

建设单位应当根据建设项目对环境的影响程度，按照规定对可能造成重大或轻度环境影响的，分别编制环境影响报告书，对产生的环境影响进行全面评价；或者编制环境影响报告表，对产生的环境影响进行分析或专项评价。对于环境影响很小、不需要进行环境影响评价的，应当填报环境影响登记表。

建设项目的环境影响评价分类管理目录，由国务院环境保护行政主管部门制定并公布。

7.1.3 项目环境影响评价的工程分析

工程分析是为项目的环境影响预测和评价提供数据，为项目的环境管理及环境决策提供基础服务。

1. 工程分析的主要内容

工程分析应对建设项目的全部项目组成和所有时段的全部行为过程的环境影响因素及影响特征、强度、方式等进行详细分析与说明，包括工艺过程分析、资源和能源的储运分析、交通运输影响分析、场地的开发利用分析、非正常工况分析、宏观背景分析、总图布置方案分析、生态影响因素分析等八项主要内容。

工程分析的重点是通过工艺过程分析、核算，确定污染源强（源强是指污染源的排放能力），其中应特别注意非正常工况污染源强的核算与确定。工艺过程分析是指通过对工程项目的选址、选线、各时段及工艺过程的分析，了解对环境产生各类影响的来源，各种污染物产生、排放情况，确定种类、性质、产生量、产生浓度、削减量、排放量、排放浓度、排放方式、去向及达标情况，分析噪声、振动、热、光、辐射等污染的来源、特性及强度，根据工程设计及项目运行情况分析各种污染物的治理、回收、利用措施及环保设施状况。非正常工况是指建设项目生产运行阶段的开车、停车、检修、一般性事故和泄漏等情况发生时的污染物非正常排放。通过对非正常工况进行分析，找出污染物排放的来源、种类与强度，分析发生的可能性及发生的频率。

2. 工程分析的主要方法

工程分析常用的主要方法有：

1）类比分析法：通过考察相同或类似的工程项目进行类比分析。

2）物料平衡计算法：按照设备运行的理想状态进行物料平衡理论计算，确定污染源强。

3）查阅参考资料分析法。这种方法最为简便，可以作为上述两种方法的补充。

以上方法所获得的工程分析结果可信度逐渐降低。

3. 工程分析的基本原则

1）贯彻执行我国环境保护的法律法规和方针政策。

2）应以对建设项目选址选线、设计方案、运行方式等进行充分调查为基础。

3）突出重点，对不利因素进行重点分析。

4）提出的数据资料真实、准确、可信。

5）定量表述的内容应通过科学分析，尽量给出定量的结果。

7.1.4　项目环境现状调查

1. 环境现状调查的内容

（1）地理位置

地理位置包括建设项目所处的经度、纬度，行政区位置和交通位置，并附区域平面图。

（2）地质环境

概要说明与建设项目直接相关的地质构造，如岩层、断层、断裂、坍塌、地面沉陷等不良地质构造对项目的影响。

（3）地形地貌

简要说明项目所在地区的海拔高度、地形特征、相对高差及地貌类型，如山地、平原、沟谷、丘陵、海岸、熔岩地貌、冰川地貌、风成地貌等情况。特别说明可能直接或间接威胁建设项目的崩塌、滑坡、泥石流、冻土等有危害的地貌及分布情况。

（4）气候与气象

概要说明项目所在地的大气环境状况，如风速、主导风向、年平均气温、极端气温、年平均相对湿度、平均降水量、降水天数、降水量极值、日照等。特别说明主要灾害性天气的特征，如梅雨、寒潮、雹、台风、飓风等对项目的影响。

（5）地表水环境

概要说明地表水情况，如水系分布、水文特征、极端水情、地表水资源的分布利用情况、水质状况、地表水的污染来源等。

（6）地下水环境

简述地下水资源的贮存及开采利用情况，地下水水位、水质状况与污染来源。还应根据需要，对水质的物理、化学特性，污染源情况，水的储量与运动状态，水质的演变趋势，水文地质方面的蓄水层特性，承压水状况，采补平衡分析水源地及保护区的划分进行调查分析。

（7）大气环境

简单说明建设项目周围地区大气环境中主要的污染物、污染来源、污染物的浓度值、超标量、变化趋势、大气环境质量现状等。

（8）土壤与水土流失

简要说明建设项目周围地区的主要土壤类型及其分布，土壤层厚度、肥力与使用情况，土壤的物理及化学性质，土壤成分与结构，颗粒度，土壤容重，含水率与持水能力，土壤污染状况，水土流失的原因、特点、面积、流失量等，应附土壤和水土流失现状图。

（9）生态调查

简述建设项目周围地区植被的类型、主要组成、覆盖度、生长情况、有无应重点保护的野生动植物等。如果项目规模较大，还应进一步调查生态系统的生产力、物质循环状况、生态系统与周围环境的关系、生态功能区及生态敏感目标等。

（10）声环境

按照评价需要确定声环境现状调查范围，根据布点监测与污染源调查，确定噪声源种类、数量、噪声级、超标情况及受噪声影响的人口分布等。明确噪声敏感目标及噪声限制标准。

（11）社会经济

简要叙述建设项目周围地区现有厂矿企业的分布、产值及能源供给与消耗方式、交通运输概况、居民区分布、人口状况、农业生产及土地利用状况，确定环境中现有污染物及项目将排放污染物的评价指标。

（12）人文遗迹、自然遗迹与珍贵景观

概要说明建设项目周围地区有哪些人文遗迹、自然遗迹与珍贵景观需要保护，建设项目与遗迹或景观的相对位置和距离。遗迹或景观易于受哪些物理的、化学的或生物学的影响，目前有无已损害的迹象及其原因，主要污染或其他影响的来源。

（13）人群健康状况

当建设项目规模或拟排放污染物毒性较大时，应进行一定的人群健康状况调查，以确定建设项目拟排放污染物的限制指标。

（14）其他

根据当地环境及项目特点，决定是否将放射性、光与电磁辐射、振动、地面下沉及其他项目列入调查。

2. 环境现状调查的方法

环境现状调查常见的主要方法有以下三种。

(1) 收集资料法

进行环境现状调查时，应先收集现有各种相关资料。这种方法省时、省力，且范围广、收效大。但由于资料的时效性、准确性等的限制，还需要利用其他方法进行补充。

(2) 现场调查法

通过现场调查可直接获得第一手的数据和资料，信息真实可靠。但这种方法耗用人力、物力和时间较多，有时还可能受季节、仪器设备条件的限制。

(3) 遥感方法

利用先进的遥感遥测技术，获取环境信息。

3. 环境现状调查的一般原则

1) 根据建设项目的污染源、影响因素、所在地区的环境特点及环境影响评价工作等级，确定环境现状的调查范围及有关参数。

2) 进行环境现状调查时，应先收集现有资料，当现有资料不能满足要求时，再通过现场调查或其他方法获取信息。

3) 在环境现状调查中，应重点调查与建设项目密切相关的内容，如大气、地表水、地下水等。对这部分环境质量现状应有定量数据并作出分析或评价，其他调查内容可根据需要增减。

7.1.5 项目环境影响预测

1. 环境影响预测的内容

对建设项目的环境影响进行预测，通常是指对评价区的各种环境质量参数的变化进行预测。环境质量参数一般包括常规参数和特征参数，前者反映评价项目的一般质量状况，后者反映与建设项目有联系的环境质量状况。具体的参数类别和数目可根据工程项目和环境特性及当地环保要求来确定。

2. 环境影响预测的范围及时段

环境影响预测的范围及时段取决于评价工作的等级、工程特点、环境特性及敏感保护目标分布等情况。具体预测范围、预测点和断面设置，因环境要素的不同而不同。如大气环境的影响预测范围以边长和面积表示，预测点以相距污染源的方位和距离表示；河流水环境的影响预测范围以河流上下游距离和预测断面表示等。

环境影响预测时段可以按照项目实施的不同阶段划分为建设期、生产运行期、服务期满后三个时段。

3. 环境影响预测的方法

1）数学模型法。根据环境影响因素的产生机理及历史监测数据建立预测模型，按照数学模型的应用条件，输入必要的参数、数据，通过计算即可得出定量的预测结果。

2）物理模型法。在具备基础数据的前提下，建立仿真试验设施，模拟真实环境条件，通过试验对环境影响进行预测。

3）类比分析法。采用类似项目的环境影响数据类比分析，进行预测。预测结果属于半定量性质，在评价工作时间较短时可采用。

4）专业判断法。对建设项目的某些环境影响很难定量估算时，可通过向专家调查求证，并通过专家的专业判断力对建设项目的环境影响进行预测。

4. 环境影响预测的原则

1）对需要进行环境影响评价的项目，都应分析、预测和评估其对环境产生的影响。

2）根据评价工作的等级、工程特点、环境特性和当地的环保要求，确定分析、预测和评估的范围、时段、内容和方法。

3）对建设项目的环境影响预测要充分，要能满足项目环境影响评价的需要。

7.1.6 项目环境影响报告书的编制

建设项目的环境影响报告书或环境影响报告表，应当由具有相应环境影响评价资质的机构来编制。任何单位和个人不得为建设单位指定对其建设项目进行环境影响评价的机构；为建设项目环境影响评价提供技术服务的机构，不得与负责审批建设项目环境影响评价文件的环境保护行政主管部门或者其他有关审批部门存在任何利益关系。

1. 环境影响报告书编制的总体要求

环境影响报告书应全面、概括地反映环境影响评价的全部工作，文字应当简洁、准确，并尽量采用图表和照片，以使提出的资料清楚，论点明确，有利于阅读和审查。原始数据、全部计算过程等不必在报告书中列出，必要时可编入附录。参考文献应按时间列出目录。评价内容较多的报告书，可另编分项报告书或专题技术报告书。

2. 环境影响报告书的主要内容

1）建设项目概况。

2）建设项目周围环境状况。

3）建设项目对环境可能造成影响的分析、预测和评估。

4）建设项目环境保护措施及其技术经济论证。

5）建设项目对环境影响的经济损益分析。

6）对建设项目实施环境监测的建议。

7）环境影响评价的结论。

涉及水土保持的建设项目，还必须有经水行政主管部门审查同意的水土保持方案。

3. 环境影响报告书的结论

环境影响报告书的结论应在概括和总结全部评价工作的基础上，总结建设项目实施过程各阶段的生产和生活活动与当地环境的关系，明确一般情况和特定情况下的环境影响，规定应采取的环境保护措施，从环境保护的角度分析，得出建设项目是否可行的结论。

7.1.7　项目环境影响评价文件的审批

根据《环评法》的规定，除国家规定需要保密的情形外，对环境可能造成重大影响、应当编制环境影响报告书的建设项目，建设单位应当在报批建设项目环境影响报告书前，举行论证会、听证会，或者采取其他形式，征求有关单位、专家和公众的意见。建设单位报批的环境影响报告书应当附有对有关单位、专家和公众的意见采纳或者不采纳的说明。

建设项目的环境影响评价文件，由建设单位按照国务院的规定报有审批权的环境保护行政主管部门审批。建设项目有行业主管部门的，其环境影响报告书或者环境影响报告表应当经行业主管部门预审后，报有审批权的环境保护行政主管部门审批。审批部门应当自收到环境影响报告书之日起 60 日内，收到环境影响报告表之日起 30 日内，收到环境影响登记表之日起 15 日内作出审批决定并书面通知建设单位。

国务院环境保护行政主管部门负责审批下列建设项目的环境影响评价文件：

1）核设施、绝密工程等特殊性质的建设项目。

2）跨省、自治区、直辖市行政区域的建设项目。

3）由国务院审批的或者由国务院授权有关部门审批的建设项目。

以上规定以外的建设项目的环境影响评价文件的审批权限，由省、自治区、直辖市人民政府规定。

建设项目可能造成跨行政区域的不良环境影响，有关环境保护行政主管部门对该项目的环境影响评价结论有争议的，其环境影响评价文件由共同的上一级环境保护行政主管部门审批。

建设项目的环境影响评价文件经批准后，建设项目的性质、规模、地点、采用的生产工艺或者防治污染、防止生态破坏的措施发生重大变动的，建设单位应当重新报批建设项目的环境影响评价文件。

建设项目的环境影响评价文件自批准之日起超过 5 年才决定该项目开工建设的，其环境影响评价文件应当报原审批部门重新审核。原审批部门应当自收到建设项目环境影响评价文件之日起 10 日内，将审核意见书面通知建设单位。

建设项目的环境影响评价文件未经法律规定的审批部门审查或者审查后未予批准的，该项目审批部门不得批准其建设，建设单位不得开工建设。

建设项目在建设、运行过程中，建设单位应当同时实施环境影响报告书（表），以及环境影响评价文件审批部门审批意见中提出的环境保护对策措施。若发现不符合经审批的环境影响评价文件的情形，建设单位应当组织项目的环境影响的后评价，采取改进措施，并报原环境影响评价文件审批部门和建设项目审批部门备案；原环境影响评价文件审批部门也可以责成建设单位进行环境影响的后评价，采取改进措施。

环境保护行政主管部门应当对建设项目投入生产或者使用后所产生的环境影响进行跟踪检查，对造成严重环境污染或者生态破坏的，应当查清原因、查明责任。

7.2 项目社会评价

社会评价自20世纪60年代末、70年代初逐渐在欧美一些国家兴起。例如，美国在其《国家环境政策法》（The National Environment Policy Act，NEPA，1969年公布）中规定要及时进行社会影响评价，后来政府还发布过行政令12074号“城市及社会影响分析”，强调要进行项目的社会评价；英国及欧共体推行环境评价（environment assessment，EA），其中包括对自然环境的评价和对社会环境的评价；加拿大推行的社会评价，包括分配效果、环境质量和国防能力等许多方面的影响分析；世界银行在其投资项目中，要求社会影响分析不仅用于开发性项目的可行性研究阶段，还用于部分项目的后评价；世界银行、亚洲开发银行、英国国际发展部（原海外开发署）对发展中国家进行援助的某些项目也要进行社会评价（称社会分析），并且对社会评价的内容和做法都有原则上的要求。由此可见，社会评价的重要性正越来越为社会所认同。

7.2.1 社会评价概述

1. 社会评价的概念

项目评价是为了达到一个国家或地区的发展目标，对政府或私人企业的投资项目进行可行性评价。第6章介绍的财务评价和国民经济评价统称为项目经济评价，也即传统的项目评价。它们是从投资主体的角度出发或从国家的角度出发，考察判别项目在经济方面的可行性。

人们已经认识到社会发展应是以人为核心、以可持续为原则的发展。项目评价也应着重强调项目与社会的相互适应性。这是项目经济评价所不能解决的，故需从社会层面对项目进行评价，使之成为经济评价的有益补充，这种评价就是项目的社会评价。

所谓社会评价就是根据国家或地区的基本目标，把效益目标、公平目标、环境目标以及加速贫困地区经济发展等影响社会发展的其他因素通盘考虑，分析拟建项目对当地社会（或波及地区，乃至全社会）的影响和社会条件对项目的适应性和可接受程度，以评价项目的社会可行性。

2. 社会评价与经济评价的比较分析

一个项目的完整评价包含财务评价、国民经济评价、环境影响评价及社会评价四部分，其中，社会评价应居于最高层面。

社会评价与经济评价相比较有着相当大的区别：

首先，目标多元化。经济评价主要是财务盈利与经济增长，而社会评价要统筹资源、环境及社会的诸多方面。

其次，社会评价的长期性。社会评价不但要考察项目近期的社会效果，更要考虑项目对社会长期的影响。

再次，定量难。项目的大部分指标不但难以用经济货币指标来衡量，而且既要考虑短长期效果，还要考虑直接和间接效果。由于上述种种特性，社会评价至今缺乏统一的标准与方法，目前只能进行以定性为主的分析。

最后，社会评价与经济评价范围也是不同的，并不是所有项目都要进行社会评价。社会评价有助于将项目建设方案的设计及实施与区域性社会发展相结合，找到经济与社会之间的有机联系，促进社会稳定。从项目的类别来看，只有对以发挥社会功能为目的的公益性和基础性的公共项目，以及对社会经济、生态资源、社会环境等方面有较大影响的项目才进行社会评价，如电力、水利、石油、矿产、电信、交通、化工等项目。

3. 社会评价的必要性及其采用的方法

（1）社会评价的必要性

进行项目社会评价，有利于加强投资的宏观指导与调控，实现项目与社会相互协调发展，进而促使经济与社会发展目标的顺利实现。进行项目社会评价，有利于提高公众参与程度、充分考虑民众的真正要求，减少或避免决策失误所带来的重大损失，有利于全面提高项目决策的科学性和项目决策的民主化。

当前，国际社会日益重视社会可持续发展问题。世界银行和亚洲银行等国际金融机构均要求对贷款项目进行社会评价，否则不予立项。通过对世界银行资助的 57 个项目的一项研究表明，社会评价与项目的收益很有关系。其中，30 个与当地社会经济相协调的项目平均收益率为 18.3%，而另外 27 个被认为不具有社会协调性的项目平均收益率仅为 8.6%。

（2）社会评价的方法

社会评价的方法主要有以下四种：①包含在国民经济评价中的社会效益评价；②在经济评价中加入分配分析；③立足于国家宏观经济分析；④基于社会学基础上的社会分析与评价。

从理论上分析，前三种都属于经济学范畴，理论基础是福利经济学，其评价方法只是着重于社会经济效益分析，无疑已不适应当今社会以人为本、以可持续为原则的发展要求。第四种社会评价是广泛的社会分析，理论上以社会学为基础，并以社会学家参与分析为主要特色，是项目社会评价的发展趋势。因此，现代项目社会评价应以第四种方法为主。

4. 社会评价的作用

1）有利于国民经济发展目标与社会发展目标协调一致，防止单纯追求经济效益。

实践证明，社会影响较大的投资项目直接关系到国家和当地的经济发展目标和社会发展目标的协调一致。

2）有利于避免或减少项目建设和运营的社会风险，提高投资效益。

项目建设和运营的社会风险是指由于在项目评价阶段忽视社会评价工作，致使项目在建设和运营过程中与当地社区发生种种矛盾且长期得不到解决，导致工期拖延，投资加大，经济效益低下，与当初的经济评价结论大相径庭的风险。

5. 社会评价的原则和要求

1）认真贯彻我国社会发展的方针、政策，遵循有关法律及规章。

2）以国民经济与社会发展计划的发展目标为依据，以近期目标为重点，兼顾远期各项社会发展目标，并考虑项目与当地社会环境的关系，力求分析评价能全面反映项目投资引发的各项社会效益与影响。

3）充分调查当地社区及民众对项目的不同反应，促进项目与当地社区及民众相互适应、共同发展。

4）依据客观规律，从实际出发，实事求是，采用科学、适用的评价方法。

5）运用可比性原则、按目标的重要程度进行排序的原则、以人为本的原则及“有无对比”的原则，深入社会调查，搞准基础情况，提高分析评价的科学性。

6）社会评价人员必须以公正、客观、实事求是的态度从事社会评价工作。

6. 项目利益相关者分析

项目利益相关者是指与项目有直接或间接利害关系，并对项目的成功与否有直接或间接影响的所有各方，包括：①项目受益人；②项目受害人；③受项目影响的人，如社会公众等；④其他利益相关者，包括项目的建设单位、设计单位、咨询单位、与项目有关的政府部门与非政府组织。

7.2.2 社会评价框架和内容

对投资项目进行社会评价的框架体系如图 7.1 所示。

社会评价从以人为本的原则出发，研究内容包括项目的社会影响分析、项目与所在地区的互适性分析和社会风险分析三个方面的内容。

（1）社会影响分析

项目的社会影响分析在内容上可分为三个层次四个方面的分析，即分析在国家、地区、项目（社区）三个层次上展开，包括项目对社会环境方面、社会经济方面、自然与生态环境方面和自然资源方面的影响。本书主要讨论项目对社会经济方面和社会环境方面可能产生的影响，包括正面影响（通常称为社会效益）和负面影响。

例如，项目对所在地居民收入的影响主要分析预测由于项目实施可能造成当地居民收入增加或者减少的范围、程度及其原因，收入分配是否公平，是否扩大贫富收入差距，并提出促进收入公平分配的措施建议。

通过以上分析，对项目的社会影响做出评价。编制项目社会影响分析表，见表 7.1。

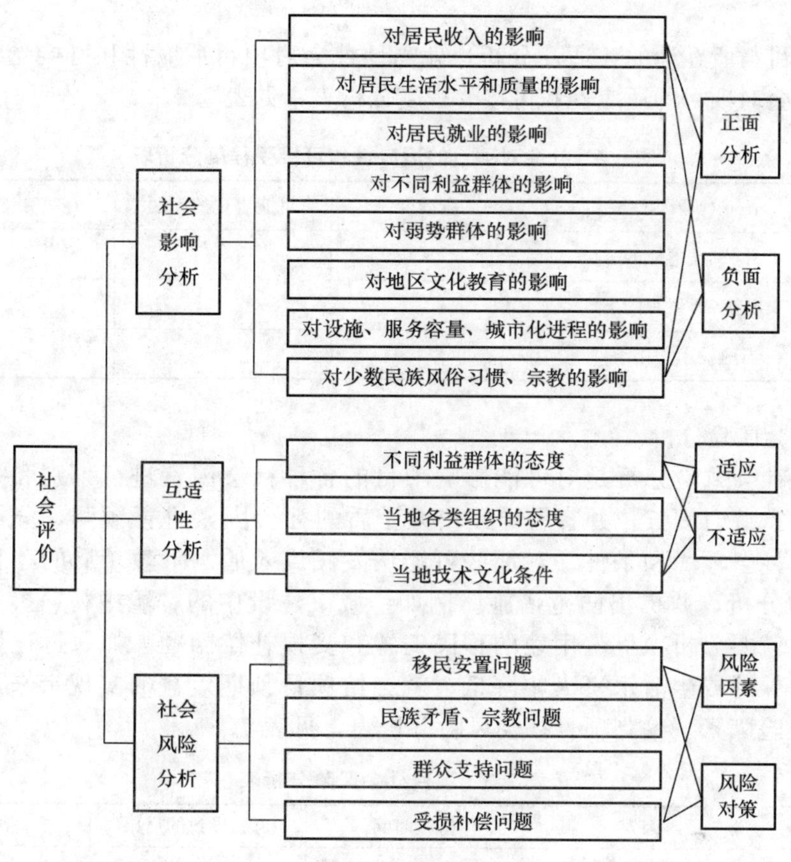

图 7.1　社会评价框架

表 7.1　项目社会影响分析表

序号	社会因素	影响的范围、程度	可能出现的后果	措施建议
1	对居民收入的影响			
2	对居民生活水平和质量的影响			
3	对居民就业的影响			
4	对不同利益群体的影响			
5	对弱势群体的影响			
6	对地区文化教育的影响			
7	对设施、服务容量、城市化进程的影响			
8	对少数民族风俗习惯、宗教的影响			

（2）互适性分析

互适性分析主要是分析预测项目能否为当地的社会环境、人文条件所接纳，以及当地政府、居民支持项目存在与发展的程度，考察项目与当地社会环境的相互适应关系。

通过项目与所在地的互适性分析，就当地社会对项目适应性和可接受程度做出评价。编制社会对项目的适应性和可接受程度分析表，见表 7.2。

表 7.2 社会对项目的适应性和可接受程度分析表

序号	社会因素	适应程度	可能出现的问题	措施建议
1	不同利益群体的态度			
2	当地各类组织的态度			
3	当地技术文化条件			

（3）社会风险分析

项目的社会风险分析是对可能影响项目的各种社会因素进行识别和排序，选择影响面大、持续时间长，并容易导致较大矛盾的社会因素进行预测，分析可能出现这种风险的社会环境和条件。对那些可能诱发民族矛盾、宗教矛盾的项目尤其要注重这方面的分析，并提出防范措施。例如，城市建设中的“城中村”拆迁、建设与安置问题，就要分析项目占用地的移民安置和受损补偿问题。如果拆迁居民的生活得不到有效保障或生活水平大幅降低，就会给项目预期效益的实现带来风险。通过分析社会风险因素，编制项目社会风险分析表，见表 7.3。

表 7.3 项目社会风险分析表

序号	风险因素	持续时间	可能导致的后果	措施建议
1	移民安置问题			
2	民族矛盾、宗教问题			
3	群众支持问题			
4	受损补偿问题			

7.2.3 社会评价的步骤

社会评价一般分为社会调查、识别社会因素和论证比选方案三个步骤。

（1）社会调查

社会调查是指调查了解项目所在地区的社会环境等方面的情况。调查内容包括项目所在地区的基本情况和受影响社区的基本社会经济情况在项目影响时限内可能的变化。

（2）识别社会因素

分析社会调查获得的资料，对项目涉及的各种社会因素进行分类。一般可分成以下三类：

1）影响人类生活和行为的因素，如对就业的影响，对社区发展和城市建设的影响，对居民身心健康的影响，对社区福利和社会保障的影响等。

2）影响社会环境变迁的因素，如对自然和生态环境的影响，对资源综合开发利用的影响，对节能的影响，对耕地和水资源的影响等。

3）影响社会稳定与发展的因素，如对当地人民风俗习惯、宗教信仰的影响，对社区组织结构的影响，对国家安全和地区威望的影响等。

从这些因素中，识别与选择影响项目实施和项目成功的主要社会因素，作为社会评价的重点和论证比选方案的内容之一。

（3）论证比选方案

对项目建设方案设计中涉及的主要社会因素进行定性、定量分析，比选推荐社会正面影响大、负面影响小的方案，主要步骤如下：

1）确定评价目标与评价范围。

2）选择评价指标。

3）确定评价标准。

4）列出备选方案。

5）进行项目评价。

6）专家论证。

7）评价总结，编制项目社会评价报告。

8）估计接受程度。

7.3　特大型建设项目区域经济和宏观经济影响分析

7.3.1　特大型建设项目的特征与类型

1. 特大型建设项目的概念

特大型建设项目是一个相对性的概念。随着经济发展和生产力水平不断提高，一些在当时被认为投资规模巨大、可称得上特大型的建设项目，在后来却只能算作一般工程。但在实际进行分析评估时，应以当时的情况为准进行取舍。

2. 特大型建设项目的特征

1）在国民经济和社会发展中占有很重要的战略地位。

2）建设工期或实施周期长。

3）投资总额或人力、物力、财力的投入量大，而且年度投入量的分布非常不均匀。

4）项目上马前和完成后国家经济发展水平有很大变化，潜在需求变化大，因而导致效益的突变性大。

5）项目的技术风险大。

6）对生态环境会产生很大影响。

7）对国家经济安全带来较大影响。

3. 特大型建设项目的类型

1）基础设施项目，如铁路、高速公路、水利工程、港口等。

2）资源开发项目，如油田开发，其他矿藏开采，油、气长距离管道输送等。

3）重型工业企业建设。

4）大规模区域开发项目。

5）高科技攻关项目，如航天、国防、尖端科研等高科技关键技术攻关项目等。

6）生态保护工程项目等。

7.3.2 特大型建设项目的区域经济影响分析和宏观经济影响分析

1. 特大型建设项目区域经济和宏观经济影响分析的概念

特大型建设项目的区域经济影响分析是指从区域经济的角度出发，综合分析特大型建设项目的建设对项目所在区域乃至较大区域的经济活动各方面的影响，包括对区域现存发展条件、经济结构、城镇建设、劳动就业、土地利用、生态环境等方面的现实和长远影响分析。

特大型建设项目的宏观经济影响分析是指从国民经济整体角度出发，综合分析特大型建设项目的建设对国家宏观经济各方面的影响，包括对国民经济总量增长、产业结构调整、生产力布局、自然资源开发、劳动就业结构变化、物价变化、收入分配等方面影响的分析，以及国家承担项目建设的能力即国力的分析、项目时机选择对国民经济影响的分析等。

2. 特大型建设项目区域经济和宏观经济影响分析的特点

特大型建设项目区域经济和宏观经济影响分析与一般经济费用效益分析的异同：

（1）相同的方面

两者都是着眼于项目对经济整体的影响，分析项目可能带来的各方面效益和需要的各种投入；都具有促进资源优化配置、实现社会福利最大化的目的。

（2）不同的方面

1）一般项目经济分析的核心是费用效益分析（国民经济分析），通常通过采用考虑到时间价值的社会折现率来体现动态分析要求，但费用和效益的累加仍然基于现行价格和评价价格的不变性，同时还假定了时间因素的不变性，仅以社会折现率指标对费用和效益进行时间贴现，实际上没有完全体现动态特征。

对于特大型建设项目，由于建设周期相当长，资源的供求关系变化很大，在建设期间巨大的物力、人力和财力的投入有可能改变资源供求格局，以致当工程投产时所面临的经济态势已完全改变。如果仅用社会折现率一个指标，则会低估某些效益，而高估另一些效益，无法反映效益的真实性。

2）一般项目的经济费用效益分析将国际市场价格视为评价价格的比较基础，以此达到实现引导投资、调整产业结构的目的，这有可能对我国特定的产业结构施加不利的影响。对特大型建设项目的宏观经济分析则要立足于我国的现实国情，具体情况具体分析。

3）一般项目的财务分析可采用总量指标（如净产值、社会纯收入、国内生产总值等）来衡量项目的经济效益。对特大型建设项目来说，仅采用总量指标是不完全的，还需要进行结构分析，才能真正把握项目的经济效益。

4）一般项目经济费用效益分析忽略不同利益主体的偏好差异，认为不必考虑各利益主体之间的矛盾以及最终分配。特大型建设项目涉及的利益主体复杂，彼此价值判断不同，因而要全面权衡，使各主体利益协调一致。

3. 特大型建设项目区域经济和宏观经济影响分析的目的

特大型建设项目区域经济影响分析的目的在于通过分析做到有效地开发利用资源，合理配置人力、财力、物力，使部门之间、企业之间、生产性建设和非生产性建设之间在地区分布上协调组合，提高社会经济效益，保持良好的生态环境，促进地区开发建设顺利进行。

特大型建设项目宏观经济影响分析的目的在于通过分析判断国家承担项目投资建设的能力，项目对国民经济总量增长和结构改善的贡献，项目对劳动就业、收入分配、物价变化等方面的影响，项目可能存在的各种风险，从而选择有利的投资机会和上马时机，促进项目开发建设顺利进行，实现生产力在宏观范围内合理布局，推动国民经济协调发展。

7.3.3 特大型建设项目对区域经济和宏观经济的影响

1. 特大型建设项目对区域经济和宏观经济的主要影响

特大型建设项目对区域经济和宏观经济的影响是多方面的，既有有利的影响（正效益），也有不利的影响（负效益）。不利影响表明了特大型建设项目除实际发生的投资外，区域范围内及国民经济整体为项目建设所付出的代价。项目总的效益应为正效益与负效益相抵并扣除实际投资后的余额。特大型建设项目对区域经济和宏观经济影响的多方面性还表现在：既有总量影响，也有结构影响；既有对资源开发的影响，也有对资源利用的影响；既有经济影响，也有社会影响、环境影响等。

特大型建设项目影响的广泛性也意味着对其分析更多的是采用个案分析，从实际出发，具体问题具体分析；同时也意味着要强调专项分析，对某一方面影响进行专门分析，如对国力承担能力的分析等。

特大型建设项目建成后，可通过自身发挥效益，促进国民经济总量增长；通过带动所在区域经济结构调整和经济总量增长，促进国民经济结构优化和总量增长；通过吸纳有一定专长的劳动力和其他类型劳动力，增加劳动就业，改变就业结构（包括就业的产业结构、知识结构等）；通过提供国民经济发展急需的基础设施、能源或技术等，减轻乃至消除经济发展中的“瓶颈”制约因素的作用；通过推进国家的城市化进程，提升国民经济整体实力，促进现代化建设。特大型建设项目还有利于改变地区发展不平衡的现状，促进地区之间产业合理布局、协调发展，有利于改变国民收入分配格局，帮助贫困落后地区脱贫致富。由于特大型建设项目一般都采用先进技术设备和最新技术成果，因而也有利于加快技术进步，提高技术进步对经济增长的贡献份额。

特大型建设项目既能通过投资拉动作用促进经济增长，也能通过大量增加对某些资源或物品的需求，导致这些资源或物品价格上涨，进而影响到价格总水平。项目建成后，由于其产量巨大，可能导致这些物品供应的瓶颈制约作用消除或者供给大大超过需求，对国家经济安全带来有利影响或不利影响。

特大型建设项目还由于在规划建设的过程中越来越强调以人为本，因而会有利于环境保护、生态改善。同样，项目建成后，由于提供的产出物一般具有档次高、质量好、资源利用率高等特点，为环境保护和资源开发与保护更加协调提供了有利条件。当然，也可能情形恰恰相反。

2. 特大型建设项目对所在区域的影响

1）特大型建设项目可能改变其所在区域的功能与发展条件。伴随着特大型建设项目的建设，所在区域的基础设施如交通、能源供应条件等首先得到相应的发展，其他有利于投资建设的环境条件也会相应而生。

2）特大型建设项目的建设可能改变所在区域的产业结构。在一个原有基础比较薄弱的地区，特大型建设项目的建设可能建立起一套全新的经济结构，通过国家强制性布局产业，迅速推进地方经济的成长与进步。在原有经济基础较好、经济实力较强的地区，特大型建设项目所在区域可能会分离为某城市的卫星城、大功能区或新城区，促进城市规模迅速扩大，从而改变原有经济结构，推动经济发展。

3）特大型建设项目可以促进区域产业循环的形成。特大型建设项目由于具备投资大、产出多、占地广、技术水平高等特点，很容易形成所在区域的核心产业，并可能围绕核心产业出现一系列辅助性产业，或者利用特大型建设项目的建设提供的基础设施形成一定规模的地方产业集聚，有利于推动所在区域的整体发展。

4）特大型建设项目对所在区域也可能带来负面影响，主要表现在耕地减少、环境污染、人与环境关系紧张、历史文化遗产遭到破坏、冲击区域经济、削弱地方原有优势等。

7.3.4 特大型建设项目区域经济影响和宏观经济影响的分析原则

1. 系统性原则

特大型建设项目本身就是一个系统，但从国民经济的全局来看，它又是国民经济大系统中的一个子系统。一个子系统的产生与发展，对于原有的大系统内部结构和运行机制将会带来冲击。原来的大系统会由于特大型建设项目的加入而改变原来的运行轨迹或运行规律。按照协同学理论，系统总是可以按照自身的结构与机制，使得原有的大系统能够“容忍”或“接纳”特大型建设项目的存在。这种协调的过程，或者使特大型建设项目与国民经济融为一体；或者特大型建设项目适当改变自己的结构与机制，以适应国民经济大系统的运行规律；或者甚至使特大型建设项目被排除在国民经济大系统之外。最后这种情况意味着特大型建设项目的失败。

2. 综合性原则

特大型建设项目由于建设周期长、投资巨大、影响面广泛，其投入（包括建设和投产）将给原有经济系统的结构（包括产业结构、投资结构、就业结构、供给结构、消费结构、价格体系和区域经济等）、状态和运行带来重大的变化。不仅影响到经济总量，而且影响到经济结构；不仅影响到资源开发，而且影响到资源利用，以及人力、物力、财力的配置；不仅对局部区域有影响，而且对国民经济整体产生影响。因此，分析特大型建设项目对区域经济和宏观经济的影响要坚持综合性原则，不能仅分析某一方面的影响而忽略其余。

3. 定量分析与定性分析相结合原则

特大型建设项目对区域经济和宏观经济的影响是广泛而深刻的，既包括可以用价值型指标进行量化的有形效果和经济效果，也包括难以用价值型指标进行量化的、更大量的无形效果和非经济效果。前者无疑要以定量分析为主；后者则必须进行定性分析或比较性描述，或者用其他类型指标（指标体系）进行描述或数量分析，以便对其作出准确评价，为项目决策提供充分依据。

7.3.5　特大型建设项目对区域经济影响和宏观经济影响的评价指标体系

1. 总量指标

评价特大型建设项目对区域和宏观经济影响的总量指标包括增加值、净产值、社会纯收入等经济指标。增加值是指项目投产后对国民经济的净贡献，即每年形成的国内生产总值。对项目而言，按收入法计算增加值较为方便。即

增加值＝项目范围内全部劳动者报酬＋固定资产折旧＋生产税净额＋营业盈余

净产值是指项目全部效益扣除各项费用（不包括工资及附加费）后的余额。

社会纯收入是指净产值扣除工资及附加费后的余额。

增加值、净产值和社会纯收入的年值可分别由各自的总现值折算。

2. 结构指标

评价特大型建设项目对区域和宏观经济影响的结构指标主要包括影响力系数、产业结构、就业结构等。

影响力系数也被称为带动度系数，是指特大型建设项目所在的产业，当增加产出满足社会需求，每增加一个单位最终需求时，对国民经济各部门产生的增加产出的影响。用公式表示为

$$\text{影响力系数} = \sum_{i=1}^{n} b_{ij} \Big/ \left(\sum_{j=1}^{n} \sum_{i=1}^{n} b_{ij} \Big/ n \right) \tag{7.1}$$

式中：b_{ij}——列昂惕夫逆矩阵系数，即完全消耗系数，表示生产第 j 个部门的一个最终产品对第 i 个部门的完全消耗量；

n——国民经济的产业部门总数。

影响力系数大于 1 表示该产业部门增加产出对其他产业部门产出的影响程度超过社会平均水平。影响力系数越大，该产业部门对其他产业部门的带动作用越大，对经济增长的影响越大。

产业结构可以各产业增加值计算，反映各产业在国内生产总值中所占份额大小。特大型建设项目建设前后产业结构、就业结构的变化分别反映了项目对就业结构的影

响。就业结构包括就业的产业结构，即各产业就业人数的比例和就业的知识结构，即不同知识水平就业人数的比例等。

3. 社会与环境指标

（1）就业效果指标

实现社会充分就业是宏观经济发展的重要目标之一。评价特大型建设项目的就业效果对存在大量过剩劳动力的我国尤其具有意义。劳动力就业效果一般用项目单位投资带来的新增就业人数表示，即

$$\text{单位投资就业效果}=\frac{\text{新增总就业人数(包括本项目与相关项目)}}{\text{项目总投资(包括直接投资与间接投资)}}(\text{人/万元}) \tag{7.2}$$

总就业效果可分为直接投资所产生的直接就业效果和与该项目直接相关的其他项目投资产生的间接效果，即

$$\text{直接就业效果}=\frac{\text{本项目新增的就业人数}}{\text{本项目的直接投资}}(\text{人/万元}) \tag{7.3}$$

$$\text{间接就业效果}=\frac{\text{相关项目新增就业人数}}{\text{相关项目投资}}(\text{人/万元}) \tag{7.4}$$

（2）收益分配效果

分配效果指标用于检验项目收益分配在国家、地方、企业、职工间的分配比重是否合理，主要有以下几项，即

$$\text{国家收益分配比重}=\frac{\text{项目上缴国家的收益}}{\text{项目的总收益}}\times 100\% \tag{7.5}$$

$$\text{地方收益分配比重}=\frac{\text{项目上缴地方的收益}}{\text{项目的总收益}}\times 100\% \tag{7.6}$$

$$\text{企业收益分配比重}=\frac{\text{企业的收益}}{\text{项目的总收益}}\times 100\% \tag{7.7}$$

$$\text{职工收益分配比重}=\frac{\text{职工的收益}}{\text{项目的总收益}}\times 100\% \tag{7.8}$$

为体现国家对不发达地区的重视，使这类地区的项目得以优先通过，也可设置相应的地区收益分配指标，通过对不发达地区赋予较高的收益判定其对不发达地区收益分配的贡献。

（3）对资源和环境的影响效果指标

节能效果以项目的综合能耗水平（可折合成“年吨标煤消耗”）来反映。

$$\text{项目的综合能耗水平}=\frac{\text{项目的综合耗能}}{\text{项目的净产值}} \tag{7.9}$$

项目综合能耗水平低于社会平均能耗水平，说明项目具有较好的节能效果。

节约时间的效果分析应结合具体项目进行，此类指标对交通运输类特大型建设项目尤其具有意义。

节约用地效果用单位投资占地反映。

$$单位投资占地=\frac{项目土地占用量}{项目总投资}(m^2/万元) \tag{7.10}$$

项目单位投资占地低于社会平均水平，说明项目具有较好的节约用地效果。

类似地，节约用水效果用项目单位产值或产品耗水量来反映。

$$项目单位产值耗水量=\frac{项目总耗水量}{项目总产值}[m^3/(人·日)] \tag{7.11}$$

项目单位产值耗水量和国家与地区规定的定额比较，可判定项目的节水效果。对生产性项目应分别计算单位产品生产用水和项目人均耗水量，单位产品耗水量应与行业规定的定额进行比较。

4. 国力适应性指标

特大型建设项目由于建设规模巨大，需要耗费大量的人力、物力、财力、自然资源等，这自然会产生国力能否承受的问题。因为特大型建设项目耗费过多，必然会影响到国民经济其他地区、其他部门的建设和发展。如果特大型建设项目占用资源过多，会导致其他领域所需资源无法满足，阻碍了其他项目的发展进程；或者由于特大型建设项目使用的投入品过多，引发该物品供应紧张，抬升了重要物品的价格，乃至加剧通货膨胀水平，则说明国力承担该项目的能力不足。

由于我国劳动力资源极其丰富，因而对国力承担能力即国力适应性的评价主要分析财力和物力。但项目对特殊技能人才的需求、对人才资源的开发和利用等也需作专门分析。

国家财力是指一定时期内国家拥有的资金实力，其最主要的构成要素是国内生产总值（或国民收入）和国家财政收入，其他还有信贷总额、外汇储备、可利用的国外资金等。财力承担能力一般通过国内生产总值（或国民收入）增长率、特大型建设项目年度投资规模分别占国内生产总值（或国民收入）、全社会固定资产投资和国家预算内投资等指标的比重等指标来衡量。

国家物力是指国家所拥有的物质资源，包括工农业主要产品及储备量、矿产资源储备量、森林、草场以及水资源等。物力取决于国家可供追加的生产资料和消费资料的数量和构成。

特大型建设项目的国力承担能力评价需要结合对国家未来经济发展的预测来进行。

思　考　题

1. 根据《环评法》的规定，国家依据建设项目对环境的影响程度对建设项目的环境影响评价是如何实行分类管理的？

2. 简述项目环境影响评价中工程分析的主要内容。

3. 环境影响预测的方法有哪些？一般包括哪几个时段？

4. 简述环境影响报告书的主要内容。

5. 什么是社会评价？社会评价与经济评价有何区别？

6. 社会评价的范围、主要内容是什么？社会评价有哪些主要方法？

7. 特大型建设项目对区域经济和宏观经济有哪些主要影响？

8. 特大型建设项目区域经济和宏观经济影响分析与一般经济费用效益分析有何不同？

9. 特大型建设项目对区域经济和宏观经济影响的评价指标体系有哪些？简要分析特大型建设项目就业效果评价指标对我国当前就业现状的现实意义。

10. 什么是国家财力？什么是国家物力？

习　题

1. 特大型建设项目的特征有（　　）。

A. 投资的年度投入量的分布非常不均匀
B. 对生态环境会产生很大影响
C. 在国民经济和社会发展中占有很重要的战略地位
D. 项目的技术风险大
E. 对国家经济安全带来较大影响

2. 特大型建设项目的宏观经济影响分析是分析特大型建设项目的建设对（　　）等方面影响的分析。

A. 经济结构　B. 产业结构调整　C. 劳动就业结构变化
D. 收入分配　E. 土地利用

3. 一般项目经济分析的核心是国民经济分析，而特大型建设项目由于（　　），就有可能改变资源供求格局，以致当工程投产时所面临的经济态势已完全改变。

A. 建设周期相当长　B. 货物影子价格变化
C. 在建设期间巨大的物力和财力的投入　D. 影子汇率变化
E. 社会折现率变化

4. 特大型建设项目区域经济影响分析的目的在于合理配置人力、财力、物力，使（　　）在地区分布上协调组合，促进地区开发建设顺利进行。

A. 部门之间　B. 生产性建设和非生产性建设之间
C. 劳动就业方面　D. 收入分配　E. 物价变化方面

5. 特大型建设项目对区域经济和宏观经济影响的多方面性表现在（　　）。

A. 总量影响　B. 结构影响　C. 核心产业影响
D. 对资源利用的影响　E. 负面影响

第 8 章

建设项目的可行性研究简介

可行性研究既是项目投资前的一项研究工作，又是项目经济分析系统化、实用化的方法；既是工程经济思想的具体运用，又是项目设想细化和项目方案的创造过程。本章从建设项目的概念、分类、建设程序入手，系统介绍可行性研究的概念、研究内容和工作阶段，并对可行性研究报告的格式及内容要点进行了介绍。

8.1 建设项目概述

8.1.1 建设项目的概念

项目是指在一定的约束条件下（主要是限定的资源和时间）具有明确目标的一次性任务（或活动）。

广义的项目含义非常广泛，泛指一切符合项目定义、具备项目特点的一次性任务（或活动）。常见的项目有开发项目、建设项目、科研项目、工业生产项目、软件开发项目等。狭义的项目专指建设项目。根据我国对建设项目的有关规定并参照世界各国有关建设项目管理资料，构成建设项目的主要条件和特点有：

1）按照一个总体设计进行建设，行政上实行统一管理，经济上实行统一核算。尽管有些项目由若干个单体工程组成，但是只要符合上述“三个统一”的原则，就归结为一个建设项目。

2）建设目标和任务明确，如有明确的生产能力目标和工程质量标准，有工期目标和投资限额目标等。

3）一般具有建筑工程和设备安装工程等有形资产，有些项目还有购买商标、专利、专有技术等形成的无形资产。

4）过程的一次性和建设项目的活动过程既不同于一般工业生产的那种大批量重复性生产过程，也不同于企事业单位或政府机关的那种周而复始的行政管理过程。它一般都具有特定的开头、展开和结尾的过程，整个过程一次完成，基本没有简单的重复。

5）成果的单件性和不可挽回性。建设项目活动的成果——建筑产品具有单件性，世界上没有两个完全相同的建筑产品，且一经形成，则不可更改（否则将增加费用和时间等）。

6）建设过程遵循客观规律，按照一定的程序进行。一个建设项目，通常都要依次经过可行性研究、评价、决策、设计、实施、竣工投产、总结评价等阶段。

8.1.2 建设项目的分类

从对建设项目计划管理和统计分析研究的需要出发，建设项目可分类为：

1）按建设目的可分为生产性项目和非生产性项目。

2）按建设性质可分为新建项目、扩建项目、改建项目、迁建项目、恢复项目等；按建设阶段可分为预备项目、筹建项目、实施项目、建成投产项目等。

3）按建设规模可分为大型项目、中型项目、小型项目。

4）按土建工程性质可分为房屋建筑工程项目、土木建筑工程项目（如公路、桥梁、机场、铁道、港口码头、水利工程等）、工业建筑工程项目（如发电厂、钢铁厂、化工厂、矿山等）。

5）按使用性质可分为公共工程项目（如公路、通讯、城市给排水、教育科研设施、医疗保健设施、文化体育设施、政府机关用房等）、生产性产业建设项目、服务性产业建设项目（如宾馆、商场等）、生活设施建设项目。

6）按建设内容与管理关系可分为建设项目、设计项目、施工项目、采购项目等。

8.1.3 建设项目的建设程序

项目建设程序是指建设项目从设想、规划、评估、决策、设计、施工到竣工验收、交付使用整个过程中，各项工作必须遵循的先后次序的法则。这个法则是人们通过长期的建设实践，在充分认识客观规律，科学地总结实践经验的基础上制定出来的，反映了建设工作所固有的客观规律和经济规律，是不以人们的意志为转移的。

按照这个规律，建设程序分为若干阶段，这些阶段有严格的先后顺序，不能任意颠倒。否则，项目建设就会走弯路，遭受重大损失。

从建设项目管理的角度看，建设程序一般分为七个主要阶段。

1. 项目建议书阶段

项目建议书是业主单位向国家提出的，要求建设某一项目的建议文件，是对建设项目的总体设想。其主要作用是推荐一个拟建项目，论述其建设的必要性、建设条件的可行性和获得经济效益的可能性，以供国家或有关管理部门选择，并确定是否进行有关该项目的下一步工作。

项目建议书经批准后，可以进行详细的可行性研究工作，但并不表明项目是非上不可的，项目建议书只是项目的建议，而不是项目的最终决策。

2. 可行性研究阶段

可行性研究是对项目建议书建议的项目进行科学的分析和论证，其主要内容是评价项目技术上的先进性和适用性、经济上的盈利性和合理性、建设上的可能性和可行性。报告结论将为投资者对项目的最终决策提供直接依据。经过可行性研究通过的项目，才可以编制可行性研究报告并报请国家或上级主管部门的审批和进行项目的下一步工作。项目的可行性研究是项目建设前期的重要工作内容，它是对与工程项目有关的工程、技术、经济等各方面条件和情况的调查、研究、分析，对各种可能的建设方案进行比较论证，并对项目建成后的经济效益进行预测和评价。回答项目是否有必要建设、是否可能建设和如何进行建设的问题。

3. 设计工作阶段

设计工作是对拟建项目建设计划的具体化，是对工程的实施在技术上和经济上进行的全面而详尽的设计和安排，是项目组织施工的依据，一般要经过初步设计、技术设计和施工图设计三个阶段。

1）初步设计是根据可行性研究报告提出的设计任务书而制定的项目的具体实施方案，是在指定的投资地点、投资时间和投资额度内，对项目技术上的可行性和经济上的合理性的实现问题，给出的如何进行项目建设的经济技术方案，并编制项目的总概算。

2）技术设计是根据初步设计和更详细的调查资料，进一步解决初步设计中的重大技术问题，如工艺流程、建设结构、设备选型和数量确定等，使建设项目的设计更具体、更完善，技术指标更好。

3）施工图设计是根据初步设计和技术设计的要求，对项目的建筑物及内部各种建筑设备进行的详细设计，是可以直接指导建筑施工的技术设计。

4. 建设准备阶段

完成项目开工建设前的各项准备工作，包括征地、拆迁和施工场地平整；完成施工用的水、电、路、通信等工程；组织设备、材料订货；组织监理、施工招标，选定监理单位和施工单位等；制定年度建设计划等内容。

年度建设计划是合理安排分年度施工项目和投资，规定计划年度应完成建设任务的文件。它具体规定各年度应该建设的工程项目和进度要求，应该完成的投资额及其构成，应该交付使用固定资产的价值和新增的生产能力等。只有列入批准的年度建设计划的工程项目，才能进行施工和支取建设用款。

5. 建设实施阶段

建设项目经批准新开工建设，即进入了建设实施阶段，要进行项目的各种单项和单位工程的施工，是项目建设时期的主要内容。土建工程后，要进行设备安装、调试和生产的准备。

各项建设准备工作作好后，经批准开工，便进入了建设实施阶段，即施工阶段。在该阶段，建设单位按项目管理的要求，组织好施工单位的施工和提供设备、材料的供应，协调好工程建设的外部环境；监理单位根据项目建设的有关文件和各类工程承包合同，作好对工程的投资、进度和质量的控制、协调和管理；承包商（包括建筑安装施工、设备制造、材料供应等单位）根据承包合同的约定和承诺，全面履行各项合同义务，保质、保量、按时完成工程建设任务。

该阶段还要作好生产准备工作，如招收和培训人员，生产的组织，技术、物资的准备等。

6. 竣工验收阶段

建设项目按设计文件的要求全部完成后，便要组织进行项目的竣工验收，这是工程建设过程的最后一个环节，是投资成果转入生产或使用的标志，也是全面考核基本建设成果，检验设计和施工质量的重要步骤。竣工验收工作一般可分为单项工程验收和整个项目验收两个阶段进行，分别由建设单位和根据国家对竣工验收的规定组织验收。

7. 项目后评价阶段

建设项目后评价是工程项目竣工投产、生产运营一段时间后（一般为项目建成后1～3年），再对项目的立项决策、设计施工、竣工投产、生产运营等全过程进行系统评价，分析项目建成后的实际情况与预测情况的差距及其原因。项目的后评价是固定资产管理的一项重要内容，通过后评价可以达到肯定成绩、总结经验、研究问题、吸取教训、不断提高项目决策水平和投资效果的目的。并为提高项目投资效益提出切实可行的对策措施。

8.2 可行性研究概述

8.2.1 可行性研究的概念

可行性研究也称技术经济论证，它是指工程项目投资之前，在深入细致的调查研究和科学预测的基础上，综合论证项目（方案）的技术先进性和适用性、经济的合理性和有利性以及建设的可行性，从而为项目投资决策提供科学依据的一种论证方法。可行性研究是项目申报、审批、贷款和项目设计施工等的主要依据，能把项目执行中的主观性、盲目性减少到最低程度，使项目尽可能按设想的轨道运行，取得较好的预期效果。

可行性研究起源于20世纪30年代的美国。初次应用于对田纳西流域的开发和综合利用的规划就取得了明显经济效益。开发田纳西流域是一个涉及面广、工程巨大、耗资空前的建设项目。为保证项目的合理开发和综合利用，推出了可行性研究方法并取得了成功。20世纪40年代以后，由于新的科学技术不断涌现，为了在生产建设中有效地应用和推广新技术，需要进行可行性研究。另外，经济和社会发展的需要，一些工程建设项目规模越来越大，投资也越来越多，为了减少投资风险，避免决策失误造成损失，必须进行科学预测和技术经济论证工作。可行性研究这个名词和系统的工作，是在第二次世界大战以后才出现的，60年代得到蓬勃发展，现已形成了一套比较完整的理论、工作程序和分析论证的科学方法。世界上许多工业发达国家和发展中国家均开展了可行性研究工作，且效果显著。联合国工业发展组织（united nations industrial development organization，UNIDO）于 1978 年出版了一本《工业可行性研究手册》作为各国开展可行性研究工作的参考。

我国自改革开放以来，积极引进国外先进的科学技术和管理经验，在经济建设中重视项目前期的论证工作。国家对重大建设项目如上海宝钢、秦川核电站、山西煤炭开发以及长江三峡工程建设等，多次组织专家进行可行性论证。1981 年国务院文件要求把可行性研究作为建设前期工作中一个重要的技术经济论证阶段，纳入基本建设程序，作为编制和审批项目任务书的基础和依据。1983 年国家计委下达了《关于建设项目进行可行性研究的试行管理办法》，指出可行性研究是建设前期工作的重要内容，是基本建设程序中的组成部分，其任务是根据国民经济长期规划和地区规划、行业规划的要求，对建设项目在技术和经济上是否合理和可行，进行全面的分析论证，作多方案比较，提出评价，为编制和审批设计任务书提供可靠的依据，进一步明确了可行性研究的编制程序、内容和评审方法。以后国家计委、建委、经委、中国人民银行又先后下达文件，明确了可行性研究在建设项目中的法定地位。2006 年国家发改委、建设部发布的《方法与参数》，使我国的可行性研究及经济评价工作走上了规范化、科学化的道路。

8.2.2 可行性研究的作用

可行性研究的应用范围包括新建、改建、扩建和固定资产更新改造项目、大型民用建筑项目、科学技术试验研究项目、地区开发和资源综合利用项目以及技术措施的推广应用和技术政策的制定等。可行性研究的目的是保证拟建工程项目更好地满足社会需要，合理地利用资源，争取更多盈利，增加社会积累，全面提高经济效益和社会效益。

不同的投资项目其可行性研究的内容、重点和步骤会有差异，但基本原理及方法大体相同。可行性研究的作用主要有以下几点：

1）作为项目投资决策的依据。

2）作为向银行申请贷款的依据。

3）作为向有关部门、企业签订合同、确定相互责任与协作联系的依据。

4）作为初步设计、施工准备的依据。

5）作为申请建设施工、审批建设执照的依据。

6）作为项目企业组织管理工作的依据。

7）作为编制项目实施计划的依据。

8）为项目建设提供基础资料数据。

8.2.3 可行性研究的特点

过去，我国各部门安排工程项目建设，一般都按下列程序进行，即规划编制→设计任务书→设计和筹建→基建施工。

规划和设计任务书能否代替可行性研究呢？不能。因为要论证的广度和深度不及可行性研究的范围宽和深；它研究的方法往往是静态分析，缺乏动态分析；它论证的方案只是单方案而不是多方案；论证的结果往往是停留在投资大小，而缺乏对投资效果的总体评价。

可行性研究同设计任务书相比，有以下特点：

1）可行性研究很重视社会需求和市场预测，而设计任务书则不太重视这方面的工作。

2）可行性研究做在投资决策之前，它的结论作为判断是否投资的依据。而设计任务书则做在投资决策之后，其论证结果缺乏指导工作的实际意义。

3）可行性研究把一项投资预定计划从开始建设到经济活动的终结，即把工程项目系统周期寿命作为研究对象，并考察其投资效果。而设计任务书只以资金的简单回收期来加以考察，其论证的科学性和严密性较差。

4）可行性研究把资金规划作为不可缺少的组成部分，并向投资者和决策者推荐最合理的资金筹集和运用方案，而设计任务书一般不做这方面的工作。

上述四个特点，其实质就是对资金经济效果如何进行评价的问题。特别需要指出的是，可行性研究的结论，不能单纯以企业“有利可图”作为论证方案的出发点，而应以企业、部门乃至社会的总体效果作为论证的出发点，这是我国推行可行性研究方法的基本指导思想。

8.2.4 可行性研究的内容

企业是国民经济的细胞。从系统理论来讲，企业是整个社会经济系统中的一个子系统，它在生产经营过程中，必须不断地与环境进行人、财、物及信息的交换。企业能否正常生产和运营并取得预期的经济效果，除了与所采用技术、管理水平等有关外，主要取决于企业在生产经营过程中，外部环境的交换能否有保证。例如，企业生产所需要的原材料、能源能否得到可靠的供应，能否得到足够的、符合要求的公共设施服务（如水、电、通讯、运输）等。这些问题不能等到项目建成后再去考虑，而必须在项目投资前就预先估计和妥善解决，否则就会使建成的项目因“先天不足”而无法实现其预期目标，造成投资浪费。因此，作为项目投资前评估、论证的可行性研究，通常包括以下几项研究。

1. 必要性研究

必要性分析是项目可行性研究要解决的第一个问题。主要从地方经济发展的需要和企业发展的战略角度，研究项目是否必要、适时，并研究项目的合理投资时机。考察一个项目是否必要，主要与项目投资者的主观意图即投资目的有关。项目必要性分析主要考虑项目产品的市场潜力、投资者的发展战略、发挥投资者的优势等三方面。

2. 市场销量与项目规模的研究

在市场调查的基础上，对项目产品在寿命期内的需求发展趋势、市场结构的变化方向和特征，以及价格变化情况进行全面系统的研究，制定市场营销策略，预测项目产品的有效需求量和可能销售量。以此为依据，结合项目所用技术和外部条件，研究确定项目的合理规模。

产品的市场需求是项目必要性的基础，没有足够的市场需求，其他方面再好也无济于事。所以，市场研究是解决项目必要性问题的关键，也是项目可行性研究中最重要的部分。此外，项目产品的方向、生产规模以及可能被市场所接受的价格等信息，也都来自于市场研究。

市场研究的目的是要弄清项目产品的未来市场状况，如市场容量和特征、需求量发展趋势及竞争程度等。因此一般包括：明确市场定位，市场现状及发展趋势预测，明确目标市场特征，项目产品销售量预测及销售策略确定等方面的内容。

3. 技术问题分析

技术问题分析研究项目各种可用的生产技术及其经济特征，结合项目的实际情况选择最佳的技术方案。同时研究各种可能的技术来源及获得方式，寻求最佳方案。

4. 项目选址

项目选址是根据项目的产品方案及规模研究资源、原料、能源等的需求量和供应的可靠性，以项目取得最佳经济、社会效益为宗旨，对各个可能的厂址进行技术和经济分析，从中选出合适的项目厂址。

5. 投资估算

投资估算是运用各种估算技术和经验全面、科学地估算项目的全部投资，包括固定资产投资、无形资产投资和流动资产投资等。

6. 资金筹措

资金筹措研究各种可能的资金来源，如资本金、银行贷款、发行债券等，分析各种来源的资金的使用成本，按照投资者认为比较合适的资金结构，选择各种来源的资金数量——资金筹措方案。

7. 项目计划与资金规划

项目计划与资金规划是根据项目的组成、工程量、实施难度等实际情况安排项目的实施计划，以及为保证项目实施的资金规划。

8. 财务分析

财务分析是从企业微观经济的角度，用现行价格，对项目运营后可能的财务状况以及项目的财务效果进行科学的分析、测算和评价，判断项目投资在财务上的可行性。

9. 国民经济评价

国民经济评价是从国民经济宏观角度，用影子价格、影子汇率、影子工资和社会折现率等经济参数，计算、分析项目需要国家付出的经济代价和对国家的经济贡献，判断项目投资的经济合理性和宏观可行性。

10. 不确定性分析

不确定性分析是用盈亏平衡分析、敏感性分析、概率分析等方法分析不确定因素对项目投资经济效果指标的影响，测算项目的风险程度，为决策提供依据。

8.2.5 技术可行性分析

技术可行性分析是从技术角度分析项目实现的可能性。项目能否实现与实现项目的方式、方法紧密相关。因此，可行性研究不仅要回答行或不行，还要为项目的实现创造出优秀的方案。技术可行性分析主要解决项目规模的选择、工艺技术及设备的选择、建厂条件分析与厂址选择、企业组织机构与人力规划等问题。

1. 项目规模的确定

项目规模是指劳动力和生产资料的集中程度。衡量项目规模的大小有多种指标，如生产能力、投资额、工程量、所需人数等。在可行性研究中评价项目规模的指标主要是生产能力。

在生产力水平不断提高、技术进步加快、市场需求多变的今天，项目规模的发展趋势呈现出不同的特点：一是生产社会化水平与技术水平的提高，社会化大生产的要求，使生产过程的连续性、均衡性、节奏性不断增强，项目规模有越来越大的趋势；二是社会分工越来越细，各行业、企业之间协作关系越来越精密，需要许多专业化的中小企业与大企业协作配套；三是技术进步速度加快，新产品层出不穷，人们的需要也随之变化多端，使转向快、善于拾遗补漏的中小企业应运而生。因此，在经济发展过程中，大、中、小规模的企业将长期共存。

2. 工艺技术方案的选择

在科学技术不断发展的情况下，生产某一特点产品往往有不同的工艺技术可供选择。只有当项目所选用的工艺技术与项目的要求和条件协调一致时，项目才具备技术上的可行性，才可能取得良好的经济效果。

3. 建厂条件分析与厂址选择

厂址选择既是技术问题，又是经济问题，是典型的技术与经济的结合。一个好的厂址不仅要满足生产的要求，而且在项目投产后要有较好的经济效果。厂址选择不当，对工业布局、基建投资、产品生产成本、生态环境乃至建成后的正常生产，都将产生不利的影响，有些影响甚至是长期的。厂址选择有新建企业和老企业扩建两种情况。老企业扩建由于受原有企业制约，厂址选择的余地很小；而新建企业厂址选择的余地较大，其内容包括选点和定址两个层次。选点是指选择拟建项目的建设地区，定址就是确定拟建项目在所选地区中的具体厂址。

8.3　可行性研究的阶段划分

一个工程项目从设想、施工到建成投产的全过程可分为三个时期，每个时期又可分为若干阶段，其中投资决策和交工验收是这三个时期的分界线。可行性研究是投资前期的最重要内容，其主要工作是对建设项目进行可行性研究和筹措资金，它是后两个时期工作的前提和基础。

可行性研究一般可分为投资机会研究、初步可行性研究、详细可行性研究、评估和投资决策四个阶段。各个研究阶段的目的、内容是不同的，研究工作是循序渐进的，各阶段的研究内容由浅入深，对建设项目投资和成本估算的精确程度由粗到细，研究的工作量由小到大，研究工作需要花费的时间和经费也逐渐增加，见表 8.1。可行性研究在任何一个阶段，一旦得出“不可行”的研究结论，就不需要再进行下一阶段的研究。此外，可行性研究的四个阶段要根据建设项目的规模、性质、要求和复杂程度的不同应有所侧重，可进行适当调整和精简。

表 8.1　不同项目类型的可行性研究内容及要求

项目类型	可行性研究阶段			
	投资机会研究	初步可行性研究	详细可行性研究	评估和投资决策
大中型	√	√	√	√
小型			√	√
改扩建		√	√	√
对投资及成本估算精度误差	≤±30%	≤±20%	≤±10%	≤±10%
研究时间	1～3 个月	3～5 个月	数月～2 年	1～3 个月
研究费用（占总投资百分比）	0.2%～1%	0.25%～1.25%	0.5%～3%	

8.3.1　投资机会研究

投资机会研究又称投资机会鉴定，是将一个项目由意向变成概略的投资建议。投资机会研究的目的是根据粗略的调查估算，寻找最有利的投资机会。投资机会研究一般分为以下几种。

1. 地区机会研究

选定一个地区为研究范围，如落后地区、特殊条件地区（经济开发区、港湾等）。根据国家规划和建设方针，结合资源情况、市场预测和建设布局等条件，选择建设项目，寻找最有利的投资方向和机会。

2. 部门机会研究

选定一个部门为研究范围，选定某一工业或农业门类、行业，或市场短缺产品（可能是价格过低），进行投资是否有利的研究。

3. 资源机会研究

以资源为基础，以合理利用和开发为目标，研究建立某种工业或行业。

4. 特定机会研究

以某项目为研究对象，若可行，就会使意向变为投资建议，转入下一步研究。

在我国，投资机会研究应根据国民经济发展的长远规划和地区、行业规划、经济建设方针和建设任务、技术经济政策，在一个确定的地区或部门内，结合资源情况、市场预测和建设布局等条件，选择项目，寻找最有利的投资机会。

投资机会研究往往比较粗略。在调查、收集资料的基础上，投资费用估算用类似工程的单位生产能力建设费用或资本周转率等方法，进行粗略的分析和估算。研究结果不能直接用于决策。投资机会研究的工作内容主要是地区情况、工业政策、资源条件、劳动力状况、社会条件、地理环境、国内外市场情况及项目社会影响等。

8.3.2 初步可行性研究

初步可行性研究又称预可行性研究，它是在投资机会研究的基础上进行的。主要作用是进一步判断投资机会研究是否正确，并据此做出投资与否的初步决定，以及是否进行详细研究的决定。也就是说，初步可行性研究是介于投资机会研究和详细可行性研究之间的中间阶段，其研究内容与详细可行性研究相同，只是深度和广度较详细可行性研究差一些，但比投资机会研究又进了一步。

初步可行性研究的主要任务是将机会研究的投资建议具体化为多个比选方案，并进行初步评价，筛选方案，确定项目的初步可行性。其工作内容主要是市场前景、原材料及投入、工业性试验、厂址选择、经济规模及主要设备选型等。

初步可行性研究是通过多方案比较，为决策者的决策提供依据。如果工程项目比较简单或投资机会研究已经包含了相当完备的数据，这一阶段可以略去。

8.3.3 详细可行性研究

详细可行性研究又称最终可行性研究或技术经济可行性研究，其主要任务是对工程项目进行深入的技术经济分析，重点是对项目进行财务评价和国民经济评价。对初步可行性研究经筛选剩下的一个或若干个比选方案，说明各自利弊及可能采取的改进措施，选择出满意方案，给出研究结论，为正确进行投资决策提供依据。

详细可行性研究是项目的关键性环节，也是项目研究的决定性阶段。它的结论——可行性研究报告，可作为进行工程项目建设的依据，为项目的决策提供技术、经济与商业的比较精细的依据，为下一阶段工程设计提供设计基础资料和依据，也是作为向银行申请贷款的依据。

这一阶段工作量大，研究所需时间约为几个月至 2 年，一般中小型建设项目所需时间为 6～12 个月，大型建设项目需 1～2 年。

详细可行性研究不是可行性研究的最终目的，它只是实现建设项目决策科学化、民主化，减少和避免投资决策失误，提高建设项目经济效益的一种手段。

8.3.4　评估和投资决策

这一阶段的工作一般由投资决策部门组织或授权专业银行、工程咨询公司，代表国家对上报的项目可行性研究报告进行全面审核和再评价。其任务是审核、分析、判断可行性研究报告的可靠性和真实性，提出项目评估报告，为决策者提供最后的决策依据。此阶段的工作内容主要是项目的必要性评价、可能性评价、技术评价、经济评价、综合评价并编写评估报告。该阶段要求从全局利益出发，客观、公正、可靠地评价拟建项目。

8.4　装配式建筑项目可行性研究报告案例

8.4.1　可行性研究报告格式与内容要点

1. 总论

1）项目概况。包括项目名称、建设单位、承担可行性研究的单位、研究工作的主要依据、工作范围及工作程序。

2）研究结论概要。

3）存在的问题和建议。

2. 项目背景

1）项目提出的背景。

2）投资环境。

3）项目建设的必要性。

3. 市场预测和拟建规模

1）国内外市场近期需求情况及发展预测。

2）国内现有工厂生产能力的估计，包括生产能力、产品质量、销售情况。

3）国内外市场产品价格分析、销售预测以及本企业产品竞争能力分析。

4）拟建项目的规模、产品方案的技术经济比较和分析。

4. 原材料、能源及公用设施情况

1）确定所需的原材料（辅助材料、外购件、协作件）的种类，估算其年需要量及年费用值。

2）确定所得能源（煤、气、油、电）的种类，估算其年需要量及年费用值。

3）落实所需的原材料及能源（附供应单位的意向书或协议）。

4）所需公用设施的数量、供应方式和供应条件。

5. 工艺技术和设备选择

1）可用的工艺技术方案，各方案优缺点分析，推荐方案及其理由。

2）可供选择的工艺流程，各方案优缺点分析，推荐方案及其理由。

3）列出选定的主要设备与辅助设备名称、型号、规格、数量，并说明选用理由。对于引进设备，应说明必须引进的理由、国别；对于改建、扩建项目，应说明原有固定资产利用情况。

4）根据工艺技术、工艺流程、设备品种及数量，确定项目土建工程的构成及方案，绘出工厂平面布置图、车间平面布置图及车间剖面图等。

6. 厂址选择

1）选定厂址、厂址面积及用地范围（附城市规划部门同意选址的证明文件）。

2）选址范围内的现状、土地种类（水田、菜地、棉田、荒地等）。

3）建厂地区的地理位置，与原料产地、市场的距离，地区环境情况，现有铁路、公路、内河航道、港口码头的运输能力、实际负荷及发展规划情况。

4）该地区现有供水、排水、供电、煤气、蒸汽的能力和实际负荷及其发展规划情况。

5）厂址比较与选择意见。

7. 环境保护

1）对建厂具体地区的历史和现在的环境调研，以及建设项目投产后对环境影响的预测。

2）制定环境保护措施和“三废”治理的方案、措施和主要方法。

3）环境影响评价（附“环境影响报告书”）。

8. 企业组织、劳动定员和人员培训

1）全厂生产管理体制及机构设置方案。

2）项目不同时期需要的各种级别的管理人员、工程技术人员、工人及其他人员的数量、水平以及来源。

3）人员培训规划和费用的估算。

9. 项目实施进度的建议

1）项目建设的基本要求和总安排。

2）勘察设计、设备制造、工程施工、安装、调试、投产、达产所需时间和进度要求。

3）最佳实施计划方案的选择，并用横道图或网络图表示。

10. 投资、成本估算与资金筹措

1）主体工程和协作配套工程所需投资的估算。

2）流动资金的估算。

3）产品成本估算。

4）资金来源及依据（附意向书），筹措方式，以及贷款偿还计划。

11. 项目财务评价

根据国家现行财税制度和现行价格，分析测算项目的效益和费用，考察项目的获利能力、清偿能力和外汇效果等财务状况，从企业财务角度分析、判断项目的可行性。

12. 项目国民经济评价

从国家角度考察项目的效益和费用，用影子价格、影子工资、影子汇率和社会折现率，计算分析项目给国民经济带来的净收益，评价项目在经济上的合理性。

13. 结论与建议

1）运用各项数据，从技术、财务、经济等方面论述项目的可行性。

2）存在的问题。

3）建议。

8.4.2 装配式建筑项目可行性研究报告内容

第一章 装配式建筑项目总论

1.1 项目基本情况

1.2 项目承办单位

1.3 可行性研究报告编制依据

1.4 项目建设内容与规模

1.5 项目总投资及资金来源

1.6 经济及社会效益

1.7 结论与建议

第二章 装配式建筑项目建设背景及必要性

2.1 项目建设背景

2.2 项目建设的必要性

第三章 装配式建筑项目承办单位概况

3.1 公司介绍

3.2 公司项目承办优势

第四章 装配式建筑项目产品市场分析（重点分析当地、全国及国际市场）

4.1 市场前景与发展趋势

4.2 市场容量分析

4.3 市场竞争格局

4.4 价格现状及预测

4.5 市场主要原材料供应

4.6 营销策略

第五章 装配式建筑项目技术工艺方案

5.1 项目产品、规格及生产规模

5.2 项目技术工艺及来源

5.2.1 项目主要技术及其来源

5.2.2 项目工艺流程图

5.3 项目设备选型

5.4 项目无形资产投入

第六章 装配式建筑项目原材料及燃料动力供应

6.1 主要原料材料供应

6.2 燃料及动力供应

6.3 主要原材料、燃料及动力价格

6.4 项目物料平衡及年消耗定额

第七章 装配式建筑项目地址选择与土建工程

7.1 项目地址现状及建设条件

7.2 项目总平面布置与场内外运输

7.2.1 总平面布置

7.2.2 场内外运输

7.3 辅助工程

7.3.1 给排水工程

7.3.2 供电工程

7.3.3 采暖与供热工程

7.3.4 其他工程（通信、防雷、空压站、仓储等）

第八章 节能措施

8.1 节能措施

8.1.1 设计依据

8.1.2 节能措施

8.2 能耗分析

第九章 节水措施

9.1 节水措施

9.1.1 设计依据

9.1.2 节水措施

9.2 水耗分析

第十章 环境保护

10.1 场址环境条件

10.2 主要污染物及产生量

10.3 环境保护措施

10.3.1 设计依据

10.3.2　环保措施及排放标准
10.4　环境保护投资
10.5　环境影响评价

第十一章　劳动安全卫生与消防

11.1　劳动安全卫生
11.1.1　设计依据
11.1.2　防护措施
11.2　消防措施
11.2.1　设计依据
11.2.2　消防措施

第十二章　组织机构与人力资源配置

12.1　项目组织机构
12.2　劳动定员
12.3　人员培训

第十三章　装配式建筑项目实施进度安排

13.1　项目实施的各阶段
13.2　项目实施进度表

第十四章　装配式建筑项目投资估算及融资方案

14.1　项目总投资估算
14.1.1　建设投资估算
14.1.2　流动资金估算
14.1.3　铺底流动资金估算
14.1.4　项目总投资
14.2　资金筹措
14.3　投资使用计划
14.4　借款偿还计划

第十五章　装配式建筑项目财务评价

15.1　计算依据及相关说明
15.1.1　参考依据
15.1.2　基本设定
15.2　总成本费用估算
15.2.1　直接成本估算
15.2.2　工资及福利费用
15.2.3　折旧及摊销
15.2.4　修理费
15.2.5　财务费用
15.2.6　其他费用
15.2.7　总成本费用

15.3 销售收入、销售税金及附加和增值税估算

15.3.1 销售收入估算

15.3.2 增值税估算

15.3.3 销售税金及附加费用

15.4 损益及利润及分配

15.5 盈利能力分析

15.5.1 投资利润率，投资利税率

15.5.2 财务内部收益率、财务净现值、投资回收期

15.5.3 项目财务现金流量表

15.5.4 项目资本金财务现金流量表

15.6 不确定性分析

15.6.1 盈亏平衡

15.6.2 敏感性分析

第十六章 经济及社会效益分析

16.1 经济效益

16.2 社会效益

第十七章 装配式建筑项目风险分析

17.1 项目风险提示

17.2 项目风险防控措施

第十八章 装配式建筑项目综合结论

8.4.3 可行性研究报告的两个主要清单

1. 附件清单

①公司执照及工商材料；②专利技术证书；③场址测绘图；④公司投资决议；⑤法人身份证复印件；⑥开户行资信证明；⑦项目备案、立项请示；⑧项目经办人证件及法人委托书；⑨土地房产证明及合同；⑩公司近期财务报表或审计报告；⑪其他相关的声明、承诺及协议；⑫财务评价附表。

2. 图表目录清单

①项目技术经济指标表；②产品需求总量及增长情况；③行业利润及增长情况；④2016～2020 年行业利润及增长情况预测；⑤项目产品推销方式；⑥项目产品推销措施；⑦项目产品生产工艺流程图；⑧项目新增设备明细表；⑨主要建筑物表；⑩主要原辅材料品种、需要量及金额；⑪主要燃料及动力种类及供应标准；⑫主要原材料及燃料需要量表；⑬厂区平面布置图；⑭总平面布置主要指标表；⑮项目人均年用水标准；⑯项目年用水量表；⑰项目年排水量表；⑱项目水耗指标；⑲项目污水排放量；⑳项目管理机构组织方案；㉑项目劳动定员；㉒项目详细进度计划表；㉓土建工程费用估算；㉔固定资产建设投资；㉕行业企业销售收入资金率；㉖投资计划与资金筹措表；㉗借款偿还计划；㉘正常经营年份直接成本构成表；㉙逐年直接成本；㉚逐年折

旧及摊销；㉛逐年财务费用；㉜总成本费用估算表；㉝项目销售收入测算表；㉞销售收入、销售税金及附加估算表；㉟损益和利润分配表；㊱财务评价指标一览表；㊲项目财务现金流量表；㊳项目资本金财务现金流量表；㊴项目盈亏平衡图；㊵项目敏感性分析表；㊶敏感性分析图；㊷项目财务评价主要数据汇总表。

思　考　题

1. 项目可行性研究分为几个阶段？各个阶段的作用和任务是什么？

2. 项目可行性研究的主要内容有哪些？

3. 如何进行项目的必要性研究？

4. 技术可行性分析包括哪些内容？它与可行性研究的其他部分有何关系？

5. 决定项目规模的因素有哪些？为什么在确定了项目的最小经济规模之后，还要进一步确定项目的最佳经济规模？

6. 工艺技术方案的选择包括哪些内容？它们各应考虑哪些因素？

7. 新建项目厂址选择分哪两个层次？它们各应考虑哪些因素？

8. 可行性研究报告应包括哪些主要内容？

第9章 课程实践与应用项目设计及综合模拟试题

本章按项目教学法设计了四个循序渐进、与理论教学内容同步的课程实践与应用项目，以下简称“课程实践”。各个课程实践的教学应与相应章节的教学同步进行。在教师的指导下，以任务为引领、以项目为主导，学生分组独立完成各课程实践中规定的教学内容。然后各组通过公开汇报和答辩，获得本小组相应课程实践与应用项目的总评成绩，再根据小组的总评成绩，在组内评出小组中每个成员本课程实践的成绩。本章还编有一套《综合模拟试题》，并附评分标准和参考答案。

9.1 课程实践与应用项目教学组织设计

9.1.1 教学组织及一般要求

1）学生分小组进行，每组6～8人，全班共7组左右，各组推荐组长1名，班长兼任大组长。

2）各组组长须组织本组认真研究每个课程实践与应用项目的内容要求，将工作任务分解，用责任矩阵（表9.1）将任务和责任落实到每个组员，然后由组长负责组织实施。

表9.1 课程实践×任务分解责任矩阵

任务	责任人						
	学生1	学生2	学生3	学生4	学生5	学生6	完成时间
任务1							
⋮	……	……	……	……	……	……	
任务 n							
图例	如：▲ 负责 ○ 辅助 □ 修改 ☆ 审查 等						

3）各小组开立银行专门账户，指定专人负责本小组的财会工作，做好未来来往账目的管理，课程结束后必须到银行进行消户。

4）开立银行存款账户后，小组成员每人交 30～50 元存入该账户，完成银行存款的相关手续。该费用作为小组本课程学习工作基金，如为完成课程实践任务需要进行的市场调研等相关开支。同时做好银行存款利息的计算工作（计算过程及结果最终要与银行消户的利息清单对照，分析对照计算结果，并作为小组的学习成果之一上交）。课程结束后还要将剩余费用（含利息）平分还给组员。

9.1.2　学生分组

学生分组按下文进行登记（根据具体教学班设计）。

时间：20　年　月　日至20　年　月　日。
专业：__________。
班级：__________班　第____小组。
组长：__________电话__________。
课程实践顾问：姓名__________职称/职务__________电话：__________。
小组成员名单：

任课教师：　　　　　职称：

小组单元总成绩及组员成绩表见表 9.2。

表 9.2　小组单元总成绩及组员成绩表

小组总成绩								
姓名								
成绩								
本人签名								
备注								
签名	组长：			班长：			教师：	

9.1.3　教学组织实施与成果汇报、答辩及成绩评定

1. 教学组织设计

本课程按项目教学法设计了四个循序渐进、与理论教学内容同步的课程实践与应用项目，即第 2、3、4、5 章分别对应完成相应的课程实践 1、2、3、4。教师按以上对应关系组织实施教学，学生在教师的指导下，以任务引领、项目主导，分组独立完成各个课程实践的教学任务。

课程实践与应用项目的教学应突出以学生为主体，强调理实互动与渗透。通过引入职业活动的训练，将课内、课外的学习与实训有机结合起来，让学生在“做中学”、在“学中做”，学习和掌握理论知识，培养学生的职业技能、职业态度和创新思维能力，培养学生的团队合作能力和资料整理能力。

学生学习成绩的评定，变结果考核为过程考核，将竞争机制引入教学全过程。

2. 实训、汇报、答辩要求

学生分小组独立进行本课程四个课程实践与应用项目，完成每个课程实践后，以小组为单位进行公开学习汇报和答辩。要求汇报前用 PPT 和 0 号图纸准备好本课程实践的汇报材料。

汇报的主要内容为各个课程实践的学习要点、实训内容（按 10.2 的课程实践要求）及其操作实务。具体包括：探索和解决问题所用的方法及其求解过程、各项分析与计算的过程和结果等，以及本课程实践的学习收获。学生在进行公开学习汇报和答辩时，教师可进行课堂引导，对照小组汇报方案、实训内容完成程度及过程进行讲评，最后对该小组的学习成果进行总结。根据该小组完成实训项目的质量及汇报表现，参照课程实践评分标准，对照表 9.3 的评分等级给出相应小组总评成绩，作为该小组组内评分的依据。

表 9.3 小组评分等级及评分标准表 单位：人

小组得分	优	优$^{-}$	良$^{+}$	良	良$^{-}$	中$^{+}$	中	及格	不及格
组内评分	优/4	优/3	优/2	优/2	优/1	优/0	优/0	优、良/0	优、良/0
	良/2	良/2	良/3	良/2	良/3	良/3	良/2	中/2	中/1
	中/余	中/余	中/余	中/余	中/余	中/余	中/余	及/余	及/余
	及/无	及/无	及/无	及/1	及/1	及/1	及/2	不/2	不/3

注：1）“/”左面表示评分等级；“/”右面表示组内评分能获得此分数的学生人数上限，此数根据分组情况老师可适当调整。

2）“优”表示“优秀”；“不”表示“不及格”，依此类推。

学生课程实践的总评成绩占课程总评成绩的比例建议不低于 50%，由任课教师根据具体情况及各学校教学要求的规定自行确定。

3. 教学具体操作过程及成绩评定

1）按照教学进度，教师布置课程实践与应用项目的任务，学生分小组在规定时间内完成本次课程实践的各项工作，做好公开汇报的准备。

2）班长将各组汇报的 PPT 收集后打包，在各组汇报前交给任课教师，同时将各组汇报的 PPT 拷贝到汇报的多媒体教室的电脑上面。

3）学生分小组进行各个课程实践的公开学习汇报与答辩。教师进行课堂引导和讲评，给出相应小组总评成绩。

4）学生课后根据本小组的总成绩，自主评定本小组每位学生本次课程实践的学习成绩，且不得超过表 9.3 设定的成绩等次数限额。每位学生各次课程实践的分次成绩总和的算术平均值即为该学生本课程实践部分的总评成绩。

5）各小组按表 9.2 的格式上报本小组自主评分结果。同时将小组本课程实践的 PPT 纸质材料、完成的实训任务（按 9.2 的课程实践要求）及实训相关资料等整理装订成册，由班长及学习委员收齐后交给任课教师。该材料同时作为学生对成绩申述的主要依据。

6）学生对自己本课程实践成绩可申述，申述时间为一周。

7）教师公布全班本课程实践的学习成绩。

9.1.4　课程实践与应用项目评分标准及检测点（按 100 分计）

1）按本章 9.2 的课程实践要求完成了全部实训任务，学习成果质量好。占比 25%。

2）将小组本课程实践内容的 PPT 的纸质材料、电子材料及实训相关资料等整理装订成册，交给班长及学习委员，完成情况好。该部分由班长及学习委员共同负责给分。占比 10%。

3）课程实践内容的具体要求，占比 30%。

要求及检查点：

① 所选方案合理、可行、完备，符合国家现行的法律、法规及相关规定。（5 分）

② 按课程实践要求较好地完成了各项实训任务，有比较、有选择、有评价，计算正确无误，所选数据合理，文字表述及论证清楚，语言通顺，逻辑表达清晰。（14 分）

③ 现金流量图等表述正确。（8 分）

④ 实训相关资料齐全，质量好。（3 分）

4）小组汇报情况，占比 25%。

要求及检查点：

① 多媒体课件制作美观，页面结构设计合理。（10 分）

② 汇报思路清晰，概念准确，汇报全面，讲述问题清楚，使用普通话，无大的错误。（15 分）

5）组织领导、团队协作精神，占比 10%。

要求及检查点（每个要点各占 2.5 分）：

① 组长的领导水平高、组织能力强、工作安排好。

② 小组成员分工明确——有工作任务（职责）分配及小组成员成果评价表（用责任矩阵将责任落实到小组成员）。

③ 组内团结协作精神好。

④ 学习成果总体印象好。

9.2　课程实践与应用项目学生实训任务设计

9.2.1　课程实践与应用项目 1：项目筹融资或贷款实训

1. 课程实践与应用项目描述

【一组、四组、七组、……】

每个小组构建一个消费性按揭贷款购房，五年或十年还清贷款的模型。

【二组、五组、八组、……】

每个小组构建一个消费性按揭贷款购车，三年或五年还清贷款的模型。

【三组、六组、九组、……】

每个小组构建一个政府贷款助学，毕业后三年或五年还清贷款的模型。

2. 课程实践任务布置

1）正确选择贷款银行，正确决策贷款方式和还款方式，并阐述其理由。

2）利息及利率的计算。

① 选择两种不同的还款方式，计算它们的利息总额，比较不同还款方式的优缺点及适用条件，确定贷款方案，编写《置业计划书》。

② 计算所选贷款方案的月还款利息额。

③ 画出现金流量图，计算 $r=$？$i=$？

④ 进行可行性分析与评价。

3）做出贷款还款的计划。

4）应用资金等值计算的相关知识、理论和方法，解决遇到的实际问题。

3. 工作安排要点及时间节点

1）分组进行，各组推荐组长一名。

2）××月××日（星期×）前每个学生完成项目筹融资或贷款实训任务，交组长并登记，组长做出初评。

3）××月××日（星期×）前组长召集组员（各组自行安排时间）讨论、交流、评选，推荐出一份代表本组的课程实践成果，参加交流和答辩，该生同时获得本小组最高成绩，由组长执笔修改完善该方案。

4）××月××日（星期×）课堂上各组交流汇报，课堂上大家参与讨论，最后教师当堂进行点评，给出小组总成绩。

5）××月××日（星期×）各组长将本小组成员最终评定的成绩确认后上报。

6）××月××日（星期×）前学生对本人成绩有疑意者提出申诉。

4. 课程实践任务要求

1）每个学生根据自己所在小组不同，独立完成相应的建模评价实训，将成果交组长，组长作好登记及成绩初评；然后各组自行安排时间，由组长召集组员讨论、交流、评选，推荐出一份代表本组的课程实践成果，该成果在综合组员优点、特点后形成本组的课程实践成果。此时各组组长应将工作任务分解，由不同组员分别或者合作完成相应任务，做出供小组汇报的多媒体课件，进行演练，准备好课堂上做小组公开汇报和答辩。

2）针对目前消费性按揭贷款中银行常用的两种主要还款方式（注：学生调研后，教师可做具体提示）进行策划，分析其主要优缺点及适用条件，选择贷款银行和贷（还）款方式，进行经济评价。

3）不足资料各组通过市场调研等方式获得。

4）各组进行汇报和答辩，全班共同参与，最后根据各组汇报和答辩等情况，教师进行点评，给出小组成绩。

5. 提示（以购房为例）

1）购房户型、结构、面积，是否能力所及?

2）工资收入是否满足还款和生活之需?

3）有无赞助，今后住几口人，是否要再做点什么?

9.2.2　课程实践与应用项目 2：房产投融资的经济分析与评价实训

1. 时间节点及工作安排要点

1）××月××日（星期×）前每个学生完成课程实践 2 的任务，将成果交给组长，组长做好登记及成绩初评。

2）××月××日（星期×）前组长召集组员（各组自行安排时间）讨论，交流，评选，推荐出一份代表本组的《房产投融资的经济分析与评价》成果，该生同时获得本小组最高成绩。组长执笔继续完善该成果（可综合各位组员优点、特点），做好本小组汇报的准备工作。

3）××月××日（星期×）下午×：××（约定时间）各组组长带着本组成果与任课教师交流。

4）××月××日（星期×，初定）在课堂上各组进行公开交流，大家参与讨论和答辩，最后教师进行点评，给出小组成绩。

5）××月××日（星期×）各组长将本小组成员最终评定的成绩确认上报。

6）××月××日（星期×）前学生对本人成绩有疑意者可提出申诉。

2. 示范案例

刘先生，月收入 3000 多元，现有积蓄 20 万元，在某市中心有 95m^2 的住房一套。2009 年 5 月在该市三环外购买了一套 64.22m^2 的住房，房价 4360 元/m^2，房款总价 280 000 元。由于刘先生购买的是第二套住房，首付 40%，共计112 000元，剩余 168 000 元向银行申请了 20 年的等额本息商业按揭贷款，贷款基准利率为 5.94%，第二套房利率上浮 10%为 6.534%，月供 1255.97 元（取整 1256 元）。

【问题】　如果刘先生将三环外的这套商品房出租，出租经营期 20 年，20 年的平均租金为 1000 元/月，平均每年的净收入为 9888 元。试用投资回收期法、净现值法分析刘先生用 20 年的租金收回房款首付 112 000 元的可行性。

【问题求解分析】

（1）求每年的净收益

房屋在出租经营期间应缴纳的税费有：营业税为租金收入的 5%；城市建设维护税为营业税额的 7%；教育附加税为营业税额的 3%；房产税为租金收入的 12%；印花税为租赁合同金额的 1‰。

20 年中平均每年出租经营收入及税费估算：

1）租金总收入＝月租金×12＝1000×12＝12 000（元）。

2）税费估算（亦为年经营成本）：

① 营业税＝租金×5%＝12 000 元×5%＝600 元。

② 城市建设维护税＝营业税×7%＝600 元×7%＝42 元。

③ 教育附加税＝营业税×3%＝600 元×3%＝18 元。

④ 房产税＝租金收入×12%＝12 000 元×12%＝1440 元。

⑤ 印花税＝租赁合同金额×1‰＝12 000 元×1‰＝12 元。

税费合计＝ ①＋②＋③＋④＋⑤＝2112 元。

净收益：12 000－2112＝9888（元）。

（2）用投资回收期法进行评价

首先画出陈先生投资该商品房的现金流量图，如图 9.1 所示。

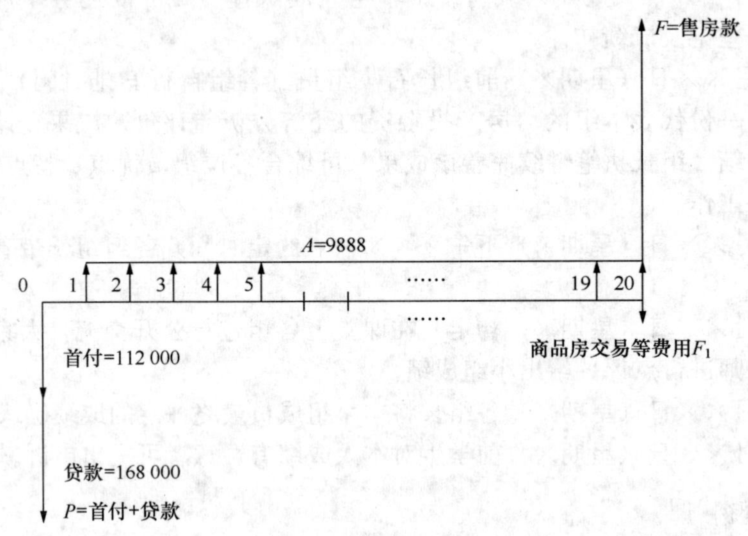

图 9.1 商品房还贷的现金流量图（单位：元）

下面分别用表上计算法和公式计算法评价项目的可行性。由于刘先生是第二套住房，贷款利率上浮 10%为 6.534%。当采用动态投资回收期判断项目的可行性时，可按 i_c＝7%计算。

1）用表上计算法评价项目的可行性，见表 9.4。

表 9.4 静态、动态投资回收期现金流量计算表 单位：元

指标	年度								
	0	1	2	3	4	5	6	7	8
净现金流量	－112 000	9 888	9 888	9 888	9 888	9 888	9 888	9 888	9 888
累计净现金流量	－112 000	－102 112	－92 224	－82 336	－72 448	－62 560	－52 672	－42 784	－32 896
现值系数	1.0	0.934 6	0.873 4	0.816 3	0.762 9	0.713 0	0.666 3	0.622 7	0.582 0
净现值	－112 000	9 241	8 636	8 072	7 544	7 050	6 588	6 157	5 755
累计折现值	－112 000	－102 759	－94 123	－86 051	－78 507	－71 457	－64 869	－58 712	－52 957

续表

指标	年度								
	9	10	11	12	13	14	15	16	17
净现金流量	9 888	9 888	9 888	9 888	9 888	9 888	9 888	9 888	9 888
累计净现金流量	−23 008	−13 120	−3 232	6 656	16 544	正值（后面省略）			
现值系数	0.543 9	0.508 3	0.475 1	0.444 0	0.415 0	0.387 8	0.362 4	0.338 7	0.316 6
净现值	5 378	5 026	4 698	4 390	4 104	3 835	3 583	3 312	3 131
累计折现值	−47 579	−42 553	−37 855	−33 465	−29 361	−25 526	−21 943	−18 631	−15 500

指标	年度							
	18	19	20	21	22	23	24	25～70
净现金流量	9 888	9 888	9 888	9 888	9 888	9 888	9 888	9 888…
现值系数	0.295 9	0.276 5	0.258 4	0.241 5	0.225 7	0.210 9	0.197 1	0.184 2…
净现值	2 926	2 734	2 555	2 388	2 232	2 085	1 949	1 821…
累计折现值	−12 574	−9 840	−7 285	−4 897	−2 665	−580	1 369	3 190…
评价结论	①静态投资回收期＝11.33 年，即 11.33 年可收回首付款，小于 20 年，方案可行 ②动态投资回收期＝23.30 年，即 23.30 年可收回首付款，大于 20 年，方案不可行							
说明	“①静态投资回收期＝11.33 年”和“②动态投资回收期＝23.30 年，”分别表示静态评价数据和动态评价数据							

2）用公式计算法评价项目的可行性。

静态解法 1：

$$\sum_{t=0}^{n}(\mathrm{CI}-\mathrm{CO})_t=-112\,000+9888+9888+\cdots+9888+3232/9888=0$$

解得 $P_t=11.33$(年) $< P_c=20$ 年，投资方案能达到预期效果。

静态解法 2：

解得 $P_t=12-1+3232/9888=11.33$(年) $< P_c=20$ 年，投资方案能达到预期效果。

动态评价：计算过程见表 9.4。将数据代入，得

$$P_D=24-1+(580/1949)\approx 23.30(\text{年})>20\text{年}$$

故用动态投资回收期法评价，投资方案不能达到预期效果。

评价结论：投资项目不可行。

(3) 用净现值法进行评价

1）如果按第二套住房，即按 7%计算：

$$\begin{aligned}\mathrm{NPV}(i_c=7\%)&=-112\,000+9888\times(P/A,7\%,20)\\&=-112\,000+9888\times 10.5940\\&=-112\,000+104\,753.47=-7246.53(\text{元})<0\end{aligned}$$

说明该投资项目（20 年内）在经济上是不可行的。

2）如果利率不上浮，按基准利率 5.94%贷款（首付 40%），按 6%计算，则

$$\mathrm{NPV}(i_c=6\%)=-112\,000+9888\times(P/A,6\%,20)$$

$$=-112\ 000+9888\times 11.4699$$
$$=-112\ 000+113\ 414.37=1414.37(\text{元})>0$$

因为 $NPV(i_c=6\%)>0$，说明该投资项目在20年内除能按6%（大于银行基准利率5.94%）的收益率收回首付款外，在20年末还能获得1414.37元的超额净现值收益（抵偿首付款后的净收益），所以该投资项目在经济上是可行的。

（4）案例的评价结论

1）当 $i_c=7\%$ 时（利率上浮10%）：

①静态投资回收期11.33年可收回首付款，小于20年，故方案可行。②但动态投资回收期23.30年方可收回首付款，大于20年，故方案不可行。③$NPV(i_c=7\%)<0$，说明首付款不能在20年内收回，故该投资项目在经济上是不可行的。④综合结论：不可行。

2）当 $i_c=6\%$ 时（按基准利率）：

$NPV(i_c=6\%)>0$，说明首付款能在20年内收回，故该投资项目在经济上是可行的；投资回收期的结论根据分析也能在20年内收回首付款，故该投资项目在经济上是可行的。综合结论：可行。

3. 课程实践与应用项目描述和工作任务布置

（1）课程实践与应用项目描述

见以上示范案例。

（2）课程实践与应用项目的工作任务布置

如果刘先生将新购的这套商品房留为自住，市中心原有的住房出租，并用月租首先提供月供。如果出租经营期为20年，20年的平均租金为2800元/月，平均每年的净收为15 267元。试用投资回收期法、净现值法分析刘先生用20年的租金支付月供，并收回房款首付112 000元的可行性。

4. 课程实践任务要求

1）不足条件通过市场调研后分析取用。

2）实训表9.4，求出当 $i_c=6\%$ 时，动态投资回收期的评价结论。

9.2.3 课程实践与应用项目3：建设项目融资成本分析及其经济分析与评价实训

1. 时间节点及工作安排要点

1）××月××日（星期×）前每个学生完成课程实践3的练习，将成果交组长，组长作好登记及成绩初评。

2）××月××日（星期×）前组长召集组员（各组自行安排时间）讨论、交流、评选，推荐出一份代表本组的《建设项目融资成本分析及其经济分析与评价》成果，该生同时获得本小组最高成绩。组长执笔继续完善该成果（可综合各位组员优点、特点），做好本小组汇报的准备工作。

3）××月××日（星期×）下午×：××（约定时间）各组组长带着本组成果与任课教师交流。

4）××月××日（星期×，初定）在课堂上各组进行公开交流，大家参与讨论和答辩，最后教师进行点评，给出小组成绩。

5）××月××日（星期×）各组长将本小组成员最终评定的成绩确认上报。

6）××月××日（星期×）前学生对本人成绩有疑意者可提出申诉。

2. 课程实践与应用项目描述和工作任务布置

某企业拟投资兴建一项新产品生产项目，企业现有自有资金 1000 万元。预计该项目固定资产估算总额为 3300 万元，$i_c=10\%$，项目残值为零，项目寿命期为 15 年。现有两个项目筹资方案：

【甲方案】发行长期债券 500 万元，筹资费率为 3%，债券利率为 6%，优先股发行 800 万元，股利率 8%，没有筹资费用，向银行贷款 1000 万元，贷款筹资费率为 0.1%。

【乙方案】发行普通股 700 万元，筹资费率 2%，股利率 4%，且每年增加 4%，同时发行长期债券 700 万元，利率 6%，筹资费率 3%，向银行贷款 900 万元，贷款筹资费率为 0.1%。

该项目正常年份的设计生产能力为 30 万件（假定产销平衡），投资当年达产率为 60%，其余各年达产率均为 100%。每件产品可变成本为 25 元，售价 45 元，销售税金及附加税率为 6%。正常生产年份的年生产经营管理等摊销费用约 120 万元。

【说明】

1）不足条件通过调研后取用。

2）项目描述中如“利率 6%”等表示需经调研后取得当前现行数据。

3. 课程实践任务要求

1）列出不足条件调研后的数据和结果。

2）求出以上两个方案的资金成本，分析不同资金来源如何影响资金成本。

3）比较项目两个筹资方案的优劣。

4）计算正常生产年份的总成本，每年最大可能盈利额。

5）计算该项目的净现值和内部收益率，并用净现值法对项目进行评价。

6）计算该项目年产量盈亏平衡点和单位售价盈亏平衡点。

7）如果市场销售情况较差，每年只能生产和销售设计生产能力的 85%，要保证每年获利不低于 50 万元的情况下，每件产品最低销售价格。此时，从盈亏平衡的角度分析，判断项目的可行性。

8）进行敏感性分析，通过计算净现值，分析投资额、年收益、年成本分别变化超过多少百分比时，项目将变得不可行。

9）按敏感性因素的强弱排列投资额、年收益、年成本三个因素的前后顺序。

4. 提示

1）问题 1）～4），可参考本书第 2 章及第 3 章的内容。

2）问题 5）～9），可参考本书第 4 章的内容。

9.2.4 课程实践与应用项目 4：价值工程方法应用实训

1. 时间节点及工作安排要点

1）××月××日（星期×）前每个学生完成课程实践 4 的练习，将成果交组长，组长做好登记及成绩初评。

2）××月××日（星期×）前组长召集组员（各组自行安排时间）讨论、交流、评选，推荐出一份代表本组的价值工程方法应用的成果，该生同时获得本小组最高成绩。由组长安排专人执笔继续完善该成果（可综合组员的优点和特点），准备本小组的汇报。

3）××月××日（星期×）下午×：××（约定时间）各组组长带着本组成果与任课教师交流。

4）××月××日（星期×，初定）在课堂上各组进行公开汇报，大家参与讨论和答辩，最后教师进行点评，给出小组总成绩。

5）××月××日（星期×）各组长将本小组成员最终评定的成绩确认上报。

6）××月××日（星期×）前学生对本人成绩有疑意者可提出申诉。

2. 课程实践与应用项目描述和工作任务布置

某开发商拟开发一幢商住楼，有如下三种可行设计方案：

【方案 A】结构方案为大柱网框架轻墙体系，采用预应力大跨度迭合楼板，墙体材料采用多孔砖及移动式可拆装式分室隔墙，窗户采用单框双层玻璃钢塑窗，面积利用系数 93%，单方造价为 1437.58 元/m^2。

【方案 B】结构方案同 A 墙体，采用内浇外砌、窗户采用单框双层玻璃空腹钢窗，面积利用系数 87%，单方造价 1108 元/m^2。

【方案 C】结构方案采用砖混结构体系，采用多孔预应力板，墙体材料采用标准黏土砖，窗户采用单层玻璃空腹钢窗，面积利用系数 70.69%，单方造价 1081.8 元/m^2。

经专家论证设置了结构体系（f_1）、模板类型（f_2）、墙体材料（f_3）、面积系数（f_4）、窗户类型（f_5）等五项功能指标对各方案进行功能评价，该五项功能指标的重要程度排序为 $f_4>f_1>f_3>f_5>f_2$。方案 A、B、C 的各项功能得分见表 9.5。

表 9.5 方案功能得分表

方案功能		结构体系（f_1）	模板类型（f_2）	墙体材料（f_3）	面积系数（f_4）	窗户类型（f_5）
方案功能得分	A	10	10	8	9	9
	B	10	10	9	8	7
	C	8	9	7	7	8

3. 课程实践任务要求

1）试用“0～1”评分法确定各项功能指标的权重。

2）试计算各方案的功能系数、成本系数、价值系数，选择最优设计方案。

9.3　综合模拟试题

9.3.1　工程经济学模拟试卷

说明：

1）本试卷的试题内容及其难度与“专本套读”中“工程经济学”课程的考试要求相当。

2）本试卷分为两部分，第一部分为选择题，第二部分为非选择题，选择题 30 分，非选择题 70 分，共 100 分；考试时间 150 分钟。

3）本试卷有一定的难度，其中少数内容不在本教材内。

4）建议学生按正式考试的方法完成本次模拟考试的训练。

第一部分　选择题（共 30 分）

一、单项选择题（本大题共 25 小题，每小题 1 分，共 25 分，在每小题列出的四个备选项中只有一个是符合题目要求的，请将其代码填写在题后的括号内。错选、多选或未选均无分。）

1. 应收账款应当属于（　　）。

A. 固定资产　　B. 流动资产　　C. 无形资产　　D. 递延资产

2. 名义利率为 12%，按月复利计息，则实际利率为（　　）。

A. 11.68%　　B. 12%　　C. 12.68%　　D. 15%

3. 技术进步导致社会劳动生产率水平提高，使设备价值贬值，这种方式属于（　　）。

A. 物理磨损　　B. 生产磨损　　C. 有形磨损　　D. 无形磨损

4. 盈亏平衡分析是研究建设项目投产后正常年度的（　　）之间的关系。

A. 产量、利润　　B. 产量、成本、价格

C. 产量、投资　　D. 产量、价格、利润

5. 通常情况下，同一现金流量 NPV 随着 i 的增加而（　　）。

A. 增大　　B. 减小　　C. 不变　　D. 不规律变化

6. 在国民经济评价中，反映项目对国民经济净贡献的相对指标是（　　）。

A. 经济净现值　　B. 经济内部收益率

C. 社会折现率　　D. 投资收益值

7. 寿命周期成本是指（　　）。

A. 实验和生产全过程发生的成本

B. 从使用到退出使用过程中发生的费用总和

C. 产品存续期的总成本

D. 生产成本和使用成本及维护之和

8. 购买保险是一种（　　）。

A. 风险转移　　B. 风险回避　　C. 风险分离　　D. 风险分散

9. 对投资项目或投资方向提出建议，是（　　）阶段的主要任务。

A. 投资机会研究　　B. 初步可行性研究

C. 详细可行性研究　　D. 项目的评估和决策

10. 在众多的不确定性因素中，找出对项目经济评价指标影响较大的因素，并判明其对开发项目投资效益影响的程度，是（　　）分析的目的。

A. 敏感性　　B. 盈亏平衡　　C. 风险　　D. 概率

11. 当独立投资方案的净现值大于 0 时，则内部收益率（　　）。

A. 一定大于 0　　B. 一定小于 0

C. 小于设折现率　　D. 大于设定折现率

12. 国民经济评价的基本方法是（　　）。

A. 盈亏平衡分析　　B. 概率分析

C. 费用效益分析　　D. 价值分析

13. 市场利率提高，则债券的价格（　　）。

A. 上升　　B. 下降　　C. 不变　　D. 不规则变化

14. 价值工程中的总成本是指（　　）。

A. 生产成本　　B. 产品寿命周期成本

C. 使用成本　　D. 使用和维修费用成本

15. 一个项目的净现值 NPV＜0，则其内部收益率 IRR 同基准收益率 i_c 的关系是（　　）。

A. IRR＝i_c　　B. IRR＞i_c

C. IRR＜i_c　　D. IRR 可能大于 i_c，也可能＜i_c

16. 在敏感性分析中，下列因素最敏感的是（　　）。

A. 经营成本上升 10％，使 NPV＝0　　B. 产品价格降低 20％，使 NPV＝0

C. 投资增加 120％，使 NPV＝0　　D. 产量降低 40％，使 NPV＝0

17. 某项目当折现率为 17％时，累计净现值为 18.7 万元，当折现率为 18％时，累计净现值为－74 万元，则内部收益率为（　　）。

A. 16.8％　　B. 17.2％　　C. 17.9％　　D. 18.3％

18. 技术与经济应当协调发展，在处理技术与经济关系的时候，中心问题是（　　）。

A. 技术　　B. 经济　　C. 协调　　D. 发展

19. 同一地域的土地，现有两个利用方案作为备选实施，一个是建居民楼，一个是建写字楼，这两个方案之间的关系是（　　）。

A. 互斥型　　B. 混合型　　C. 相关型　　D. 独立型

20. 机会研究的投资估算精度为（　　）。

A. －5％～5％　　B. －10％～10％

C. －20％～20％　　D. －30％～30％

21. 下列关于投资回收期的描述，正确的是（　　）。

A. 投资回收期不能全面反映项目在整个寿命期内真实的经济效果

B. 投资回收期是一个静态指标

C. 投资回收期是一个动态指标

D. 投资回收期从项目开始投入之日算起，到项目结束为止

22. 净现值率是一个效率型的指标，它是（　　）之间的比值。

A. 净现值与项目净收益　　B. 净现值与项目总投资

C. 净现值与项目固定资产投资　　D. 净现值与项目现金流出总额

23. 在进行项目合理规模选择的时候，不少行业都有个最小规模界限，这个最小规模的确定，其方法的核心就是寻找（　　）。

A. 最高利润点　　B. 最低成本点

C. NPV 为 0 点　　D. 盈亏平衡点

24. 价值工程对象选择时，按照 ABC 分类法，对 A 类部件可（　　）。

A. 重点对待　　B. 一般对待

C. 简化对待　　D. 随机对待

25. 已知 3 个互斥方案 A、B、C，求出各自的净现值并比较得出 $NPV_A > NPV_B > NPV_C > 0$，则选择的可行方案是（　　）。

A. 方案 A、B、C　　B. 方案 A

C. 方案 C　　D. 条件不足不能确定

二、多项选择题（本大题共 5 小题，每小题 1 分，共 5 分，在每小题列出的五个备选项中至少有两个以上是符合题目要求的，请将其代码填写在题后的括号内。错选、多选、少选或未选均无分。）

26. 下列关于资金时间价值论述正确的是（　　）。

A. 资金的时间价值是指等额资金的在不同时间发生的价值上的差别

B. 盈利和利息是资金时间价值的两种表现形式

C. 资金的时间价值分析是一种动态分析方法

D. 利率是衡量资金时间价值的相对尺度

E. 只有实际利率才能反映资金的时间价值

27. 影响资金等值的因素主要有（　　）。

A. 资金额的大小　　B. 资金发生的时间

C. 资金的来源　　D. 利率

E. 资金的投资用途

28. 项目的社会影响分析，包括（　　）。

A. 项目对宏观政策的影响　　B. 项目对社会经济的影响

C. 项目对自然资源的影响　　D. 项目对自然与生态环境的影响

E. 项目对社会环境的影响

29. 工程经济分析中不确定分析的基本方法包括（　　）。

A. 盈亏平衡分析　　B. 敏感性分析

C. 财务效益分析　　D. 国民经济效益分析

E. 概率分析

30. 股权资金包括（　　）。

A. 吸收直接投资　　B. 发行股票

C. 企业的保留盈余资金　　D. 发行债券

E. 银行贷款

第二部分　非选择题（共 70 分）

三、填空题（本大题共 6 道，每空 1 分，共 10 分）

31. 净现值率是项目净现值与项目投资总额现值之比，是一种______指标。

32. 常用的加速折旧法有______和______两种。

33. 价值工程是以最低的寿命周期费用，可靠地实现产品的______，从而提高______的一项工作。

34. 设备磨损有有形磨损、无形磨损两种形式，其中有形磨损又称______，无形磨损又称______。

35. 固定资产投资借款偿还期是反映项目______能力的指标。

36. 财务评价采用现行市场价格，国民经济评价采用根据______和______确定的影子价格。

四、简答题（本大题共 6 道，每小题 5 分，共 30 分）

37. 工程经济学的研究对象是什么？主要研究哪些内容？

38. 什么是经营成本？其范围如何界定？

39. 损益表的作用主要表现在哪几个方面？

40. 简述社会评价的步骤。

41. 简述国民经济评价和财务评价的区别。

42. 简述价值工程的特点。

五、计算题（本大题共 5 道，每小题 6 分，共 30 分）

要写出解题所依据的公式及主要的过程。只有答案，没有任何说明和过程，无分。

43. 某人拟购买 1 年前发行的，面额为 100 元的债券，年限为 8 年，年利率为 10%（单利），每年支付利息，到期还本。现投资者要求在余下的 7 年中年收益为 8%，问该债券现在的价格为多少时，投资者才值得买入？

44. 现在 A、B 两个互斥方案，寿命相同，各年的现金流量见表 9.6，试用增量净现值分析法评选方案，并说明其评选原则（$i=10\%$）。

表 9.6　各年现金流量表

项目	年度	
	0	1～10
A 方案的净现金流/万元	−20	6
B 方案的净现金流/万元	−30	8

45. 某工厂购置一台机器。该机器的购置成本为 6000 元，第 1 年的使用费用为 1000 元，以后每年以 300 元的金额逐年递增。开始使用 1 年后净残值 3000 元，以后每

年 500 元的金额逐年递减，机器的最大使用年限为 5 年。已知折现率为 15%，试求该机器的经济寿命？

46. 已知某建设项目可行性研究报告中，当折现率为 10%时，累计净现值为 120.84 万元，当折线率为 15%时，累计净现值为－32.26 万元。已知基准收益率 i_0＝12%，试计算该项目的内部收益率，并判定项目是否可行？

47. 某工程方案设计生产能力为 2 万件/年，产品销售价格为 2000 元/件，年总成本为 3000 万元，其中固定成本为 2000 万元，试求以产量、销售收入、销售价格表示的盈亏平衡点。

9.3.2　工程经济学模拟试卷参考答案

一、单项选择题（本大题共 25 小题，每小题 1 分，共 25 分）

1～5. BCDBB，6～10. CDAAA，11～15. DCBBC，16～20. ABDAD，
21～25. ABDAB

二、多项选择题（本大题共 5 小题，每小题 1 分，共 5 分）

26. ABCD　27. ABD　28. BCDE　29. ABE　30. ABC

三、填空题（本大题共 6 道，每空 1 分，共 10 分）

31. 效率型　32. 年数和折旧法　双倍余额递减法

33. 必要功能　产品价值　34. 物理磨损　精神磨损

35. 财务清偿　36. 机会成本　供求关系

四、简答题（本大题共 6 道，每小题 5 分，共 30 分）

37. 答：工程经济学是一门研究技术领域经济问题和经济规律，研究技术进步与经济增长之间的相互关系的科学。(2 分)

工程经济学研究的内容主要是：

1）研究技术实践的经济效果，寻求提高经济效果的途径与方法。(1 分)

2）研究技术和经济的相互关系，探讨技术与经济相互促进、协调发展途径。(1 分)

3）研究如何通过技术创新推动技术进步，进而获得经济增长。(1 分)

38. 答：经营成本是从投资方案本身考察的，是一定期间（通常为一年）内由于生产和销售产品及提供劳务而实际发生的现金支出。(2 分) 它不包括虽计入产品成本费用中，但实际没发生现金支出的费用项目。(2 分) 在方案财务分析时，经营成本按公式计算：经营成本＝总成本费用－折旧费－维检费－摊销费－财务费用。(1 分)

39. 答：1）能反映企业在一定期间的收入和费用情况以及获得利润或发生亏损的数额，表明企业收入与产出之间的关系。(2 分)

2）通过提供的不同时期的比较数字，可以分析判断企业损益发展变化的趋势，预测企业未来的盈利能力。(2 分)

3）通过报表可以考核企业的经营成果以及利润计划的执行情况，分析企业利润增减变化原因。(1 分)

40. 答：

1）调查社会资料（1 分）。调查了解项目所在地区的社会环境等方面的资料。（1 分）

2）识别社会因素。分析社会调查获得的资料，对项目涉及的各种社会因素进行分类。（1 分）

3）论证比选方案（1 分）。对项目可行性研究拟定的建设地点、技术方案和工程方案中涉及的主要社会因素进行定性、定量分析，比选推荐社会正面影响大、负面影响小的方案。（1 分）

41. 答：国民经济评价和财务评价的区别主要有：

1）评估的角度不同（1 分），财务评价是站在企业的角度考察项目，而国民经济评价是从国民经济和社会需要的角度考察项目。（1 分）

2）效益与费用的构成及范围不同。（1 分）

3）采用的参数不同，财务评价采用现行市场价格，国民经济评价采用影子价格。（1 分）

4）评估的方法不同，财务评价采用盈利分析法，国民经济评价采用费用效益分析等方法。（1 分）

42. 答：价值工程具有如下特点：

1）价值工程强调产品的功能，重点放在对产品功能的研究上。（1 分）

2）价值工程将确保功能和降低成本作为一个整体来考虑，以便创造出总体价值最高的产品。（1 分）

3）价值工程强调不断改革和创新，开拓新构思和新途径，获得新方案。（1 分）

4）价值工程要求将功能定量化。（1 分）

5）价值工程是以集体的智慧开展的有计划、有组织的活动。（1 分）

五、计算题（本大题共 5 道，每题各 6 分，共 30 分）。

43. 解：每年支付的利息为 $100\times10\%=10$ 元　　（2 分）

$P=10(P/A,6\%,7)+100(P/F,6\%,4)$　　（1 分）

$=10\times5.206+100\times0.583=110.36$ 元　　（1 分）

若投资者要求的收益率为 8%，则该债券现在的价格低于 110.36 元时，投资者才值得买入。（2 分）

44. 解：$\Delta NPV_{B-A}(10\%)=-30-(-20)+(8-6)(P/A,10\%,10)=2.29$万元　（2 分）

$\Delta NPV_{B-A}>0$，因此，增加投资有利，投资大的 B 方案优于 A 方案。（2 分）

增量净现值分析法的评选准则：如果 $NPV_A>0$，$NPV_B>0$，则 $\Delta NPV_{B-A}>0$，B 方案优于A 方案即选择初始投资较大的方案；$\Delta NPV_{B-A}<0$，A 方案优于 B 方案即选择初始投资较小的方案。本题中 $NPV_A=-20+6(P/A,10\%,10)=16.84>0$，$NPV_B=-30+8(P/A,10\%,10)=19.15>0$，而 $NPV_{B-A}>0$，同样得出结论选 B 方案。（2 分）

45. 解：$AAC_1=(P-S_1)\times(A/P,15\%,1)+S_1\times0.15+Y_1=4900$　（1 分）

$AAC_2=(P-S_2)\times(A/P,15\%,2)+S_2\times0.15+Y_2=3827.5$　（1 分）

$AAC_3=(P-S_3)\times(A/P,15\%,3)+S_3\times0.15+Y_3=3652$　（1 分）

$AAC_4=(P-S_4)\times(A/P,15\%,4)+S_4\times0.15+Y_4=3700$ （1 分）

$AAC_5=(P-S_5)\times(A/P,15\%,5)+S_5\times0.15+Y_5=3840$ （1 分）

所以，该机器的经济寿命为 3 年，此时有最低的平均年费用。（1 分）

46. 解：$i_1=10\%$时，$NPV_1=120.84$；$i_2=15\%$时，$NPV_2=-32.26$

$IRR=i_1+NPV_1\times(i_2-i_1)/(NPV_1-NPV_2)$ （3 分）

$=10\%+120.84\times(15\%-10\%)/(120.84+32.26)$

$=10\%+0.0395=13.95\%$ （2 分）

由于 $IRR>i_0$，所以项目可行。 （1 分）

47. 解：首先计算单位产品的变动成本

$C_X=(C-C_F)/Q_0$ （1 分）

$=(3000-2000)/2=500$(元) （1 分）

盈亏平衡点产量为

$Q^*=C_F/(P-C_X)$ （1 分）

$=2000\times10^4/(2000-500)=13\ 333$(件)$=1.33$(万件) （1 分）

盈亏平衡点销售收入为

$S^*=P\times Q^*$

$=2000\times1.3333=2666.6$(万元) （1 分）

盈亏平衡点价格为

$P^*=C_X+C_F/Q_0$

$=500+2000/2=1500$(元) （1 分）

附录 1

间断复利表

附表 1　复利系数表（$i=1\%$）

n	$(F/P,i,n)$	$(P/F,i,n)$	$(F/A,i,n)$	$(A/F,i,n)$	$(A/P,i,n)$	$(P/A,i,n)$	$(F/G,i,n)$	$(A/G,i,n)$
1	1.0100	0.9901	1.0000	1.0000	1.0100	0.9901	0.0000	0.0000
2	1.0201	0.9803	2.0100	0.4975	0.5075	1.9704	1.0000	0.4975
3	1.0303	0.9706	3.0301	0.3300	0.3400	2.9410	3.0100	0.9934
4	1.0406	0.9610	4.0604	0.2463	0.2563	3.9020	6.0401	1.4876
5	1.0510	0.9515	5.1010	0.1960	0.2060	4.8534	10.1005	1.9801
6	1.0615	0.9420	6.1520	0.1625	0.1725	5.7955	15.2015	2.4710
7	1.0721	0.9327	7.2135	0.1386	0.1486	6.7282	21.3535	2.9602
8	1.0829	0.9235	8.2857	0.1207	0.1307	7.6517	28.5671	3.4478
9	1.0937	0.9143	9.3685	0.1067	0.1167	8.5660	36.8527	3.9337
10	1.1046	0.9053	10.4622	0.0956	0.1056	9.4713	46.2213	4.4179
11	1.1157	0.8963	11.5668	0.0865	0.0965	10.3676	56.6835	4.9005
12	1.1268	0.8874	12.6825	0.0788	0.0888	11.2551	68.2503	5.3815
13	1.1381	0.8787	13.8093	0.0724	0.0824	12.1337	80.9328	5.8607
14	1.1495	0.8700	14.9474	0.0669	0.0769	13.0037	94.7421	6.3384
15	1.1610	0.8613	16.0969	0.0621	0.0721	13.8651	109.6896	6.8143
16	1.1726	0.8528	17.2579	0.0579	0.0679	14.7179	125.7864	7.2886
17	1.1843	0.8444	18.4304	0.0543	0.0643	15.5623	143.0443	7.7613
18	1.1961	0.8360	19.6147	0.0510	0.0610	16.3983	161.4748	8.2323
19	1.2081	0.8277	20.8109	0.0481	0.0581	17.2260	181.0895	8.7017
20	1.2202	0.8195	22.0190	0.0454	0.0554	18.0456	201.9004	9.1694
21	1.2324	0.8114	23.2392	0.0430	0.0530	18.8570	223.9194	9.6354
22	1.2447	0.8034	24.4716	0.0409	0.0509	19.6604	247.1586	10.0998
23	1.2572	0.7954	25.7163	0.0389	0.0489	20.4558	271.6302	10.5626
24	1.2697	0.7876	26.9735	0.0371	0.0471	21.2434	297.3465	11.0237
25	1.2824	0.7798	28.2432	0.0354	0.0454	22.0232	324.3200	11.4831
26	1.2953	0.7720	29.5256	0.0339	0.0439	22.7952	352.5631	11.9409
27	1.3082	0.7644	30.8209	0.0324	0.0424	23.5596	382.0888	12.3971
28	1.3213	0.7568	32.1291	0.0311	0.0411	24.3164	412.9097	12.8516
29	1.3345	0.7493	33.4504	0.0299	0.0399	25.0658	445.0388	13.3044
30	1.3478	0.7419	34.7849	0.0287	0.0387	25.8077	478.4892	13.7557
31	1.3613	0.7346	36.1327	0.0277	0.0377	26.5423	513.2740	14.2052
32	1.3749	0.7273	37.4941	0.0267	0.0367	27.2696	549.4068	14.6532
33	1.3887	0.7201	38.8690	0.0257	0.0357	27.9897	586.9009	15.0995
34	1.4026	0.7130	40.2577	0.0248	0.0348	28.7027	625.7699	15.5441
35	1.4166	0.7059	41.6603	0.0240	0.0340	29.4086	666.0276	15.9871
36	1.4308	0.6989	43.0769	0.0232	0.0332	30.1075	707.6878	16.4285
37	1.4451	0.6920	44.5076	0.0225	0.0325	30.7995	750.7647	16.8682
38	1.4595	0.6852	45.9527	0.0218	0.0318	31.4847	795.2724	17.3063
39	1.4741	0.6784	47.4123	0.0211	0.0311	32.1630	841.2251	17.7428
40	1.4889	0.6717	48.8864	0.0205	0.0305	32.8347	888.6373	18.1776
41	1.5038	0.6650	50.3752	0.0199	0.0299	33.4997	937.5237	18.6108
42	1.5188	0.6584	51.8790	0.0193	0.0293	34.1581	987.8989	19.0424
43	1.5340	0.6519	53.3978	0.0187	0.0287	34.8100	1039.7779	19.4723
44	1.5493	0.6454	54.9318	0.0182	0.0282	35.4555	1093.1757	19.9006
45	1.5648	0.6391	56.4811	0.0177	0.0277	36.0945	1148.1075	20.3273
46	1.5805	0.6327	58.0459	0.0172	0.0272	36.7272	1204.5885	20.7524
47	1.5963	0.6265	59.6263	0.0168	0.0268	37.3537	1262.6344	21.1758
48	1.6122	0.6203	61.2226	0.0163	0.0263	37.9740	1322.2608	21.5976
49	1.6283	0.6141	62.8348	0.0159	0.0259	38.5881	1383.4834	22.0178
50	1.6446	0.6080	64.4632	0.0155	0.0255	39.1961	1446.3182	22.4363

附表 2　复利系数表（$i=2\%$）

n	$(F/P,i,n)$	$(P/F,i,n)$	$(F/A,i,n)$	$(A/F,i,n)$	$(A/P,i,n)$	$(P/A,i,n)$	$(F/G,i,n)$	$(A/G,i,n)$
1	1.0200	0.9804	1.0000	1.0000	1.0200	0.9804	0.0000	0.0000
2	1.0404	0.9612	2.0200	0.4950	0.5150	1.9416	1.0000	0.4950
3	1.0612	0.9423	3.0604	0.3268	0.3468	2.8839	3.0200	0.9868
4	1.0824	0.9238	4.1216	0.2426	0.2626	3.8077	6.0804	1.4752
5	1.1041	0.9057	5.2040	0.1922	0.2122	4.7135	10.2020	1.9604
6	1.1262	0.8880	6.3081	0.1585	0.1785	5.6014	15.4060	2.4423
7	1.1487	0.8706	7.4343	0.1345	0.1545	6.4720	21.7142	2.9208
8	1.1717	0.8535	8.5830	0.1165	0.1365	7.3255	29.1485	3.3961
9	1.1951	0.8368	9.7546	0.1025	0.1225	8.1622	37.7314	3.8681
10	1.2190	0.8203	10.9497	0.0913	0.1113	8.9826	47.4860	4.3367
11	1.2434	0.8043	12.1687	0.0822	0.1022	9.7868	58.4358	4.8021
12	1.2682	0.7885	13.4121	0.0746	0.0946	10.5753	70.6045	5.2642
13	1.2936	0.7730	14.6803	0.0681	0.0881	11.3484	84.0166	5.7231
14	1.3195	0.7579	15.9739	0.0626	0.0826	12.1062	98.6969	6.1786
15	1.3459	0.7430	17.2934	0.0578	0.0778	12.8493	114.6708	6.6309
16	1.3728	0.7284	18.6393	0.0537	0.0737	13.5777	131.9643	7.0799
17	1.4002	0.7142	20.0121	0.0500	0.0700	14.2919	150.6035	7.5256
18	1.4282	0.7020	21.4123	0.0467	0.0667	14.9920	170.6156	7.9681
19	1.4568	0.6864	22.8406	0.0438	0.0638	15.6785	192.0279	8.4073
20	1.4859	0.6730	24.2974	0.0412	0.0612	16.3514	214.8685	8.8433
21	1.5157	0.6598	25.7833	0.0388	0.0588	17.0112	239.1659	9.2760
22	1.5460	0.6468	27.2990	0.0366	0.0566	17.6580	264.9492	9.7055
23	1.5769	0.6342	28.8450	0.0347	0.0547	18.2922	292.2482	10.1317
24	1.6084	0.6217	30.4219	0.0329	0.0529	18.9139	321.0931	10.5547
25	1.6406	0.6095	32.0303	0.0312	0.0512	19.5235	351.5150	10.9745
26	1.6734	0.5976	33.6709	0.0297	0.0497	20.1210	383.5453	11.3910
27	1.7069	0.5859	35.3443	0.0283	0.0483	20.7069	417.2162	11.8043
28	1.7410	0.5744	37.0512	0.0270	0.0470	21.2813	452.5605	12.2145
29	1.7758	0.5631	38.7922	0.0258	0.0458	21.8444	489.6117	12.6214
30	1.8114	0.5521	40.5681	0.0246	0.0446	22.3965	528.4040	13.0251
31	1.8476	0.5412	42.3794	0.0236	0.0436	22.9377	568.9720	13.4257
32	1.8845	0.5306	44.2270	0.0226	0.0426	23.4683	611.3515	13.8230
33	1.9222	0.5202	46.1116	0.0217	0.0417	23.9886	655.5785	14.2172
34	1.9607	0.5100	48.0338	0.0208	0.0408	24.4986	701.6901	14.6083
35	1.9999	0.5000	49.9945	0.0200	0.0400	24.9986	749.7239	14.9961
36	2.0399	0.4902	51.9944	0.0192	0.0392	25.4888	799.7184	15.3809
37	2.0807	0.4806	54.0343	0.0185	0.0385	25.9695	851.7127	15.7625
38	2.1223	0.4712	56.1149	0.0178	0.0378	26.4406	905.7470	16.1409
39	2.1647	0.4619	58.2372	0.0172	0.0372	26.9026	961.8619	16.5163
40	2.2080	0.4529	60.4020	0.0166	0.0366	27.3555	1020.0992	16.8885
41	2.2522	0.4440	62.6100	0.0160	0.0360	27.7995	1080.5011	17.2576
42	2.2972	0.4353	64.8622	0.0154	0.0354	28.2348	1143.1112	17.6237
43	2.3432	0.4268	67.1595	0.0149	0.0349	28.6616	1207.9734	17.9866
44	2.3901	0.4184	69.5027	0.0144	0.0344	29.0800	1275.1329	18.3465
45	2.4379	0.4102	71.8927	0.0139	0.0339	29.4902	1344.6355	18.7034
46	2.4866	0.4022	74.3306	0.0135	0.0335	29.8923	1416.5282	19.0571
47	2.5363	0.3943	76.8172	0.0130	0.0330	30.2866	1490.8588	19.4079
48	2.5871	0.3865	79.3535	0.0126	0.0326	30.6731	1567.6760	19.7556
49	2.6388	0.3790	81.9406	0.0122	0.0322	31.0521	1647.0295	20.1003
50	2.6916	0.3715	84.5794	0.0118	0.0318	31.4236	1728.9701	20.4420

附表3　复利系数表（$i=3\%$）

n	$(F/P,i,n)$	$(P/F,i,n)$	$(F/A,i,n)$	$(A/F,i,n)$	$(A/P,i,n)$	$(P/A,i,n)$	$(F/G,i,n)$	$(A/G,i,n)$
1	1.0300	0.9709	1.0000	1.0000	1.0300	0.9709	0.0000	0.0000
2	1.0609	0.9426	2.0300	0.4926	0.5226	1.9135	1.0000	0.4926
3	1.0927	0.9151	3.0909	0.3235	0.3535	2.8286	3.0300	0.9803
4	1.1255	0.8885	4.1836	0.2390	0.2690	3.7171	6.1209	1.4631
5	1.1593	0.8626	5.3091	0.1884	0.2184	4.5797	10.3045	1.9409
6	1.1941	0.8375	6.4684	0.1546	0.1846	5.4172	15.6137	2.4138
7	1.2299	0.8131	7.6625	0.1305	0.1605	6.2303	22.0821	2.8819
8	1.2668	0.7894	8.8923	0.1125	0.1425	7.0197	29.7445	3.3450
9	1.3048	0.7664	10.1591	0.0984	0.1284	7.7861	38.6369	3.8032
10	1.3439	0.7441	11.4639	0.0872	0.1172	8.5302	48.7960	4.2565
11	1.3842	0.7224	12.8078	0.0781	0.1081	9.2526	60.2599	4.7049
12	1.4258	0.7014	14.1920	0.0705	0.1005	9.9540	73.0677	5.1485
13	1.4685	0.6810	15.6178	0.0640	0.0940	10.6350	87.2597	5.5872
14	1.5126	0.6611	17.0863	0.0585	0.0885	11.2961	102.8775	6.0210
15	1.5580	0.6419	18.5989	0.0538	0.0838	11.9379	119.9638	6.4500
16	1.6047	0.6232	20.1569	0.0496	0.0796	12.5611	138.5627	6.8742
17	1.6528	0.6050	21.7616	0.0460	0.0760	13.1661	158.7196	7.2936
18	1.7024	0.5874	23.4144	0.0427	0.0727	13.7535	180.4812	7.7081
19	1.7535	0.5703	25.1169	0.0398	0.0698	14.3238	203.8956	8.1179
20	1.8061	0.5537	26.8704	0.0372	0.0672	14.8775	229.0125	8.5229
21	1.8603	0.5375	28.6765	0.0349	0.0649	15.4150	255.8829	8.9231
22	1.9161	0.5219	30.5368	0.0327	0.0627	15.9369	284.5593	9.3186
23	1.9736	0.5067	32.4529	0.0308	0.0608	16.4436	315.0961	9.7093
24	2.0328	0.4919	34.4265	0.0290	0.0590	16.9355	347.5490	10.0954
25	2.0938	0.4776	36.4593	0.0274	0.0574	17.4131	381.9755	10.4768
26	2.1566	0.4637	38.5530	0.0259	0.0559	17.8768	418.4347	10.8535
27	2.2213	0.4502	40.7096	0.0246	0.0546	18.3270	456.9878	11.2255
28	2.2879	0.4371	42.9309	0.0233	0.0533	18.7641	497.6974	11.5930
29	2.3566	0.4243	45.2189	0.0221	0.0521	19.1885	540.6283	11.9558
30	2.4273	0.4120	47.5754	0.0210	0.0510	19.6004	585.8472	12.3141
31	2.5001	0.4000	50.0027	0.0200	0.0500	20.0004	633.4226	12.6678
32	2.5751	0.3883	52.5028	0.0190	0.0490	20.3888	683.4253	13.0169
33	2.6523	0.3770	55.0778	0.0182	0.0482	20.7658	735.9280	13.3616
34	2.7319	0.3660	57.7302	0.0173	0.0473	21.1318	791.0059	13.7018
35	2.8139	0.3554	60.4621	0.0165	0.0465	21.4872	848.7361	14.0375
36	2.8983	0.3450	63.2759	0.0158	0.0458	21.8323	909.1981	14.3688
37	2.9852	0.3350	66.1742	0.0151	0.0451	22.1672	972.4741	14.6957
38	3.0748	0.3252	69.1594	0.0145	0.0445	22.4925	1038.6483	15.0182
39	3.1670	0.3158	72.2342	0.0138	0.0438	22.8082	1107.8078	15.3363
40	3.2620	0.3066	75.4013	0.0133	0.0433	23.1148	1180.0420	15.6502
41	3.3599	0.2976	78.6633	0.0127	0.0427	23.4124	1255.4433	15.9597
42	3.4607	0.2890	82.0232	0.0122	0.0422	23.7014	1334.1065	16.2650
43	3.5645	0.2805	85.4839	0.0117	0.0417	23.9819	1416.1297	16.5660
44	3.6715	0.2724	89.0484	0.0112	0.0412	24.2543	1501.6136	16.8629
45	3.7816	0.2644	92.7199	0.0108	0.0408	24.5187	1590.6620	17.1556
46	3.8950	0.2567	96.5015	0.0104	0.0404	24.7754	1683.3819	17.4441
47	4.0119	0.2493	100.3965	0.0100	0.0400	25.0247	1779.8834	17.7285
48	4.1323	0.2420	104.4084	0.0096	0.0396	25.2667	1880.2799	18.0089
49	4.2562	0.2350	108.5406	0.0092	0.0392	25.5017	1984.6883	18.2852
50	4.3839	0.2281	112.7969	0.0089	0.0389	25.7298	2093.2289	18.5575

附表4　复利系数表（$i=4\%$）

n	$(F/P,i,n)$	$(P/F,i,n)$	$(F/A,i,n)$	$(A/F,i,n)$	$(A/P,i,n)$	$(P/A,i,n)$	$(F/G,i,n)$	$(A/G,i,n)$
1	1.0400	0.9615	1.0000	1.0000	1.0400	0.9615	0.0000	0.0000
2	1.0816	0.9246	2.0400	0.4902	0.5302	1.8861	1.0000	0.4902
3	1.1249	0.8890	3.1216	0.3203	0.3603	2.7751	3.0400	0.9739
4	1.1699	0.8548	4.2465	0.2355	0.2755	3.6299	6.1616	1.4510
5	1.2167	0.8219	5.4163	0.1846	0.2246	4.4518	10.4081	1.9216
6	1.2653	0.7903	6.6330	0.1508	0.1908	5.2421	15.8244	2.3857
7	1.3159	0.7599	7.8983	0.1266	0.1666	6.0021	22.4574	2.8433
8	1.3686	0.7307	9.2142	0.1085	0.1485	6.7327	30.3557	3.2944
9	1.4233	0.7026	10.5828	0.0945	0.1345	7.4353	39.5699	3.7391
10	1.4802	0.6756	12.0061	0.0833	0.1233	8.1109	50.1527	4.1773
11	1.5395	0.6496	13.4864	0.0741	0.1141	8.7605	62.1588	4.6090
12	1.6010	0.6246	15.0258	0.0666	0.1066	9.3851	75.6451	5.0343
13	1.6651	0.6006	16.6268	0.0601	0.1001	9.9856	90.6709	5.4533
14	1.7317	0.5775	18.2919	0.0547	0.0947	10.5631	107.2978	5.8659
15	1.8009	0.5553	20.0236	0.0499	0.0899	11.1184	125.5897	6.2721
16	1.8730	0.5339	21.8245	0.0458	0.0858	11.6523	145.6133	6.6720
17	1.9479	0.5134	23.6975	0.0422	0.0822	12.1657	167.4378	7.0656
18	2.0258	0.4936	25.6454	0.0390	0.0790	12.6593	191.1353	7.4530
19	2.1068	0.4746	27.6712	0.0361	0.0761	13.1339	216.7807	7.8342
20	2.1911	0.4564	29.7781	0.0336	0.0736	13.5903	244.4520	8.2091
21	2.2788	0.4388	31.9692	0.0313	0.0713	14.0292	274.2300	8.5779
22	2.3699	0.4220	34.2480	0.0292	0.0692	14.4511	306.1992	8.9407
23	2.4647	0.4057	36.6179	0.0273	0.0673	14.8568	340.4472	9.2973
24	2.5633	0.3901	39.0826	0.0256	0.0656	15.2470	377.0651	9.6479
25	2.6658	0.3751	41.6459	0.0240	0.0640	15.6221	416.1477	9.9925
26	2.7725	0.3607	44.3117	0.0226	0.0626	15.9828	457.7936	10.3312
27	2.8834	0.3468	47.0842	0.0212	0.0612	16.3296	502.1054	10.6640
28	2.9987	0.3335	49.9676	0.0200	0.0600	16.6631	549.1896	10.9909
29	3.1187	0.3207	52.9663	0.0189	0.0589	16.9837	599.1572	11.3120
30	3.2434	0.3083	56.0849	0.0178	0.0578	17.2920	652.1234	11.6274
31	3.3731	0.2965	59.3283	0.0169	0.0569	17.5885	708.2084	11.9371
32	3.5081	0.2851	62.7015	0.0159	0.0559	17.8736	767.5367	12.2411
33	3.6484	0.2741	66.2095	0.0151	0.0551	18.1476	830.2382	12.5396
34	3.7943	0.2636	69.8579	0.0143	0.0543	18.4112	896.4477	12.8324
35	3.9461	0.2534	73.6522	0.0136	0.0536	18.6646	966.3056	13.1198
36	4.1039	0.2437	77.5983	0.0129	0.0529	18.9083	1039.9578	13.4018
37	4.2681	0.2343	81.7022	0.0122	0.0522	19.1426	1117.5562	13.6784
38	4.4388	0.2253	85.9703	0.0116	0.0516	19.3679	1199.2584	13.9497
39	4.6164	0.2166	90.4091	0.0111	0.0511	19.5845	1285.2287	14.2157
40	4.8010	0.2083	95.0255	0.0105	0.0505	19.7928	1375.6379	14.4765
41	4.9931	0.2003	99.8265	0.0100	0.0500	19.9931	1470.6634	14.7322
42	5.1928	0.1926	104.8196	0.0095	0.0495	20.1856	1570.4899	14.9828
43	5.4005	0.1852	110.0124	0.0091	0.0491	20.3708	1675.3095	15.2284
44	5.6165	0.1780	115.4129	0.0087	0.0487	20.5488	1785.3219	15.4690
45	5.8412	0.1712	121.0294	0.0083	0.0483	20.7200	1900.7348	15.7047
46	6.0748	0.1646	126.8706	0.0079	0.0479	20.8847	2021.7642	15.9356
47	6.3178	0.1583	132.9454	0.0075	0.0475	21.0429	2148.6348	16.1618
48	6.5705	0.1522	139.2632	0.0072	0.0472	21.1951	2281.5802	16.3832
49	6.8333	0.1463	145.8337	0.0069	0.0469	21.3415	2420.8434	16.6000
50	7.1067	0.1407	152.6671	0.0066	0.0466	21.4822	2566.6771	16.8122

附表 5　复利系数表（$i=5\%$）

n	$(F/P,i,n)$	$(P/F,i,n)$	$(F/A,i,n)$	$(A/F,i,n)$	$(A/P,i,n)$	$(P/A,i,n)$	$(F/G,i,n)$	$(A/G,i,n)$
1	1.0500	0.9524	1.0000	1.0000	1.0500	0.9524	0.0000	0.0000
2	1.1025	0.9070	2.0500	0.4878	0.5378	1.8594	1.0000	0.4878
3	1.1576	0.8638	3.1525	0.3172	0.3672	2.7232	3.0500	0.9675
4	1.2155	0.8227	4.3101	0.2320	0.2820	3.5460	6.2025	1.4391
5	1.2763	0.7835	5.5256	0.1810	0.2310	4.3295	10.5126	1.9025
6	1.3401	0.7462	6.8019	0.1470	0.1970	5.0757	16.0383	2.3579
7	1.4071	0.7107	8.1420	0.1228	0.1728	5.7864	22.8402	2.8052
8	1.4775	0.6768	9.5491	0.1047	0.1547	6.4632	30.9822	3.2445
9	1.5513	0.6446	11.0266	0.0907	0.1407	7.1078	40.5313	3.6758
10	1.6289	0.6139	12.5779	0.0795	0.1295	7.7217	51.5579	4.0991
11	1.7103	0.5847	14.2068	0.0704	0.1204	8.3064	64.1357	4.5144
12	1.7959	0.5568	15.9171	0.0628	0.1128	8.8633	78.3425	4.9219
13	1.8856	0.5303	17.7130	0.0565	0.1065	9.3936	94.2597	5.3215
14	1.9799	0.5051	19.5986	0.0510	0.1010	9.8986	111.9726	5.7133
15	2.0789	0.4810	21.5786	0.0463	0.0963	10.3797	131.5713	6.0973
16	2.1829	0.4581	23.6575	0.0423	0.0923	10.8378	153.1498	6.4736
17	2.2920	0.4363	25.8404	0.0387	0.0887	11.2741	176.8073	6.8423
18	2.4066	0.4155	28.1324	0.0355	0.0855	11.6896	202.6477	7.2034
19	2.5270	0.3957	30.5390	0.0327	0.0827	12.0853	230.7801	7.5569
20	2.6533	0.3769	33.0660	0.0302	0.0802	12.4622	261.3191	7.9030
21	2.7860	0.3589	35.7193	0.0280	0.0780	12.8212	294.3850	8.2416
22	2.9253	0.3418	38.5052	0.0260	0.0760	13.1630	330.1043	8.5730
23	3.0715	0.3256	41.4305	0.0241	0.0741	13.4886	368.6095	8.8971
24	3.2251	0.3101	44.5020	0.0225	0.0725	13.7986	410.0400	9.2140
25	3.3864	0.2953	47.7271	0.0210	0.0710	14.0939	454.5420	9.5238
26	3.5557	0.2812	51.1135	0.0196	0.0696	14.3752	502.2691	9.8266
27	3.7335	0.2678	54.6691	0.0183	0.0683	14.6430	553.3825	10.1224
28	3.9201	0.2551	58.4026	0.0171	0.0671	14.8981	608.0517	10.4114
29	4.1161	0.2429	62.3227	0.0160	0.0660	15.1411	666.4542	10.6936
30	4.3219	0.2314	66.4388	0.0151	0.0651	15.3725	728.7770	10.9691
31	4.5380	0.2204	70.7608	0.0141	0.0641	15.5928	795.2158	11.2381
32	4.7649	0.2099	75.2988	0.0133	0.0633	15.8027	865.9766	11.5005
33	5.0032	0.1999	80.0638	0.0125	0.0625	16.0025	941.2754	11.7566
34	5.2533	0.1904	85.0670	0.0118	0.0618	16.1929	1021.3392	12.0063
35	5.5160	0.1813	90.3203	0.0111	0.0611	16.3742	1106.4061	12.2498
36	5.7918	0.1727	95.8363	0.0104	0.0604	16.5469	1196.7265	12.4872
37	6.0814	0.1644	101.6281	0.0098	0.0598	16.7113	1292.5628	12.7186
38	6.3855	0.1566	107.7095	0.0093	0.0593	16.8679	1394.1909	12.9440
39	6.7048	0.1491	114.0950	0.0088	0.0588	17.0170	1501.9005	13.1636
40	7.0400	0.1420	120.7998	0.0083	0.0583	17.1591	1615.9955	13.3775
41	7.3920	0.1353	127.8398	0.0078	0.0578	17.2944	1736.7953	13.5857
42	7.7616	0.1288	135.2318	0.0074	0.0574	17.4232	1864.6350	13.7884
43	8.1497	0.1227	142.9933	0.0070	0.0570	17.5459	1999.8668	13.9857
44	8.5572	0.1169	151.1430	0.0066	0.0566	17.6628	2142.8601	14.1777
45	8.9850	0.1113	159.7002	0.0063	0.0563	17.7741	2294.0031	14.3644
46	9.4343	0.1060	168.6852	0.0059	0.0559	17.8801	2453.7033	14.5461
47	9.9060	0.1009	178.1194	0.0056	0.0556	17.9810	2622.3884	14.7226
48	10.4013	0.0961	188.0254	0.0053	0.0553	18.0772	2800.5079	14.8943
49	10.9213	0.0916	198.4267	0.0050	0.0550	18.1687	2988.5333	15.0611
50	11.4674	0.0872	209.3480	0.0048	0.0548	18.2559	3186.9599	15.2233

附表 6　复利系数表（$i=6\%$）

n	$(F/P,i,n)$	$(P/F,i,n)$	$(F/A,i,n)$	$(A/F,i,n)$	$(A/P,i,n)$	$(P/A,i,n)$	$(F/G,i,n)$	$(A/G,i,n)$
1	1.0600	0.9434	1.0000	1.0000	1.0600	0.9434	0.0000	0.0000
2	1.1236	0.8900	2.0600	0.4854	0.5454	1.8334	1.0000	0.4854
3	1.1910	0.8396	3.1836	0.3141	0.3741	2.6730	3.0600	0.9612
4	1.2625	0.7921	4.3746	0.2286	0.2886	3.4651	6.2436	1.4272
5	1.3382	0.7473	5.6371	0.1774	0.2374	4.2124	10.6182	1.8836
6	1.4185	0.7050	6.9753	0.1434	0.2034	4.9173	16.2553	2.3304
7	1.5036	0.6651	8.3938	0.1191	0.1791	5.5824	23.2306	2.7676
8	1.5938	0.6274	9.8975	0.1010	0.1610	6.2098	31.6245	3.1952
9	1.6895	0.5919	11.4913	0.0870	0.1470	6.8017	41.5219	3.6133
10	1.7908	0.5584	13.1808	0.0759	0.1359	7.3601	53.0132	4.0220
11	1.8983	0.5268	14.9716	0.0668	0.1268	7.8869	66.1940	4.4213
12	2.0122	0.4970	16.8699	0.0593	0.1193	8.3838	81.1657	4.8113
13	2.1329	0.4688	18.8821	0.0530	0.1130	8.8527	98.0356	5.1920
14	2.2609	0.4423	21.0151	0.0476	0.1076	9.2950	116.9178	5.5635
15	2.3966	0.4173	23.2760	0.0430	0.1030	9.7122	137.9328	5.9260
16	2.5404	0.3936	25.6725	0.0390	0.0990	10.1059	161.2088	6.2794
17	2.6928	0.3714	28.2129	0.0354	0.0954	10.4773	186.8813	6.6240
18	2.8543	0.3503	30.9057	0.0324	0.0924	10.8276	215.0942	6.9597
19	3.0256	0.3305	33.7600	0.0296	0.0896	11.1581	245.9999	7.2867
20	3.2071	0.3118	36.7856	0.0272	0.0872	11.4699	279.7599	7.6051
21	3.3996	0.2942	39.9927	0.0250	0.0850	11.7641	316.5454	7.9151
22	3.6035	0.2775	43.3923	0.0230	0.0830	12.0416	356.5382	8.2166
23	3.8197	0.2618	46.9958	0.0213	0.0813	12.3034	399.9305	8.5099
24	4.0489	0.2470	50.8156	0.0197	0.0797	12.5504	446.9263	8.7951
25	4.2919	0.2330	54.8645	0.0182	0.0782	12.7834	497.7419	9.0772
26	4.5494	0.2198	59.1564	0.0169	0.0769	13.0032	552.6064	9.3414
27	4.8223	0.2074	63.7058	0.0157	0.0757	13.2105	611.7628	9.6029
28	5.1117	0.1956	68.5281	0.0146	0.0746	13.4062	675.4685	9.8568
29	5.4184	0.1846	73.6398	0.0136	0.0736	13.5907	743.9966	10.1032
30	5.7435	0.1741	79.0582	0.0126	0.0726	13.7648	817.6364	10.3422
31	6.0881	0.1643	84.8017	0.0118	0.0718	13.9291	896.6946	10.5740
32	6.4534	0.1550	90.8898	0.0110	0.0710	14.0840	981.4963	10.7988
33	6.8406	0.1462	97.3432	0.0103	0.0703	14.2302	1072.3861	11.0166
34	7.2510	0.1379	104.1838	0.0096	0.0696	14.3681	1169.7292	11.2276
35	7.6861	0.1301	111.4348	0.0090	0.0690	14.4982	1273.9130	11.4319
36	8.1473	0.1227	119.1209	0.0084	0.0684	14.6210	1385.3478	11.6298
37	8.6361	0.1158	127.2681	0.0079	0.0679	14.7368	1504.4686	11.8213
38	9.1543	0.1092	135.9042	0.0074	0.0674	14.8460	1631.7368	12.0065
39	9.7035	0.1031	145.0585	0.0069	0.0669	14.9491	1767.6410	12.1857
40	10.2857	0.0972	154.7620	0.0065	0.0665	15.0463	1912.6994	12.3590
41	10.9029	0.0917	165.0477	0.0061	0.0661	15.1380	2067.4614	12.5264
42	11.5570	0.0865	175.9505	0.0057	0.0657	15.2245	2232.5091	12.6883
43	12.2505	0.0816	187.5076	0.0053	0.0653	15.3062	2408.4596	12.8446
44	12.9855	0.0770	199.7580	0.0050	0.0650	15.3832	2595.9672	12.9956
45	13.7646	0.0727	212.7435	0.0047	0.0647	15.4558	2795.7252	13.1413
46	14.5905	0.0685	226.5081	0.0044	0.0644	15.5244	3008.4687	13.2819
47	15.4659	0.0647	241.0986	0.0041	0.0641	15.5890	3234.9769	13.4177
48	16.3939	0.0610	256.5645	0.0039	0.0639	15.6500	3476.0755	13.5485
49	17.3775	0.0575	272.9584	0.0037	0.0637	15.7076	3732.6400	13.6748
50	18.4202	0.0543	290.3359	0.0034	0.0634	15.7619	4005.5984	13.7964

附表 7 复利系数表（$i=7\%$）

n	$(F/P,i,n)$	$(P/F,i,n)$	$(F/A,i,n)$	$(A/F,i,n)$	$(A/P,i,n)$	$(P/A,i,n)$	$(F/G,i,n)$	$(A/G,i,n)$
1	1.0700	0.9346	1.0000	1.0000	1.0700	0.9346	0.0000	0.0000
2	1.1449	0.8734	2.0700	0.4831	0.5531	1.8080	1.0000	0.4831
3	1.2250	0.8163	3.2149	0.3111	0.3811	2.6243	3.0700	0.9549
4	1.3108	0.7629	4.4399	0.2252	0.2952	3.3872	6.2849	1.4155
5	1.4026	0.7130	5.7507	0.1739	0.2439	4.1002	10.7248	1.8650
6	1.5007	0.6663	7.1533	0.1398	0.2098	4.7665	16.4756	2.3032
7	1.6058	0.6227	8.6540	0.1156	0.1856	5.3893	23.6289	2.7304
8	1.7182	0.5820	10.2598	0.0975	0.1675	5.9713	32.2829	3.1465
9	1.8385	0.5439	11.9780	0.0835	0.1535	6.5152	42.5427	3.5517
10	1.9672	0.5083	13.8164	0.0724	0.1424	7.0236	54.5207	3.9461
11	2.1049	0.4751	15.7836	0.0634	0.1334	7.4987	68.3371	4.3296
12	2.2522	0.4440	17.8885	0.0559	0.1259	7.9427	84.1207	4.7025
13	2.4098	0.4150	20.1406	0.0497	0.1197	8.3577	102.0092	5.0648
14	2.5785	0.3878	22.5505	0.0443	0.1143	8.7455	122.1498	5.4167
15	2.7590	0.3624	25.1290	0.0398	0.1098	9.1079	144.7003	5.7583
16	2.9522	0.3387	27.8881	0.0359	0.1059	9.4466	169.8293	6.0897
17	3.1588	0.3166	30.8402	0.0324	0.1024	9.7632	197.7174	6.4110
18	3.3799	0.2959	33.9990	0.0294	0.0994	10.0591	228.5576	6.7225
19	3.6165	0.2765	37.3790	0.0268	0.0968	10.3356	262.5566	7.0242
20	3.8697	0.2584	40.9955	0.0244	0.0944	10.5940	299.9356	7.3163
21	4.1406	0.2415	44.8652	0.0223	0.0923	10.8355	340.9311	7.5990
22	4.4304	0.2257	49.0057	0.0204	0.0904	11.0612	385.7963	7.8725
23	4.7405	0.2109	53.4361	0.0187	0.0887	11.2722	434.8020	8.1369
24	5.0724	0.1971	58.1767	0.0172	0.0872	11.4693	488.2382	8.3923
25	5.4274	0.1842	63.2490	0.0158	0.0858	11.6536	546.4148	8.6391
26	5.8074	0.1722	68.6765	0.0146	0.0846	11.8258	609.6639	8.8773
27	6.2139	0.1609	74.4838	0.0134	0.0834	11.9867	678.3403	9.1072
28	6.6488	0.1504	80.6977	0.0124	0.0824	12.1371	752.8242	9.3289
29	7.1143	0.1406	87.3465	0.0114	0.0814	12.2777	833.5218	9.5427
30	7.6123	0.1314	94.4608	0.0106	0.0806	12.4090	920.8684	9.7487
31	8.1451	0.1228	102.0730	0.0098	0.0798	12.5318	1015.3292	9.9471
32	8.7153	0.1147	110.2182	0.0091	0.0791	12.6466	1117.4022	10.1381
33	9.3253	0.1072	118.9334	0.0084	0.0784	12.7538	1227.6204	10.3219
34	9.9781	0.1002	128.2588	0.0078	0.0778	12.8540	1346.5538	10.4987
35	10.6766	0.0937	138.2369	0.0072	0.0772	12.9477	1474.8125	10.6687
36	11.4239	0.0875	148.9135	0.0067	0.0767	13.0352	1613.0494	10.8321
37	12.2236	0.0818	160.3374	0.0062	0.0762	13.1170	1761.9629	10.9891
38	13.0793	0.0765	172.5610	0.0058	0.0758	13.1935	1922.3003	11.1398
39	13.9948	0.0715	185.6403	0.0054	0.0754	13.2649	2094.8613	11.2845
40	14.9745	0.0668	199.6351	0.0050	0.0750	13.3317	2280.5016	11.4233
41	16.0227	0.0624	214.6096	0.0047	0.0747	13.3941	2480.1367	11.5565
42	17.1443	0.0583	230.6322	0.0043	0.0743	13.4524	2694.7463	11.6842
43	18.3444	0.0545	247.7765	0.0040	0.0740	13.5070	2925.3785	11.8065
44	19.6285	0.0509	266.1209	0.0038	0.0738	13.5579	3173.1550	11.9237
45	21.0025	0.0476	285.7493	0.0035	0.0735	13.6055	3439.2759	12.0360
46	22.4726	0.0445	306.7518	0.0033	0.0733	13.6500	3725.0252	12.1435
47	24.0457	0.0416	329.2244	0.0030	0.0730	13.6916	4031.7769	12.2463
48	25.7289	0.0389	353.2701	0.0028	0.0728	13.7305	4361.0013	12.3447
49	27.5299	0.0363	378.9990	0.0026	0.0726	13.7668	4714.2714	12.4387
50	29.4570	0.0339	406.5289	0.0025	0.0725	13.8007	5093.2704	12.5287

附表 8　复利系数表（$i=8\%$）

n	$(F/P,i,n)$	$(P/F,i,n)$	$(F/A,i,n)$	$(A/F,i,n)$	$(A/P,i,n)$	$(P/A,i,n)$	$(F/G,i,n)$	$(A/G,i,n)$
1	1.0800	0.9259	1.0000	1.0000	1.0800	0.9259	0.0000	0.0000
2	1.1664	0.8573	2.0800	0.4808	0.5608	1.7833	1.0000	0.4808
3	1.2597	0.7938	3.2464	0.3080	0.3880	2.5771	3.0800	0.9487
4	1.3605	0.7350	4.5061	0.2219	0.3019	3.3121	6.3264	1.4040
5	1.4693	0.6806	5.8666	0.1705	0.2505	3.9927	10.8325	1.8465
6	1.5869	0.6302	7.3359	0.1363	0.2163	4.6229	16.6991	2.2763
7	1.7138	0.5835	8.9228	0.1121	0.1921	5.2064	24.0350	2.6937
8	1.8509	0.5403	10.6366	0.0940	0.1740	5.7466	32.9578	3.0985
9	1.9990	0.5002	12.4876	0.0801	0.1601	6.2469	43.5945	3.4910
10	2.1589	0.4632	14.4866	0.0690	0.1490	6.7101	56.0820	3.8713
11	2.3316	0.4289	16.6455	0.0601	0.1401	7.1390	70.5686	4.2395
12	2.5182	0.3971	18.9771	0.0527	0.1327	7.5361	87.2141	4.5957
13	2.7196	0.3677	21.4953	0.0465	0.1265	7.9038	106.1912	4.9402
14	2.9372	0.3405	24.2149	0.0413	0.1213	8.2442	127.6865	5.2731
15	3.1722	0.3152	27.1521	0.0368	0.1168	8.5595	151.9014	5.5945
16	3.4259	0.2919	30.3243	0.0330	0.1130	8.8514	179.0535	5.9046
17	3.7000	0.2703	33.7502	0.0296	0.1096	9.1216	209.3778	6.2037
18	3.9960	0.2502	37.4502	0.0267	0.1067	9.3719	243.1280	6.4920
19	4.3157	0.2317	41.4463	0.0241	0.1041	9.6036	280.5783	6.7697
20	4.6610	0.2145	45.7620	0.0219	0.1019	9.8181	322.0246	7.0369
21	5.0338	0.1987	50.4229	0.0198	0.0998	10.0168	367.7865	7.2940
22	5.4365	0.1839	55.4568	0.0180	0.0980	10.2007	418.2094	7.5412
23	5.8715	0.1703	60.8933	0.0164	0.0964	10.3711	473.6662	7.7786
24	6.3412	0.1577	66.7648	0.0150	0.0950	10.5288	534.5595	8.0066
25	6.8485	0.1460	73.1059	0.0137	0.0937	10.6748	601.3242	8.2254
26	7.3964	0.1352	79.9544	0.0125	0.0925	10.8100	674.4302	8.4352
27	7.9881	0.1252	87.3508	0.0114	0.0914	10.9352	754.3846	8.6363
28	8.6271	0.1159	95.3388	0.0105	0.0905	11.0511	841.7354	8.8289
29	9.3173	0.1073	103.9659	0.0096	0.0896	11.1584	937.0742	9.0133
30	10.0627	0.0994	113.2832	0.0088	0.0888	11.2578	1041.0401	9.1897
31	10.8677	0.0920	123.3459	0.0081	0.0881	11.3498	1154.3234	9.3584
32	11.7371	0.0852	134.2135	0.0075	0.0875	11.4350	1277.6692	9.5197
33	12.6760	0.0789	145.9506	0.0069	0.0869	11.5139	1411.8828	9.6737
34	13.6901	0.0730	158.6267	0.0063	0.0863	11.5869	1557.8334	9.8208
35	14.7853	0.0676	172.3168	0.0058	0.0858	11.6546	1716.4600	9.9611
36	15.9682	0.0626	187.1021	0.0053	0.0853	11.7172	1888.7768	10.0949
37	17.2456	0.0580	203.0703	0.0049	0.0849	11.7752	2075.8790	10.2225
38	18.6253	0.0537	220.3159	0.0045	0.0845	11.8289	2278.9493	10.3440
39	20.1153	0.0497	238.9412	0.0042	0.0842	11.8786	2499.2653	10.4597
40	21.7245	0.0460	259.0565	0.0039	0.0839	11.9246	2738.2065	10.5699
41	23.4625	0.0426	280.7810	0.0036	0.0836	11.9672	2997.2630	10.6747
42	25.3395	0.0395	304.2435	0.0033	0.0833	12.0067	3278.0440	10.7744
43	27.3666	0.0365	329.5830	0.0030	0.0830	12.0432	3582.2876	10.8692
44	29.5560	0.0338	356.9496	0.0028	0.0828	12.0771	3911.8706	10.9592
45	31.9204	0.0313	386.5056	0.0026	0.0826	12.1084	4268.8202	11.0447
46	34.4741	0.0290	418.4261	0.0024	0.0824	12.1374	4655.3258	11.1258
47	37.2320	0.0269	452.9002	0.0022	0.0822	12.1643	5073.7519	11.2028
48	40.2106	0.0249	490.1322	0.0020	0.0820	12.1891	5526.6521	11.2758
49	43.4274	0.0230	530.3427	0.0019	0.0819	12.2122	6016.7842	11.3451
50	46.9016	0.0213	573.7702	0.0017	0.0817	12.2335	6547.1270	11.4107

附表 9　复利系数表（i=9%）

n	$(F/P,i,n)$	$(P/F,i,n)$	$(F/A,i,n)$	$(A/F,i,n)$	$(A/P,i,n)$	$(P/A,i,n)$	$(F/G,i,n)$	$(A/G,i,n)$
1	1.0900	0.9174	1.0000	1.0000	1.0900	0.9174	0.0000	0.0000
2	1.1881	0.8417	2.0900	0.4785	0.5685	1.7591	1.0000	0.4785
3	1.2950	0.7722	3.2781	0.3051	0.3951	2.5313	3.0900	0.9426
4	1.4116	0.7084	4.5731	0.2187	0.3087	3.2397	6.3681	1.3925
5	1.5386	0.6499	5.9847	0.1671	0.2571	3.8897	10.9412	1.8282
6	1.6771	0.5963	7.5233	0.1329	0.2229	4.4859	16.9259	2.2498
7	1.8280	0.5470	9.2004	0.1087	0.1987	5.0330	24.4493	2.6574
8	1.9926	0.5019	11.0285	0.0907	0.1807	5.5348	33.6497	3.0512
9	2.1719	0.4604	13.0210	0.0768	0.1668	5.9952	44.6782	3.4312
10	2.3674	0.4224	15.1929	0.0658	0.1558	6.4177	57.6992	3.7978
11	2.5804	0.3875	17.5603	0.0569	0.1469	6.8052	72.8921	4.1510
12	2.8127	0.3555	20.1407	0.0497	0.1397	7.1607	90.4524	4.4910
13	3.0658	0.3262	22.9534	0.0436	0.1336	7.4869	110.5932	4.8182
14	3.3417	0.2992	26.0192	0.0384	0.1284	7.7862	133.5465	5.1326
15	3.6425	0.2745	29.3609	0.0341	0.1241	8.0607	159.5657	5.4346
16	3.9703	0.2519	33.0034	0.0303	0.1203	8.3126	188.9267	5.7245
17	4.3276	0.2311	36.9737	0.0270	0.1170	8.5436	221.9301	6.0024
18	4.7171	0.2120	41.3013	0.0242	0.1142	8.7556	258.9038	6.2687
19	5.1417	0.1945	46.0185	0.0217	0.1117	8.9501	300.2051	6.5236
20	5.6044	0.1784	51.1601	0.0195	0.1095	9.1285	346.2236	6.7674
21	6.1088	0.1637	56.7645	0.0176	0.1076	9.2922	397.3837	7.0006
22	6.6586	0.1502	62.8733	0.0159	0.1059	9.4424	454.1482	7.2232
23	7.2579	0.1378	69.5319	0.0144	0.1044	9.5802	517.0215	7.4357
24	7.9111	0.1264	76.7898	0.0130	0.1030	9.7066	586.5535	7.6384
25	8.6231	0.1160	84.7009	0.0118	0.1018	9.8226	663.3433	7.8316
26	9.3992	0.1064	93.3240	0.0107	0.1007	9.9290	748.0442	8.0156
27	10.2451	0.0976	102.7231	0.0097	0.0997	10.0266	841.3682	8.1906
28	11.1671	0.0895	112.9682	0.0089	0.0989	10.1161	944.0913	8.3571
29	12.1722	0.0822	124.1354	0.0081	0.0981	10.1983	1057.0595	8.5154
30	13.2677	0.0754	136.3075	0.0073	0.0973	10.2737	1181.1949	8.6657
31	14.4618	0.0691	149.5752	0.0067	0.0967	10.3428	1317.5024	8.8083
32	15.7633	0.0634	164.0370	0.0061	0.0961	10.4062	1467.0776	8.9436
33	17.1820	0.0582	179.8003	0.0056	0.0956	10.4644	1631.1146	9.0718
34	18.7284	0.0534	196.9823	0.0051	0.0951	10.5178	1810.9149	9.1933
35	20.4140	0.0490	215.7108	0.0046	0.0946	10.5668	2007.8973	9.3083
36	22.2512	0.0449	236.1247	0.0042	0.0942	10.6118	2223.6080	9.4171
37	24.2538	0.0412	258.3759	0.0039	0.0939	10.6530	2459.7328	9.5200
38	26.4367	0.0378	282.6298	0.0035	0.0935	10.6908	2718.1087	9.6172
39	28.8160	0.0347	309.0665	0.0032	0.0932	10.7255	3000.7385	9.7090
40	31.4094	0.0318	337.8824	0.0030	0.0930	10.7574	3309.8049	9.7957
41	34.2363	0.0292	369.2919	0.0027	0.0927	10.7866	3647.6874	9.8775
42	37.3175	0.0268	403.5281	0.0025	0.0925	10.8134	4016.9793	9.9546
43	40.6761	0.0246	440.8457	0.0023	0.0923	10.8380	4420.5074	10.0273
44	44.3370	0.0226	481.5218	0.0021	0.0921	10.8605	4861.3531	10.0958
45	48.3273	0.0207	525.8587	0.0019	0.0919	10.8812	5342.8748	10.1603
46	52.6767	0.0190	574.1860	0.0017	0.0917	10.9002	5868.7336	10.2210
47	57.4176	0.0174	626.8628	0.0016	0.0916	10.9176	6442.9196	10.2780
48	62.5852	0.0160	684.2804	0.0015	0.0915	10.9336	7069.7823	10.3317
49	68.2179	0.0147	746.8656	0.0013	0.0913	10.9482	7754.0628	10.3821
50	74.3575	0.0134	815.0836	0.0012	0.0912	10.9617	8500.9284	10.4295

附表 10 复利系数表（i=10%）

n	$(F/P,i,n)$	$(P/F,i,n)$	$(F/A,i,n)$	$(A/F,i,n)$	$(A/P,i,n)$	$(P/A,i,n)$	$(F/G,i,n)$	$(A/G,i,n)$
1	1.1000	0.9091	1.0000	1.0000	1.1000	0.9091	0.0000	0.0000
2	1.2100	0.8264	2.1000	0.4762	0.5762	1.7355	1.0000	0.4762
3	1.3310	0.7513	3.3100	0.3021	0.4021	2.4869	3.1000	0.9366
4	1.4641	0.6830	4.6410	0.2155	0.3155	3.1699	6.4100	1.3812
5	1.6105	0.6209	6.1051	0.1638	0.2638	3.7908	11.0510	1.8101
6	1.7716	0.5645	7.7156	0.1296	0.2296	4.3553	17.1561	2.2236
7	1.9487	0.5132	9.4872	0.1054	0.2054	4.8684	24.8717	2.6216
8	2.1436	0.4665	11.4359	0.0874	0.1874	5.3349	34.3589	3.0045
9	2.3579	0.4241	13.5795	0.0736	0.1736	5.7590	45.7948	3.3724
10	2.5937	0.3855	15.9374	0.0627	0.1627	6.1446	59.3742	3.7255
11	2.8531	0.3505	18.5312	0.0540	0.1540	6.4951	75.3117	4.0641
12	3.1384	0.3186	21.3843	0.0468	0.1468	6.8137	93.8428	4.3884
13	3.4523	0.2897	24.5227	0.0408	0.1408	7.1034	115.2271	4.6988
14	3.7975	0.2633	27.9750	0.0357	0.1357	7.3667	139.7498	4.9955
15	4.1772	0.2394	31.7725	0.0315	0.1315	7.6061	167.7248	5.2789
16	4.5950	0.2176	35.9497	0.0278	0.1278	7.8237	199.4973	5.5493
17	5.0545	0.1978	40.5447	0.0247	0.1247	8.0216	235.4470	5.8071
18	5.5599	0.1799	45.5992	0.0219	0.1219	8.2014	275.9917	6.0526
19	6.1159	0.1635	51.1591	0.0195	0.1195	8.3649	321.5909	6.2861
20	6.7275	0.1486	57.2750	0.0175	0.1175	8.5136	372.7500	6.5081
21	7.4002	0.1351	64.0025	0.0156	0.1156	8.6487	430.0250	6.7189
22	8.1403	0.1228	71.4027	0.0140	0.1140	8.7715	494.0275	6.9189
23	8.9543	0.1117	79.5430	0.0126	0.1126	8.8832	565.4302	7.1085
24	9.8497	0.1015	88.4973	0.0113	0.1113	8.9847	644.9733	7.2881
25	10.8347	0.0923	98.3471	0.0102	0.1102	9.0770	733.4706	7.4580
26	11.9182	0.0839	109.1818	0.0092	0.1092	9.1609	831.8177	7.6186
27	13.1100	0.0763	121.0999	0.0083	0.1083	9.2372	940.9994	7.7704
28	14.4210	0.0693	134.2099	0.0075	0.1075	9.3066	1062.0994	7.9137
29	15.8631	0.0630	148.6309	0.0067	0.1067	9.3696	1196.3093	8.0489
30	17.4494	0.0573	164.4940	0.0061	0.1061	9.4269	1344.9402	8.1762
31	19.1943	0.0521	181.9434	0.0055	0.1055	9.4790	1509.4342	8.2962
32	21.1138	0.0474	201.1378	0.0050	0.1050	9.5264	1691.3777	8.4091
33	23.2252	0.0431	222.2515	0.0045	0.1045	9.5694	1892.5154	8.5152
34	25.5477	0.0391	245.4767	0.0041	0.1041	9.6086	2114.7670	8.6149
35	28.1024	0.0356	271.0244	0.0037	0.1037	9.6442	2360.2437	8.7086
36	30.9127	0.0323	299.1268	0.0033	0.1033	9.6765	2631.2681	8.7965
37	34.0039	0.0294	330.0395	0.0030	0.1030	9.7059	2930.3949	8.8789
38	37.4043	0.0267	364.0434	0.0027	0.1027	9.7327	3260.4343	8.9562
39	41.1448	0.0243	401.4478	0.0025	0.1025	9.7570	3624.4778	9.0285
40	45.2593	0.0221	442.5926	0.0023	0.1023	9.7791	4025.9256	9.0962
41	49.7852	0.0201	487.8518	0.0020	0.1020	9.7991	4468.5181	9.1596
42	54.7637	0.0183	537.6370	0.0019	0.1019	9.8174	4956.3699	9.2188
43	60.2401	0.0166	592.4007	0.0017	0.1017	9.8340	5494.0069	9.2741
44	66.2641	0.0151	652.6408	0.0015	0.1015	9.8491	6086.4076	9.3258
45	72.8905	0.0137	718.9048	0.0014	0.1014	9.8628	6739.0484	9.3740
46	80.1795	0.0125	791.7953	0.0013	0.1013	9.8753	7457.9532	9.4190
47	88.1975	0.0113	871.9749	0.0011	0.1011	9.8866	8249.7485	9.4610
48	97.0172	0.0103	960.1723	0.0010	0.1010	9.8969	9121.7234	9.5001
49	106.7190	0.0094	1057.1896	0.0009	0.1009	9.9063	10 081.8957	9.5365
50	117.3909	0.0085	1163.9085	0.0009	0.1009	9.9148	11 139.0853	9.5704

附表 11 复利系数表（$i=12\%$）

n	$(F/P,i,n)$	$(P/F,i,n)$	$(F/A,i,n)$	$(A/F,i,n)$	$(A/P,i,n)$	$(P/A,i,n)$	$(F/G,i,n)$	$(A/G,i,n)$
1	1.1200	0.8929	1.0000	1.0000	1.1200	0.8929	0.0000	0.0000
2	1.2544	0.7972	2.1200	0.4717	0.5917	1.6901	1.0000	0.4717
3	1.4049	0.7118	3.3744	0.2963	0.4163	2.4018	3.1200	0.9246
4	1.5735	0.6355	4.7793	0.2092	0.3292	3.0373	6.4944	1.3589
5	1.7623	0.5674	6.3528	0.1574	0.2774	3.6048	11.2737	1.7746
6	1.9738	0.5066	8.1152	0.1232	0.2432	4.1114	17.6266	2.1720
7	2.2107	0.4523	10.0890	0.0991	0.2191	4.5638	25.7418	2.5515
8	2.4760	0.4039	12.2997	0.0813	0.2013	4.9676	35.8308	2.9131
9	2.7731	0.3606	14.7757	0.0677	0.1877	5.3282	48.1305	3.2574
10	3.1058	0.3220	17.5487	0.0570	0.1770	5.6502	62.9061	3.5847
11	3.4785	0.2875	20.6546	0.0484	0.1684	5.9377	80.4549	3.8953
12	3.8960	0.2567	24.1331	0.0414	0.1614	6.1944	101.1094	4.1897
13	4.3635	0.2292	28.0291	0.0357	0.1557	6.4235	125.2426	4.4683
14	4.8871	0.2046	32.3926	0.0309	0.1509	6.6282	153.2717	4.7317
15	5.4736	0.1827	37.2797	0.0268	0.1468	6.8109	185.6643	4.9803
16	6.1304	0.1631	42.7533	0.0234	0.1434	6.9740	222.9440	5.2147
17	6.8660	0.1456	48.8837	0.0205	0.1405	7.1196	265.6973	5.4353
18	7.6900	0.1300	55.7497	0.0179	0.1379	7.2497	314.5810	5.6427
19	8.6128	0.1161	63.4397	0.0158	0.1358	7.3658	370.3307	5.8375
20	9.6463	0.1037	72.0524	0.0139	0.1339	7.4694	433.7704	6.0202
21	10.8038	0.0926	81.6987	0.0122	0.1322	7.5620	505.8228	6.1913
22	12.1003	0.0826	92.5026	0.0108	0.1308	7.6446	587.5215	6.3514
23	13.5523	0.0738	104.6029	0.0096	0.1296	7.7184	680.0241	6.5010
24	15.1786	0.0659	118.1552	0.0085	0.1285	7.7843	784.6270	6.6406
25	17.0001	0.0588	133.3339	0.0075	0.1275	7.8431	902.7823	6.7708
26	19.0401	0.0525	150.3339	0.0067	0.1267	7.8957	1036.1161	6.8921
27	21.3249	0.0469	169.3740	0.0059	0.1259	7.9426	1186.4501	7.0049
28	23.8839	0.0419	190.6989	0.0052	0.1252	7.9844	1355.8241	7.1098
29	26.7499	0.0374	214.5828	0.0047	0.1247	8.0218	1546.5229	7.2071
30	29.9599	0.0334	241.3327	0.0041	0.1241	8.0552	1761.1057	7.2974
31	33.5551	0.0298	271.2926	0.0037	0.1237	8.0850	2002.4384	7.3811
32	37.5817	0.0266	304.8477	0.0033	0.1233	8.1116	2273.7310	7.4586
33	42.0915	0.0238	342.4294	0.0029	0.1229	8.1354	2578.5787	7.5302
34	47.1425	0.0212	384.5210	0.0026	0.1226	8.1566	2921.0082	7.5965
35	52.7996	0.0189	431.6635	0.0023	0.1223	8.1755	3305.5291	7.6577
36	59.1356	0.0169	484.4631	0.0021	0.1221	8.1924	3737.1926	7.7141
37	66.2318	0.0151	543.5987	0.0018	0.1218	8.2075	4221.6558	7.7661
38	74.1797	0.0135	609.8305	0.0016	0.1216	8.2210	4765.2544	7.8141
39	83.0812	0.0120	684.0102	0.0015	0.1215	8.2330	5375.0850	7.8582
40	93.0510	0.0107	767.0914	0.0013	0.1213	8.2438	6059.0952	7.8988
41	104.2171	0.0096	860.1424	0.0012	0.1212	8.2534	6826.1866	7.9361
42	116.7231	0.0086	964.3595	0.0010	0.1210	8.2619	7686.3290	7.9704
43	130.7299	0.0076	1081.0826	0.0009	0.1209	8.2696	8650.6885	8.0019
44	146.4175	0.0068	1211.8125	0.0008	0.1208	8.2764	9731.7711	8.0308
45	163.9876	0.0061	1358.2300	0.0007	0.1207	8.2825	10 943.5836	8.0572
46	183.6661	0.0054	1522.2176	0.0007	0.1207	8.2880	12 301.8136	8.0815
47	205.7061	0.0049	1705.8838	0.0006	0.1206	8.2928	13 824.0313	8.1037
48	230.3908	0.0043	1911.5898	0.0005	0.1205	8.2972	15 529.9150	8.1241
49	258.0377	0.0039	2141.9806	0.0005	0.1205	8.3010	17 441.5048	8.1427
50	289.0022	0.0035	2400.0182	0.0004	0.1204	8.3045	19 583.4854	8.1597

附表 12　复利系数表（$i=15\%$）

n	$(F/P,i,n)$	$(P/F,i,n)$	$(F/A,i,n)$	$(A/F,i,n)$	$(A/P,i,n)$	$(P/A,i,n)$	$(F/G,i,n)$	$(A/G,i,n)$
1	1.1500	0.8696	1.0000	1.0000	1.1500	0.8696	0.0000	0.0000
2	1.3225	0.7561	2.1500	0.4651	0.6151	1.6257	1.0000	0.4651
3	1.5209	0.6575	3.4725	0.2880	0.4380	2.2832	3.1500	0.9071
4	1.7490	0.5718	4.9934	0.2003	0.3503	2.8550	6.6225	1.3263
5	2.0114	0.4972	6.7424	0.1483	0.2983	3.3522	11.6159	1.7228
6	2.3131	0.4323	8.7537	0.1142	0.2642	3.7845	18.3583	2.0972
7	2.6600	0.3759	11.0668	0.0904	0.2404	4.1604	27.1120	2.4498
8	3.0590	0.3269	13.7268	0.0729	0.2229	4.4873	38.1788	2.7813
9	3.5179	0.2843	16.7858	0.0596	0.2096	4.7716	51.9056	3.0922
10	4.0456	0.2472	20.3037	0.0493	0.1993	5.0188	68.6915	3.3832
11	4.6524	0.2149	24.3493	0.0411	0.1911	5.2337	88.9952	3.6549
12	5.3503	0.1869	29.0017	0.0345	0.1845	5.4206	113.3444	3.9082
13	6.1528	0.1625	34.3519	0.0291	0.1791	5.5831	142.3461	4.1438
14	7.0757	0.1413	40.5047	0.0247	0.1747	5.7245	176.6980	4.3624
15	8.1371	0.1229	47.5804	0.0210	0.1710	5.8474	217.2027	4.5650
16	9.3576	0.1069	55.7175	0.0179	0.1679	5.9542	264.7831	4.7522
17	10.7613	0.0929	65.0751	0.0154	0.1654	6.0472	320.5006	4.9251
18	12.3755	0.0808	75.8364	0.0132	0.1632	6.1280	385.5757	5.0843
19	14.2318	0.0703	88.2118	0.0113	0.1613	6.1982	461.4121	5.2307
20	16.3665	0.0611	102.4436	0.0098	0.1598	6.2593	549.6239	5.3651
21	18.8215	0.0531	118.8101	0.0084	0.1584	6.3125	652.0675	5.4883
22	21.6447	0.0462	137.6316	0.0073	0.1573	6.3587	770.8776	5.6010
23	24.8915	0.0402	159.2764	0.0063	0.1563	6.3988	908.5092	5.7040
24	28.6252	0.0349	184.1678	0.0054	0.1554	6.4338	1067.7856	5.7979
25	32.9190	0.0304	212.7930	0.0047	0.1547	6.4641	1251.9534	5.8834
26	37.8568	0.0264	245.7120	0.0041	0.1541	6.4906	1464.7465	5.9612
27	43.5353	0.0230	283.5688	0.0035	0.1535	6.5135	1710.4584	6.0319
28	50.0656	0.0200	327.1041	0.0031	0.1531	6.5335	1994.0272	6.0960
29	57.5755	0.0174	377.1697	0.0027	0.1527	6.5509	2321.1313	6.1541
30	66.2118	0.0151	434.7451	0.0023	0.1523	6.5660	2698.3010	6.2066
31	76.1435	0.0131	500.9569	0.0020	0.1520	6.5791	3133.0461	6.2541
32	87.5651	0.0114	577.1005	0.0017	0.1517	6.5905	3634.0030	6.2970
33	100.6998	0.0099	664.6655	0.0015	0.1515	6.6005	4211.1035	6.3357
34	115.8048	0.0086	765.3654	0.0013	0.1513	6.6091	4875.7690	6.3705
35	133.1755	0.0075	881.1702	0.0011	0.1511	6.6166	5641.1344	6.4019
36	153.1519	0.0065	1014.3457	0.0010	0.1510	6.6231	6522.3045	6.4301
37	176.1246	0.0057	1167.4975	0.0009	0.1509	6.6288	7536.6502	6.4554
38	202.5433	0.0049	1343.6222	0.0007	0.1507	6.6338	8704.1477	6.4781
39	232.9248	0.0043	1546.1655	0.0006	0.1506	6.6380	10 047.7699	6.4985
40	267.8635	0.0037	1779.0903	0.0006	0.1506	6.6418	11 593.9354	6.5168
41	308.0431	0.0032	2046.9539	0.0005	0.1505	6.6450	13 373.0257	6.5331
42	354.2495	0.0028	2354.9969	0.0004	0.1504	6.6478	15 419.9796	6.5478
43	407.3870	0.0025	2709.2465	0.0004	0.1504	6.6503	17 774.9765	6.5609
44	468.4950	0.0021	3116.6334	0.0003	0.1503	6.6524	20 484.2230	6.5725
45	538.7693	0.0019	3585.1285	0.0003	0.1503	6.6543	23 600.8564	6.5830
46	619.5847	0.0016	4123.8977	0.0002	0.1502	6.6559	27 185.9849	6.5923
47	712.5224	0.0014	4743.4824	0.0002	0.1502	6.6573	31 309.8826	6.6006
48	819.4007	0.0012	5456.0047	0.0002	0.1502	6.6585	36 053.3650	6.6080
49	942.3108	0.0011	6275.4055	0.0002	0.1502	6.6596	41 509.3697	6.6146
50	1083.657	0.0009	7217.7163	0.0001	0.1501	6.6605	47 784.7752	6.6205

附表 13　复利系数表（$i=20\%$）

n	$(F/P,i,n)$	$(P/F,i,n)$	$(F/A,i,n)$	$(A/F,i,n)$	$(A/P,i,n)$	$(P/A,i,n)$	$(F/G,i,n)$	$(A/G,i,n)$
1	1.2000	0.8333	1.0000	1.0000	1.2000	0.8333	0.0000	0.0000
2	1.4400	0.6944	2.2000	0.4545	0.6545	1.5278	1.0000	0.4545
3	1.7280	0.5787	3.6400	0.2747	0.4747	2.1065	3.2000	0.8791
4	2.0736	0.4823	5.3680	0.1863	0.3863	2.5887	6.8400	1.2742
5	2.4883	0.4019	7.4416	0.1344	0.3344	2.9906	12.2080	1.6405
6	2.9860	0.3349	9.9299	0.1007	0.3007	3.3255	19.6496	1.9788
7	3.5832	0.2791	12.9159	0.0774	0.2774	3.6046	29.5795	2.2902
8	4.2998	0.2326	16.4991	0.0606	0.2606	3.8372	42.4954	2.5756
9	5.1598	0.1938	20.7989	0.0481	0.2481	4.0310	58.9945	2.8364
10	6.1917	0.1615	25.9587	0.0385	0.2385	4.1925	79.7934	3.0739
11	7.4301	0.1346	32.1504	0.0311	0.2311	4.3271	105.7521	3.2893
12	8.9161	0.1122	39.5805	0.0253	0.2253	4.4392	137.9025	3.4841
13	10.6993	0.0935	48.4966	0.0206	0.2206	4.5327	177.4830	3.6597
14	12.8392	0.0779	59.1959	0.0169	0.2169	4.6106	225.9796	3.8175
15	15.4070	0.0649	72.0351	0.0139	0.2139	4.6755	285.1755	3.9588
16	18.4884	0.0541	87.4421	0.0114	0.2114	4.7296	357.2106	4.0851
17	22.1861	0.0451	105.9306	0.0094	0.2094	4.7746	444.6528	4.1976
18	26.6233	0.0376	128.1167	0.0078	0.2078	4.8122	550.5833	4.2975
19	31.9480	0.0313	154.7400	0.0065	0.2065	4.8435	678.7000	4.3861
20	38.3376	0.0261	186.6880	0.0054	0.2054	4.8696	833.4400	4.4643
21	46.0051	0.0217	225.0256	0.0044	0.2044	4.8913	1020.1280	4.5334
22	55.2061	0.0181	271.0307	0.0037	0.2037	4.9094	1245.1536	4.5941
23	66.2474	0.0151	326.2369	0.0031	0.2031	4.9245	1516.1843	4.6475
24	79.4968	0.0126	392.4842	0.0025	0.2025	4.9371	1842.4212	4.6943
25	95.3962	0.0105	471.9811	0.0021	0.2021	4.9476	2234.9054	4.7352
26	114.4755	0.0087	567.3773	0.0018	0.2018	4.9563	2706.8865	4.7709
27	137.3706	0.0073	681.8528	0.0015	0.2015	4.9636	3274.2638	4.8020
28	164.8447	0.0061	819.2233	0.0012	0.2012	4.9697	3956.1166	4.8291
29	197.8136	0.0051	984.0680	0.0010	0.2010	4.9747	4775.3399	4.8527
30	237.3763	0.0042	1181.8816	0.0008	0.2008	4.9789	5759.4078	4.8731
31	284.8516	0.0035	1419.2579	0.0007	0.2007	4.9824	6941.2894	4.8908
32	341.8219	0.0029	1704.1095	0.0006	0.2006	4.9854	8360.5473	4.9061
33	410.1863	0.0024	2045.9314	0.0005	0.2005	4.9878	10 064.6568	4.9194
34	492.2235	0.0020	2456.1176	0.0004	0.2004	4.9898	12 110.5881	4.9308
35	590.6682	0.0017	2948.3411	0.0003	0.2003	4.9915	14 566.7057	4.9406
36	708.8019	0.0014	3539.0094	0.0003	0.2003	4.9929	17 515.0469	4.9491
37	850.5622	0.0012	4247.8112	0.0002	0.2002	4.9941	21 054.0562	4.9564
38	1020.674	0.0010	5098.3735	0.0002	0.2002	4.9951	25 301.8675	4.9627
39	1224.809	0.0008	6119.0482	0.0002	0.2002	4.9959	30 400.2410	4.9681
40	1469.771	0.0007	7343.8578	0.0001	0.2001	4.9966	36 519.2892	4.9728
41	1763.725	0.0006	8813.6294	0.0001	0.2001	4.9972	43 863.1470	4.9767
42	2116.471	0.0005	10 577.3553	0.0001	0.2001	4.9976	52 676.7764	4.9801
43	2539.765	0.0004	12 693.8263	0.0001	0.2001	4.9980	63 254.1317	4.9831
44	3047.718	0.0003	15 233.5916	0.0001	0.2001	4.9984	75 947.9581	4.9856
45	3657.262	0.0003	18 281.3099	0.0001	0.2001	4.9986	91 181.5497	4.9877
46	4388.714	0.0002	21 938.5719	0.0000	0.2000	4.9989	109 462.8596	4.9895
47	5266.457	0.0002	26 327.2863	0.0000	0.2000	4.9991	131 401.4316	4.9911
48	6319.748	0.0002	31 593.7436	0.0000	0.2000	4.9992	157 728.7179	4.9924
49	7583.698	0.0001	37 913.4923	0.0000	0.2000	4.9993	189 322.4615	4.9935
50	9100.438	0.0001	45 497.1908	0.0000	0.2000	4.9995	227 235.9538	4.9945

附表 14　复利系数表（i=25%）

n	$(F/P,i,n)$	$(P/F,i,n)$	$(F/A,i,n)$	$(A/F,i,n)$	$(A/P,i,n)$	$(P/A,i,n)$	$(F/G,i,n)$	$(A/G,i,n)$
1	1.2500	0.8000	1.0000	1.0000	1.2500	0.8000	0.0000	0.0000
2	1.5625	0.6400	2.2500	0.4444	0.6944	1.4400	1.0000	0.4444
3	1.9531	0.5120	3.8125	0.2623	0.5123	1.9520	3.2500	0.8525
4	2.4414	0.4096	5.7656	0.1734	0.4234	2.3616	7.0625	1.2249
5	3.0518	0.3277	8.2070	0.1218	0.3718	2.6893	12.8281	1.5631
6	3.8147	0.2621	11.2588	0.0888	0.3388	2.9514	21.0352	1.8683
7	4.7684	0.2097	15.0735	0.0663	0.3163	3.1611	32.2939	2.1424
8	5.9605	0.1678	19.8419	0.0504	0.3004	3.3289	47.3674	2.3872
9	7.4506	0.1342	25.8023	0.0388	0.2888	3.4631	67.2093	2.6048
10	9.3132	0.1074	33.2529	0.0301	0.2801	3.5705	93.0116	2.7971
11	11.6415	0.0859	42.5661	0.0235	0.2735	3.6564	126.2645	2.9663
12	14.5519	0.0687	54.2077	0.0184	0.2684	3.7251	168.8306	3.1145
13	18.1899	0.0550	68.7596	0.0145	0.2645	3.7801	223.0383	3.2437
14	22.7374	0.0440	86.9495	0.0115	0.2615	3.8241	291.7979	3.3559
15	28.4217	0.0352	109.6868	0.0091	0.2591	3.8593	378.7474	3.4530
16	35.5271	0.0281	138.1085	0.0072	0.2572	3.8874	488.4342	3.5366
17	44.4089	0.0225	173.6357	0.0058	0.2558	3.9099	626.5427	3.6084
18	55.5112	0.0180	218.0446	0.0046	0.2546	3.9279	800.1784	3.6698
19	69.3889	0.0144	273.5558	0.0037	0.2537	3.9424	1018.2230	3.7222
20	86.7362	0.0115	342.9447	0.0029	0.2529	3.9539	1291.7788	3.7667
21	108.4202	0.0092	429.6809	0.0023	0.2523	3.9631	1634.7235	3.8045
22	135.5253	0.0074	538.1011	0.0019	0.2519	3.9705	2064.4043	3.8365
23	169.4066	0.0059	673.6264	0.0015	0.2515	3.9764	2602.5054	3.8634
24	211.7582	0.0047	843.0329	0.0012	0.2512	3.9811	3276.1318	3.8861
25	264.6978	0.0038	1054.7912	0.0009	0.2509	3.9849	4119.1647	3.9052
26	330.8722	0.0030	1319.4890	0.0008	0.2508	3.9879	5173.9559	3.9212
27	413.5903	0.0024	1650.3612	0.0006	0.2506	3.9903	6493.4449	3.9346
28	516.9879	0.0019	2063.9515	0.0005	0.2505	3.9923	8143.8061	3.9457
29	646.2349	0.0015	2580.9394	0.0004	0.2504	3.9938	10 207.7577	3.9551
30	807.7936	0.0012	3227.1743	0.0003	0.2503	3.9950	12 788.6971	3.9628
31	1009.742	0.0010	4034.9678	0.0002	0.2502	3.9960	16 015.8713	3.9693
32	1262.177	0.0008	5044.7098	0.0002	0.2502	3.9968	20 050.8392	3.9746
33	1577.721	0.0006	6306.8872	0.0002	0.2502	3.9975	25 095.5490	3.9791
34	1972.152	0.0005	7884.6091	0.0001	0.2501	3.9980	31 402.4362	3.9828
35	2465.190	0.0004	9856.7613	0.0001	0.2501	3.9984	39 287.0453	3.9858
36	3081.487	0.0003	12 321.9516	0.0001	0.2501	3.9987	49 143.8066	3.9883
37	3851.859	0.0003	15 403.4396	0.0001	0.2501	3.9990	61 465.7582	3.9904
38	4814.824	0.0002	19 255.2994	0.0001	0.2501	3.9992	76 869.1978	3.9921
39	6018.531	0.0002	24 070.1243	0.0000	0.2500	3.9993	96 124.4972	3.9935
40	7523.163	0.0001	30 088.6554	0.0000	0.2500	3.9995	120 194.6215	3.9947
41	9403.954	0.0001	37 611.8192	0.0000	0.2500	3.9996	150 283.2769	3.9956
42	11 754.94	0.0001	47 015.7740	0.0000	0.2500	3.9997	187 895.0961	3.9964
43	14 693.67	0.0001	58 770.7175	0.0000	0.2500	3.9997	234 910.8702	3.9971
44	18 367.09	0.0001	73 464.3969	0.0000	0.2500	3.9998	293 681.5877	3.9976
45	22 958.87	0.0000	91 831.4962	0.0000	0.2500	3.9998	367 145.9846	3.9980
46	28 698.59	0.0000	114 790.3702	0.0000	0.2500	3.9999	458 977.4808	3.9984
47	35 873.24	0.0000	143 488.9627	0.0000	0.2500	3.9999	573 767.8510	3.9987
48	44 841.55	0.0000	179 362.2034	0.0000	0.2500	3.9999	717 256.8137	3.9989
49	56 051.93	0.0000	224 203.7543	0.0000	0.2500	3.9999	896 619.0172	3.9991
50	70 064.92	0.0000	280 255.6929	0.0000	0.2500	3.9999	1 120 822.7715	3.9993

附表 15 复利系数表（i=30%）

n	$(F/P,i,n)$	$(P/F,i,n)$	$(F/A,i,n)$	$(A/F,i,n)$	$(A/P,i,n)$	$(P/A,i,n)$	$(F/G,i,n)$	$(A/G,i,n)$
1	1.3000	0.7692	1.0000	1.0000	1.3000	0.7692	0.0000	0.0000
2	1.6900	0.5917	2.3000	0.4348	0.7348	1.3609	1.0000	0.4348
3	2.1970	0.4552	3.9900	0.2506	0.5506	1.8161	3.3000	0.8271
4	2.8561	0.3501	6.1870	0.1616	0.4616	2.1662	7.2900	1.1783
5	3.7129	0.2693	9.0431	0.1106	0.4106	2.4356	13.4770	1.4903
6	4.8268	0.2072	12.7560	0.0784	0.3784	2.6427	22.5201	1.7654
7	6.2749	0.1594	17.5828	0.0569	0.3569	2.8021	35.2761	2.0063
8	8.1573	0.1226	23.8577	0.0419	0.3419	2.9247	52.8590	2.2156
9	10.6045	0.0943	32.0150	0.0312	0.3312	3.0190	76.7167	2.3963
10	13.7858	0.0725	42.6195	0.0235	0.3235	3.0915	108.7317	2.5512
11	17.9216	0.0558	56.4053	0.0177	0.3177	3.1473	151.3512	2.6833
12	23.2981	0.0429	74.3270	0.0135	0.3135	3.1903	207.7565	2.7952
13	30.2875	0.0330	97.6250	0.0102	0.3102	3.2233	282.0835	2.8895
14	39.3738	0.0254	127.9125	0.0078	0.3078	3.2487	379.7085	2.9685
15	51.1859	0.0195	167.2863	0.0060	0.3060	3.2682	507.6210	3.0344
16	66.5417	0.0150	218.4722	0.0046	0.3046	3.2832	674.9073	3.0892
17	86.5042	0.0116	285.0139	0.0035	0.3035	3.2948	893.3795	3.1345
18	112.4554	0.0089	371.5180	0.0027	0.3027	3.3037	1178.3934	3.1718
19	146.1920	0.0068	483.9734	0.0021	0.3021	3.3105	1549.9114	3.2025
20	190.0496	0.0053	630.1655	0.0016	0.3016	3.3158	2033.8849	3.2275
21	247.0645	0.0040	820.2151	0.0012	0.3012	3.3198	2664.0503	3.2480
22	321.1839	0.0031	1067.2796	0.0009	0.3009	3.3230	3484.2654	3.2646
23	417.5391	0.0024	1388.4635	0.0007	0.3007	3.3254	4551.5450	3.2781
24	542.8008	0.0018	1806.0026	0.0006	0.3006	3.3272	5940.0086	3.2890
25	705.6410	0.0014	2348.8033	0.0004	0.3004	3.3286	7746.0111	3.2979
26	917.3333	0.0011	3054.4443	0.0003	0.3003	3.3297	10 094.8145	3.3050
27	1192.533	0.0008	3971.7776	0.0003	0.3003	3.3305	13 149.2588	3.3107
28	1550.293	0.0006	5164.3109	0.0002	0.3002	3.3312	17 121.0364	3.3153
29	2015.381	0.0005	6714.6042	0.0001	0.3001	3.3317	22 285.3474	3.3189
30	2619.995	0.0004	8729.9855	0.0001	0.3001	3.3321	28 999.9516	3.3219
31	3405.994	0.0003	11 349.9811	0.0001	0.3001	3.3324	37 729.9371	3.3242
32	4427.792	0.0002	14 755.9755	0.0001	0.3001	3.3326	49 079.9182	3.3261
33	5756.130	0.0002	19 183.7681	0.0001	0.3001	3.3328	63 835.8937	3.3276
34	7482.969	0.0001	24 939.8985	0.0000	0.3000	3.3329	83 019.6618	3.3288
35	9727.860	0.0001	32 422.8681	0.0000	0.3000	3.3330	107 959.5603	3.3297
36	12 646.21	0.0001	42 150.7285	0.0000	0.3000	3.3331	140 382.4284	3.3305
37	16 440.08	0.0001	54 796.9471	0.0000	0.3000	3.3331	182 533.1569	3.3311
38	21 372.10	0.0000	71 237.0312	0.0000	0.3000	3.3332	237 330.1039	3.3316
39	27 783.74	0.0000	92 609.1405	0.0000	0.3000	3.3332	308 567.1351	3.3319
40	36 118.86	0.0000	120 392.8827	0.0000	0.3000	3.3332	401 176.2756	3.3322

附表 16　复利系数表（i=35%）

n	$(F/P,i,n)$	$(P/F,i,n)$	$(F/A,i,n)$	$(A/F,i,n)$	$(A/P,i,n)$	$(P/A,i,n)$	$(F/G,i,n)$	$(A/G,i,n)$
1	1.3500	0.740 7	1.0000	1.0000	1.3500	0.7407	0.0000	0.0000
2	1.8225	0.5487	2.3500	0.4255	0.7755	1.2894	1.0000	0.4255
3	2.4604	0.4064	4.1725	0.2397	0.5897	1.6959	3.3500	0.8029
4	3.3215	0.3011	6.6329	0.1508	0.5008	1.9969	7.5225	1.1341
5	4.4840	0.2230	9.9544	0.1005	0.4505	2.2200	14.1554	1.4220
6	6.0534	0.1652	14.4384	0.0693	0.4193	2.3852	24.1098	1.6698
7	8.1722	0.1224	20.4919	0.0488	0.3988	2.5075	38.5482	1.8811
8	11.0324	0.0906	28.6640	0.0349	0.3849	2.5982	59.0400	2.0597
9	14.8937	0.0671	39.6964	0.0252	0.3752	2.6653	87.7040	2.2094
10	20.1066	0.0497	54.5902	0.0183	0.3683	2.7150	127.4005	2.3338
11	27.1439	0.0368	74.6967	0.0134	0.3634	2.7519	181.9906	2.4364
12	36.6442	0.0273	101.8406	0.0098	0.3598	2.7792	256.6873	2.5205
13	49.4697	0.0202	138.4848	0.0072	0.3572	2.7994	358.5279	2.5889
14	66.7841	0.0150	187.9544	0.0053	0.3553	2.8144	497.0127	2.6443
15	90.1585	0.0111	254.7385	0.0039	0.3539	2.8255	684.9671	2.6889
16	121.7139	0.0082	344.8970	0.0029	0.3529	2.8337	939.7056	2.7246
17	164.3138	0.0061	466.6109	0.0021	0.3521	2.8398	1284.6025	2.7530
18	221.8236	0.0045	630.9247	0.0016	0.3516	2.8443	1751.2134	2.7756
19	299.4619	0.0033	852.7483	0.0012	0.3512	2.8476	2382.1381	2.7935
20	404.2736	0.0025	1152.2103	0.0009	0.3509	2.8501	3234.8864	2.8075

附表 17　复利系数表（i=40%）

n	$(F/P,i,n)$	$(P/F,i,n)$	$(F/A,i,n)$	$(A/F,i,n)$	$(A/P,i,n)$	$(P/A,i,n)$	$(F/G,i,n)$	$(A/G,i,n)$
1	1.4000	0.7143	1.0000	1.0000	1.4000	0.7143	0.0000	0.0000
2	1.9600	0.5102	2.4000	0.4167	0.8167	1.2245	1.0000	0.4167
3	2.7440	0.3644	4.3600	0.2294	0.6294	1.5889	3.4000	0.7798
4	3.8416	0.2603	7.1040	0.1408	0.5408	1.8492	7.7600	1.0923
5	5.3782	0.1859	10.9456	0.0914	0.4914	2.0352	14.8640	1.3580
6	7.5295	0.1328	16.3238	0.0613	0.4613	2.1680	25.8096	1.5811
7	10.5414	0.0949	23.8534	0.0419	0.4419	2.2628	42.1334	1.7664
8	14.7579	0.0678	34.3947	0.0291	0.4291	2.3306	65.9868	1.9185
9	20.6610	0.0484	49.1526	0.0203	0.4203	2.3790	100.3815	2.0422
10	28.9255	0.0346	69.8137	0.0143	0.4143	2.4136	149.5342	2.1419
11	40.4957	0.0247	98.7391	0.0101	0.4101	2.4383	219.3478	2.2215
12	56.6939	0.0176	139.2348	0.0072	0.4072	2.4559	318.0870	2.2845
13	79.3715	0.0126	195.9287	0.0051	0.4051	2.4685	457.3217	2.3341
14	111.1201	0.0090	275.3002	0.0036	0.4036	2.4775	653.2504	2.3729
15	155.5681	0.0064	386.4202	0.0026	0.4026	2.4839	928.5506	2.4030
16	217.7953	0.0046	541.9883	0.0018	0.4018	2.4885	1314.9708	2.4262
17	304.9135	0.0033	759.7837	0.0013	0.4013	2.4918	1856.9592	2.4441
18	426.8789	0.0023	1064.6971	0.0009	0.4009	2.4941	2616.7428	2.4577
19	597.6304	0.0017	1491.5760	0.0007	0.4007	2.4958	3681.4400	2.4682
20	836.6826	0.0012	2089.2064	0.0005	0.4005	2.4970	5173.0160	2.4761

附录 2

部分行业建设项目财务基准收益率测算与协调

序号	行业名称	财务基准收益率（融资前税前指标）			财务基准收益率（项目资本金税后指标）		
		专家调查结果	行业测算结果	协调结果	专家调查结果	行业测算结果	协调结果
01	**农业**						
011	种植业	8～12	6	6	8～12	—	6
012	畜牧业	10～12	7	7	12～15	—	9
013	渔业	10～12	7	7	12～14	—	8
014	农副食品加工	10～12	8	8	12～15	—	8
02	**林业**						
021	林产加工	12	11	11	11	—	11
022	森林工业	12	12.5	12	15	12.4	13
023	林纸林化	13	12	12	15	12	12
024	营造林	10	6～8	8	12	7～9	9
03	**建材**						
031	水泥制造业	12	11	11	13	12	12
032	玻璃制造业	12	13	13	13	14	14
04	**石油**						
041	陆上油田开采	13	13	13	15	—	15
042	陆上气田开采	13	12	12	15	—	15
043	国家原油存储设施	8	—		8	—	
044	长距离输油管道	12	12	12	13	—	13
045	长距离输气管道	12	12	12	13	—	13
046	海上原油开采	13	—		15	—	
05	**石化**						
051	原油加工及石油制品制造	12	12	12	13	16	13
052	初级形态的塑料及合成树脂制造	12	13	13	13	18	15

续表

序号	行业名称	财务基准收益率（融资前税前指标）			财务基准收益率（项目资本金税后指标）		
		专家调查结果	行业测算结果	协调结果	专家调查结果	行业测算结果	协调结果
053	合成纤维单（合）体制造	12	14	14	13	20	16
054	乙烯联合装置	12	12	12	13	16	15
055	纤维素纤维原料及纤维制造		15	14	—	22	16
06	**化工**						
061	氯碱及氯化物制造	13	11	11	15	12	13
062	无机化学原料制造	12	10	10	13	10	11
063	有机化学原料及中间体制造	13	11	11	15	11	12
064	化肥	10	9	9	12	8	9
065	农药	13	12	12	15	14	14
066	橡胶制品制造	12	12	12	13	12	12
067	化工新型材料	13	12	12	15	12	13
068	专用化学品制造（含精细化工）	15	13	13	15	15	15
07	**信息产业**						
071	固定通信	6	5	5	6	5	5
072	移动通信	12	9	10	13	12	12
073	邮政通信	3	2.5	3	3	—	3
074	数据与因特网通信	12	—		13	—	
075	卫星通信	12	—		13	—	
076	电子计算机制造	12	—		13	—	
077	电子器件、元件制造	15	—		18	—	
08	**电力**						
081	电源工程						
0811	火力发电	8	8	8	10	10	10
0812	天然气发电	10	9	9	12	12	12
0813	核能发电	7	7	7	7	9	9
0814	风力发电	6	9	5	6	12	8
0815	垃圾发电	7	8	5	8	10	8
0816	其他能源发电（潮汐、地热等）	8	8	5	10	—	
0817	热电站	8	8	8	10	10	10
0818	抽水蓄能电站	7	8	8	7	10	10
082	电网工程						
0821	送电工程	7	8	7	7	9	9
0822	联网工程	7	7	7	7	13	10

续表

序号	行业名称	财务基准收益率（融资前税前指标）			财务基准收益率（项目资本金税后指标）		
		专家调查结果	行业测算结果	协调结果	专家调查结果	行业测算结果	协调结果
0823	城网工程	7	7	7	7	10	10
0824	农网工程	7	6	6	7	9	9
0825	区内或省内电网工程	7	8	7	7	9	9
09	**水利**						
091	水库发电工程	8	6～8	7	10	—	
092	调水、供水工程	6	2～4	4	6	—	
10	**铁路**						
101	铁路网既有线改造	—	—	—	—	6	6
102	铁路网新线建设	—	—	—	—	2.5	3
11	**民航**						
111	大中型（干线）机场建设	7	5	5	8	4	4
112	小型（支线）机场建设	—	1	1	—	—	—
12	**煤炭**					—	
121	煤炭采选	13	—		15	—	
122	煤气生产	12	—		13	—	
13	**黑色金属**		—			—	
131	铁矿采选	13	—		15	—	
132	钢铁冶炼	12	—		13	—	
133	钢压延加工	12	—		13	—	
134	炼焦	12	—		13	—	
14	**有色金属**					—	
141	有色金属矿采选	13	—		15	—	
142	有色金属冶炼	12	—		13	—	
143	有色金属压延加工	12	—		13	—	
15	**轻工**					—	
151	卷烟制造	16	—		18	—	
152	纸浆及纸制品制造	13	—		15	—	
153	变性燃料乙醇	13	—		15	—	
154	制盐	10	—		12	—	
155	家电制造	12	—		13	—	
156	家具制造	13	—		15	—	
157	塑料制品制造	13	—		15	—	
158	日用化学品制造	13	—		15	—	
16	**纺织业**						
161	棉、化纤纺织	12	—		13	—	
162	毛、麻纺织	13	—		15	—	

续表

序号	行业名称	财务基准收益率（融资前税前指标）			财务基准收益率（项目资本金税后指标）		
		专家调查结果	行业测算结果	协调结果	专家调查结果	行业测算结果	协调结果
163	丝、绢纺织	13	—		15	—	
17	**医药**						
171	化学药品、原药制剂制造	15	—		16	—	
172	中成药制造	18	—		20	—	
173	兽用药品制造	18	—		20	—	
174	生物、生化制品制造	18	—		20	—	
175	卫生材料及医药用品制造	15	—		18	—	
18	**机械设备**						
181	金属制品	12	—		13	—	
182	通用设备制造	12	—		13	—	
183	专用设备制造	12	—		13	—	
184	汽车制造	12	—		13	—	
19	**市政**						
191	城市快速轨道	5	—		6	—	
192	供水	8	—		8	—	
193	排水	4	—		4	—	
194	燃气	8	—		10	—	
195	集中供热	8	—		10	—	
196	垃圾处理	8	—		10	—	
20	**公路与水运交通**						
201	公路建设	6	—		7		
202	独立公路桥梁、隧道	6	—		7		
203	泊位	8	—		8		
204	航道	4	—		6		
205	内河港口	8	—		8		
206	通航枢纽	4	—		6		
21	**房地产开发项目**	12	—		13	—	
22	**商业性卫生项目**	10	—		12	—	
23	**商业性教育项目**	10	—		12	—	
24	**商业性文化娱乐设施**	12	—		13	—	

附录 3

建设项目财务基准收益率取值表

国家发展改革委、住房城乡建设部关于调整部分行业建设项目财务基准收益率的通知（发改投资〔2013〕586 号）

各省、自治区、直辖市及计划单列市、新疆生产建设兵团发展改革委、住房城乡建设厅（委、局），国务院有关部门、直属机构：

根据《国家发展改革委、建设部关于印发建设项目经济评价方法与参数的通知》（发改投资〔2006〕1325 号）的有关要求，现对部分行业建设项目财务基准收益率进行调整（具体调整情况见附表），并将有关事项通知如下：

一、本次调整（包括补充测算）的行业财务基准收益率，在政府投资项目以及按政府要求进行经济评价的建设项目中采用。

二、本次未调整财务基准收益率的其他行业，继续采用 2006 年发布的建设项目行业财务基准收益率。

三、上述规定自本通知印发之日起执行。

附件：《建设项目财务基准收益率取值表》

建设项目财务基准收益率取值表

行业	子行业	融资前税前财务基准收益率/%	项目资本金税后财务基准收益率/%
农业	种植业（包括粮食、棉花、油料、蔬菜、果业生产及其种业）	7	8
	畜牧业（包括牲畜饲养、家禽饲养、畜禽良种繁育）	7.5	9.5
	渔业（包括海水养殖、淡水养殖、远洋捕捞）	8	9
	农副产品加工（包括粮油、饲料、畜禽水产品和果蔬加工）	8	9
石油	陆上油田开采		
	陆上常规油田开采	13	14
	陆上特殊油田开采	8	9
	陆上气田开采		
	陆上常规气田开采	12	13

续表

行业	子行业	融资前税前财务基准收益率/%	项目资本金税后财务基准收益率/%
石油	陆上煤层气开采	10	11
	陆上页岩气、致密气开采	8	9
	长输管道		
	长距离输原油管道	10	12
	长距离输成品油管道	10	12
	长距离输气管道	10	12
	储气库	10	12
石化	原油加工及石油制品制造	12	14
	初级形态的塑料及合成树脂制造	14	16
	合成纤维单（聚合）体制造	14	16
	乙烯联合装置	12	15
	合成橡胶	13	15
化工	氯碱及氯化物制造	11	12
	无机化学原料制造	10	11
	有机化学原料及中间体制造	11	12
	化肥	10	10
	农药	13	15
	橡胶制品制造	12	12
	化工新型材料	12	13
	专用化学品制造（含精细化工）	13	15
	现代煤化工	11	12
信息产业	固定通信	5	6
	移动通信	10	13
	数据与互联网通信	10	13
	卫星通信	6	6
电力	电网	8	8.5
水利	调水、供水工程	4	3
	水库发电工程	7	8
铁路	新建铁路	3	1
	既有铁路改造	6	3
民航机场	枢纽和干线机场	5	3
	支线机场	1	—
煤炭	煤炭开采、采选	10	11
	煤炭清洗	15	16

续表

行业	子行业	融资前税前财务基准收益率/%	项目资本金税后财务基准收益率/%
钢铁	（不含矿山）	12	14
公路	公路建设		
	政府还贷项目	4.5	4.5
	经营性项目	5.5	6
	独立公路桥梁、隧道		
	政府还贷项目	4.5	4.5
	经营性项目	5.5	6
水运	沿海港口	7	8
	内河港口	4	4
	航电枢纽	3	—
卫生	综合性医院（含设备）	1	—

附录4

部分行业项目经济评价的特点

交通运输项目包括铁路、公路、水运和民航等基础设施项目。交通运输项目一般具有下列特点：

1）交通运输项目具有前期投资大、建设周期长、网络效益强、受益主体广、外部效果显著等特点。

2）交通运输项目应以经济费用效益分析为主，有营业收入的项目还应进行财务分析。重大交通运输项目必须进行区域经济与宏观经济影响分析。

3）交通运输项目的经济效益，主要体现在改善网络结构、扩大网络运输能力而产生的正常运输量、转移运输量和诱发运输量所引起的节约运输费用、节省运输时间、减少交通事故、降低设施设备维护（养护）费用、改善运输服务质量等方面。

4）交通运输项目的财务效益为收取的道路、桥梁、港口、机场使用费或通行费等。

5）交通运输项目的区域经济或宏观经济影响效益主要体现在改善路网结构、促进资源利用开发、推动区域社会经济发展等效果。

6）交通运输项目的费用，主要包括征地拆迁安置费用、线路和枢纽建设费用、相关配套设施设备投资、项目运营费用及维护（养护）费用等。

电信项目包括固定通信、移动通信、数据通信、传输网等项目。电信项目一般具有下列特点：

1）电信项目具有普遍服务性、全程全网、外部效果显著等特点。

2）全局性的电信项目一般应进行财务分析和经济费用效益分析，涉及局部的电信项目可只进行财务分析。

3）电信项目的经济效益包括改善通信条件、提高服务质量、优化网络结构、增加服务内容、提高社会生活质量、提高社会生产效率、降低社会生产成本等。

4）电信项目的财务效益为出售电信产品和提供电信服务的收入，以及降低电信成本的效益。

5）电信项目费用包括网络建设费用、网络运行维护费用，以及其他费用。

农业项目包括农业生产、农产品加工、农田水利灌溉和畜牧业等项目，通常都是综合开发项目。农业项目一般具有下列特点：

1）农业项目具有受自然因素影响大、项目收益预见性相对较弱，风险相对较大；

项目建设周期长，建设期与生产期可能交错；双层经营管理体制、分级管理分级核算等特点。

2）农业项目的经济评价应分别对项目层和经营层进行财务分析。项目层的财务分析通过估算费用效益，判断整个项目的财务可行性；经营层的财务分析，考察单个工程财务状况和农民获得的收益和负担的费用。运行费用自给或以收益偿还贷款的项目，应进行费用平衡分析和债务清偿能力分析。无财务收益的农业项目，一般不做财务分析，只估算运行费用，必要时可做经济费用效益分析。

3）农业项目的效益包括农业产出增加、品种改良、成本节约、质量改善、防洪除涝所避免的损失、水土保持效益及其他有形收益。

4）农业项目的费用包括建筑工程费，机电设备及安装工程费，临时工程费，水库淹没处理补偿费，土地、种畜和草地改良费等，以及运营费和综合经营所发生的各项费用。

5）农业生产具有明显的季节性和时间性，投入与产出不同步，产出时间较为集中，因而流动资金的估算要根据生产运行情况确定，不能采用工业项目的方法。

教育项目包括城市和农村的基础教育、中等教育（包括师范教育和职业教育）、高等教育等项目，其中基础教育主要依靠国家和地方财政支持。教育项目一般具有下列特点：

1）教育项目具有外部效果显著、收益时间滞后、受益对象广泛等特点。

2）教育项目分为非经营性和经营性两种。经营性项目应进行财务分析，非经营性项目应以经济费用效益分析为主，主要采用费用效果分析方法和费用效益分析方法，并通过费用平衡分析评价项目的财务可持续性。

3）教育项目的内部效益一般包括提高教育系统效率、增加教育收入等；外部效益一般包括增加受教育者收入，提高社会劳动生产率、推动社会技术进步、降低犯罪率等社会得到的效益。

4）教育项目的费用包括土地、设施、设备和材料、教职工的工资、接受教育者的投入，以及维护运营费用等。

卫生保健项目包括医院、社区保健站、卫生防疫、疾病控制系统等项目。卫生保健项目一般具有下列特点：

1）卫生保健项目具有外部效果显著，效益难以用货币计量等特点。

2）卫生保健项目可以分为非经营性和经营性两种类型。经营项目应进行财务分析；非经营性项目应以经济费用效益分析为主，有条件的可以做财务生存能力分析。

3）卫生保健项目的经济效益包括降低医疗费用、提高服务效率、改善服务质量、延续社会成员平均寿命、降低患病率和死亡率、缩短患病天数等。

4）卫生保健项目的费用包括土地费用、房屋建筑费、设备设施费、卫生研究和发展费、医用材料费、医疗业务费、培训费用等。

水利项目包括防洪、治涝、灌溉、水土保持、供水、发电、航运等单个项目或综合项目。水利项目一般具有下列特点：

1）水利项目具有外部效果显著，自身财务效益不明显，建设期和运营期相对较长等特点。

2）水利项目应以经济费用效益分析为主。供水、发电、灌溉等有一定财务效益的水利项目尚应进行财务分析。防洪、治涝等公益性水利项目尚应进行费用平衡分析，以测算补贴额。综合利用水利枢纽项目应作为一个系统进行总体评价，同时对各主要功能按投资分摊结果分别进行经济评价。重大水利项目必须进行区域经济与宏观经济影响分析。

3）水利项目的效益受水文现象影响较大，应采用频率法或系列法计算多年平均效益，作为项目评价的基础。对于防洪、治涝、灌溉、供水等项目，还应计算设计年及特大洪涝年或特大干旱年的效益。

4）水利项目的经济效益，主要有减少国民经济与社会财产损失（如防洪治涝项目）、为经济社会发展提供水利水电产品、增加经济收入几个方面。水利项目的经济效益应按各功能分别计算，综合利用水利枢纽项目还应计算项目的整体效益。

5）水利项目的财务效益包括出售水利产品及提供服务所得的收入。计算财务收入采用的价格应根据政策规定，遵循补偿成本、合理收益、优质优价、公平负担的原则，并分析用户的承受能力。

6）水利项目的费用包括移民搬迁安置、土地占用、工程建设、项目运行维护费用等。

林业项目包括森林营造、林业加工、林纸一体化、保护区建设、森林旅游等项目。林业项目一般具有下列特点：

1）林业项目具有公益性、综合性、分类经营、分级管理、建设周期长、受自然影响大等特点。许多林业项目兼具公益性和盈利性。

2）林业项目应以经济费用效益分析为主。林业加工等有一定财务效益的项目，尚应进行财务分析；生态林营造等公益性项目，尚应进行费用平衡分析，以测算补贴额。重大林业项目还必须进行区域经济影响分析。

3）林业项目的经济效益包括水土保持、防风固沙、涵养水源、净化空气、改善生态环境、增加森林资源、美化自然环境等的效益。

4）林业项目的财务效益包括出售林业产品、林业加工产品及提供服务所得的收入。

5）林业项目的费用包括移民搬迁安置、土地土壤改良、造林费用、森林保护、工程建设、项目运行维护费用等。

市政公用设施项目包括给水、排水、道桥、燃气、供热、快速轨道交通、垃圾处理等单个或综合项目。市政公用设施项目一般具有下列特点：

1）市政公用设施项目具有服务公用性、自然垄断性、网络系统性、外部效果显著以及沉淀资本大、价格受管制等特点。市政项目应与城市规划相结合。

2）市政公用设施项目应按收费与否选择经济评价内容。收费项目一般要求进行财务分析和经济费用效益分析；不收费项目一般只进行经济费用效益分析，但应安排债务偿还计划及运营费用来源，进行费用平衡分析或费用效果分析。效果难以量化时应进行定性分析。

3）市政公用设施项目经济评价一般应包括处理厂（设施）与网（管、路）的综合分析，必要时厂与网也可分别进行经济评价。

4）市政公用设施项目的经济效益表现为促进城镇社会经济发展、合理利用自然资源、减少环境污染损失以及提高人民群众生活水平和生活质量。

5）市政公用设施项目的财务收入表现为提供营业收入和补贴收入。

6）市政公用设施项目的费用包括土建费用、设备购置费用、安装工程费、生产（运营）费用及其他费用。

7）市政公用设施项目的价格应根据政府政策、消费者支付意愿和承受能力，遵循补偿成本、保本微利、节约资源、公平负担的原则测算。具备条件时，可分别针对不同用户测算不同价格。

房地产开发项目一般由生地、毛地、熟地、在建工程和建成后的物业（含土地）等单个项目或综合项目组成。房地产开发项目一般具有下列特点：

1）房地产开发项目具有产品不可移动性、保值增值性、区域性、政策影响性、相互影响性、建设与经营同步性等特点，多数房地产项目还具有计算期短的特点。

2）房地产开发项目一般只进行财务分析，涉及区域开发的项目还应进行综合分析。

3）房地产开发项目的资金可来源于商品房合法预售所得款。

4）房地产开发项目分为出售型、出租型和混合型。项目的收益和成本分摊方式依据项目类型而不同。自营部分的投资可转换成项目的固定资产，出租部分的投资转换成开发成本。开发企业大量的资产以流动资产的形式存在。

5）房地产开发项目不按租售合同而按实际可能得到的财务收入估算现金流入，并依此估算经营成本。

6）房地产开发项目的效益一般为售房收入、租房收入、土地（生地或熟地）出让收入、配套设施出售（租）收入以及自营收入。

7）房地产开发项目总成本费用主要包括开发建设期间发生的开发产品成本和经营期间发生的运营费用、修理费用等。

8）房地产开发项目除缴纳流转税和所得税外，尚需缴纳土地增值税、城镇土地使用税、耕地占用税、房产税等。

部分参考答案

第 2 章

模拟自测题

三、计算题

1. 解：$F=P(1+i)^3=500\times(1+4\%)^3=562.4$(元)。

2. 解：$P=F\dfrac{1}{(1+5\%)^4}=800\times\dfrac{1}{(1+5\%)^4}=800\times0.8225=658.16$(元)。

3. 解：$F=A(F/A,i,n)=2\times(F/A,7\%,5)=2\times5.7507=11.5$(万元)。

4. 解：$A=F\dfrac{i}{(1+i)^n-1}=1500\times\dfrac{0.06}{(1+0.06)^7-1}=178.7$(万元)。

5. 解：$P=A\dfrac{(1+i)^n-1}{i(1+i)^n}=100\times7.36=736$(万元)。

6. 解：每年支付的利息为100×10%=10(元)。

$$\begin{aligned}P&=10(P/A,6\%,7)+100(P/F,6\%,4)\\&=10\times5.206+100\times0.583\\&=110.36(\text{元})\end{aligned}$$

7. 解：按照年末支付 $=100(A/P,15\%,6)=26.4$(万元)；
按照年初支付 $=100(F/P,15\%,5)+100(A/F,15\%,6)=23.0$(万元)。

第 3 章

模拟自测题

计算题

1. 应用年数总和法的计算公式计算各年的折旧费用，然后计算出各年末的账面价值。计算结果见下表。

各年折旧费和账面价值

年度	年折旧	年末账面价值	年度	年折旧	年末账面价值
1	12 000	28 000	4	4800	6400
2	9600	18 400	5	2400	4000
3	7200	11 200			

2. 按不同折旧法计算的年折旧额见下表。

不同折旧法计算的年折旧额

方法	项目	年度										合计
		1	2	3	4	5	6	7	8	9	10	
平均年限法	资产净值	5000	4520	4040	3560	3080	2600	2120	1640	1160	680	
	年折旧率/%	9.6	9.6	9.6	9.6	9.6	9.6	9.6	9.6	9.6	9.6	
	年折旧额	480	480	480	480	480	480	480	480	480	480	4800
	预计净残值											200
双倍余额法	资产净值	5000	4000	3200	2560	2048	1638	1310	1048	838	519	
	年折旧率/%	20	20	20	20	20	20	20	20	20	20	
	年折旧额	1000	800	640	512	410	328	262	210	319	319	4800
	预计净残值											200
年数总和法	资产净值	5000	4127	3342	2644	2033	1509	1073	724	462	287	
	年折旧率/%	10/55	9/55	8/55	7/55	6/55	5/55	4/55	3/55	2/55	1/55	
	年折旧额	873	785	698	611	524	436	349	262	175	87	4800
	预计净残值											200

3. $q_1 = \frac{1}{2} \times 300 \times 12\% = 18$(万元)

$$q_2 = \left(P_1 + \frac{1}{2}A_2\right) \times i = \left(318 + \frac{1}{2} \times 600\right) \times 12\%$$
$$= 74.16\text{(万元)}$$

$$q_3 = \left(P_1 + \frac{1}{2}A_3\right) \times i = \left(318 + 600 + 74.16 + \frac{1}{2} \times 400\right) \times 12\%$$
$$= 143.06\text{(万元)}$$

$$q_1 + q_2 + q_3 = 18 + 74.16 + 143.06 = 235.22\text{(万元)}$$

即建设期贷款利息总和为 235.22 万元。

4. $k_B = \frac{i(1-T)}{1-f} = 12\% \times \frac{1-25\%}{1-5\%} = 9.47\%$

5. 资金平均成本率 $= k = \sum_{t=1}^{n} \omega_i \cdot k_i$

1）发行债券资金筹集费率＝18÷2000＝0.9%；

发行债券资金成本率 $K_1 = 10.5\% \times (1-25\%) \div (1-0.9\%) = 7.95\%$。

2）发行股票资金成本率 $K_2 = 14.7\%$。

3）留用盈余资金成本率 $K_3 = 14.7\%$。

4）借贷资金成本率 $K_4 = 12\% \times (1-25\%) = 9\%$。

$$\text{资金平均成本率} = k = \sum_{i=1}^{n} \omega_i \cdot k_i = 2000 \div 8000 \times 7.95\% + 4000 \div 8000 \times 14.7\% + 1000 \div 8000 \times 14.7\% + 1000 \div 8000 \times 9\%$$
$$= 0.019\,875 + 0.0735 + 0.018\,375 + 0.011\,25 = 12.30\%$$

6. 1）全部资金均为自有资金。自有资金的利润率＝96÷600＝16％。

2）借入资金与自有资金的比例为 1∶3，借款利息率为 10％。

借入资金＝600×（1÷4）＝600×25％＝150 万元；自有资金＝600－150＝450 万元；

项目净利润＝96－150×10％＝81 万元；自有资金的利润率＝81÷450＝18％。

3）借入资金与自有资金的比例为 1∶1，借款利息率为 17％。

借入资金＝600×（1÷2）＝600×50％＝300 万元；自有资金＝600－300＝300 万元。

项目净利润＝96－300×17％＝45 万元；自有资金的利润率＝45÷300＝5％。

第 4 章

习题

1. P_t＝5.75 年，P_D＝7.3 年

2. P_t＝2.1 年

3. A：P_t＝3.33 年，P_D＝4.29 年，NPV＝88 万元

B：P_t＝4.2 年，P_D＞5 年，NPV＝－7.6 万元

4. NPV＝－415.6 万元

5. A 方案

6. $NPVR_A$＝9.26％，$NPVR_B$＝9.43％；B 方案

7. 均为 B 方案

8. B、C 方案

9. C 方案

10. 年销售收入

11. 1.125 万吨；3375 万元；75％；2600 元/吨；1800 元/吨

12. 结果表明：当其他因素不变，投资额增加超过 10.14％时；或其他因素不变，年收益降低超过 8.7％时；或其他因素不变，年支出超过 101.71％时；或其他因素不变，残值减少超过 267.70％（实际最多超过 100％）时；或其他因素不变，寿命期缩短超过 17.34％时，方案的净现值将小于零，方案变为不可接受。从不确定因素变动百分比的含义来看，百分比的绝对值越小，其对应的因素就越敏感。按此原则，本例中敏感性由强到弱的因素依次为年收益、投资额、寿命期、年支出和残值。

模拟自测题

一、填空题

1. 现值法、年值法、动态投资回收期法、内部收益率法；

2. 时间型、价值型、效率型；

3. 盈亏平衡分析、敏感性分析、风险分析

二、判断题

1. 对；2. 错；3. 对；4. 对；5. 对；6. 对；7. 错；8. 对；9. 错

三、单项选择题

1～5. DABCD；6～11. BBCDDA

四、多项选择题

1. CDE；2. ACD；3. BC；4. AC

六、计算题

1. 5.16%。2. A_2 最优。

3. 1）40%。2）31.7%和 54.1%；47.6%和 34.5%；43.7%和 36.3%

第 5 章

习题

1. 分析提示：

问题 1）可根据功能“0—4”评分结果确定功能的重要性系数。

问题 2）可根据方案得分和功能重要性系数确定功能系数；根据单方造价确定成本系数；根据功能系数和成本系数确定价值系数并选择最优方案。

问题 1)：$F_1=0.227$，$F_2=0.295$，$F_3=0.159$，$F_4=0.205$，$F_5=0.114$，总得分=44。

问题 2)：功能系数、成本系数、价值系数答案略，C 方案。

2. 分析要点。

问题 1)：考核运用价值工程进行方案评价的方法、过程和原理。

问题 2)：考核运用价值工程进行设计方案优化和工程造价控制的方法。价值工程要求方案满足必要功能的费用，清除不必要功能的费用。

1）$V_i=1.0$ 说明功能上重要性与其成本比重大体相当，是合理的，无须再进行价值分析。

2）$V_i<1.0$ 说明功能不太重要，成本比重偏高，作重点分析，寻找降低成本途径。

3）$V_i>1.0$ 这是价值工程所追求目标。如果该功能很重要，但由于成本偏低，应适当增加一点成本，以充分实现这一功能。

4）确定目标成本方法是将预计成本按功能系数大小分摊到各分项上。

根据对 A、B、C 方案进价值工程分析，B 方案价值系数最高，为最优方案。

其他项目分析。同理，按功能系数计算目标成本及成本降低幅度，计算结果见下表。

成本降低幅度

序号	功能项目	功能评价	功能系数	目前成本	成本系数	价值系数	目标成本	成本降低幅度
1	A. 桩基围护工程	11	0.117 0	1 520	0.118 6	0.986 5	1 423.89	96.11
2	B. 地下室工程	10	0.106 4	1 482	0.115 7	0.919 6	1 294.89	187.11
3	C. 主体结构工程	35	0.372 3	4 705	0.367 2	1.013 9	4 530.89	174.11
4	D. 装饰工程	38	0.404 3	5 105	0.398 5	1.014 6	4 920.33	184.67
	合计	94	1.000 0	12 812	1.000 0		12 170.00	642.00

第 6 章

习题 14 解题步骤、提示及部分答案

1）建设期贷款利息的计算。

第一、二年贷款利息分别为 50 万元、155 万元，建设期贷款利息合计 205 万元；

固定资产折旧费 363.66 万元。

无形资产摊销费 75 万元。

2）编制项目还本付息表，见下表。

各年应还本金额＝各年末未分配利润＋折旧费＋摊销费

项目还本付息表

单位：万元

序号	项目	1	2	3	4	5	6	7
1	年初借款累计	0	1050	2205	1681.92	1134.72	575.46	16.2
2	本年新增借款	1000	1000	0				
3	本年应计利息	50	155	220.5	168.19	113.47	57.55	1.62
4	本年应还本金			523.08	547.2	559.26	559.26	16.2
5	本年应还利息			220.5	168.19	113.47	57.55	1.63

编制项目损益表，见下表。

总成本费用＝经营成本＋折旧费＋摊销费＋利息支出

项目损益表

单位：万元

序号	项目	3	4	5	6	7	8	9	10
1	销售收入	3500	4500	5000	5000	5000	5000	5000	5000
2	总成本费用								
3	销售税金及附加								
4	利润总额 1－2－3								
5	所得税 4×33％								
6	税后利润 4－5								
7	盈余公积金 6×10％								
8	应付利润 6－7								
9	未分配利润 6－7－8								
	累计未分配利润								

3）编制资金来源与运用表。

项目每年借款额见下表。

资金来源与运用表

单位：万元

序号	项目	1	2	3	4	5	6	7	8	9	10
	生产负荷			0.7	0.9	1.0	1.0	1.0	1.0	1.0	1.0
1	资金来源	2579.45	2684.45	1020.83	744.99	701.83	638.66	638.66	638.66	638.66	3024.96
1.1	利润总额										
1.2	折旧费										
1.3	摊销费										
1.4	长期借款										
1.5	自有资金										
1.6	回收固定资产余值										
1.7	回收流动资金										
2	资金运用										
2.1	固定资产投资										
2.2	流动资金										
2.3	所得税										
2.4	应付利润										
2.5	借款还本										
3	盈余资金										
4	累计盈余资金										

4）编制资产负债表见下表。

计算借款偿还期。

项目资产负债表

单位：万元

序号	项目	1	2	3	4	5	6	7	8	9	10
1	资产										
1.1	流动资产总额										
1.1.1	流动资产										
1.1.2	累计盈余资金										
1.2	在建工程										
1.3	固定资产净值										
1.4	无形资产净值										
2	负债及所有者权益										
2.1	流动负债										
2.2	长期负债										
	负债小计										
2.3	所有者权益										
2.3.1	资本金										
2.3.2	累计盈余公积金										
2.3.3	累计未分配利润										
	资产负债率										
	流动比率										

该年应偿还借款额

$$借款偿还期 = 借款偿还后出现盈余借款年份 - 开始借款年份 + \frac{该年应偿还借款额}{该年可用于还款额}$$

该年可用于还款额＝该年可用于还款的利润＝折旧费＋摊销费

该年应偿还借款额＝该年应偿还本金

借款偿还期为××.××（年）

结论：该项目在××.××年内就能还清借款。还款期_（=、<或>）项目计算期，从清偿角度看，该项目是……

第 7 章

习题

1. ABCDE；2. BCD；3. AC；4. ABCDE；5. ABDE。

主要参考文献

财政部，2015. 关于进一步做好政府和社会资本合作项目示范工作的通知 . 北京 .

财政部，2019. 关于推进政府和社会资本合作规范发展的实施意见 . 北京 .

财政部办公厅，2017. 关于规范政府和社会资本合作（PPP）综合信息平台项目库管理的通知 . 北京 .

财政部政府和社会资本合作中心，2020. 关于加快加强政府和社会资本合作 PPP 项目入库和储备管理工作的通知 . 北京 .

国家发展改革委，建设部，2006. 建设项目经济评价方法与参数［M］. 3 版 . 北京：中国计划出版社.

国务院办公室，2015. 财政部、发展改革委、人民银行关于在公共服务领域推广政府和社会资本合作模式指导意见的通知 . 北京 .

黄有亮，徐向阳，2006. 工程经济学［M］. 南京：东南大学出版社 .

技术经济学编写组，2007. 技术经济学原理与实务［M］. 北京：机械工业出版社 .

贾康，孙洁，2009. 公私伙伴关系（PPP）的概念、起源、特征与功能［J］. 财政研究（10）：1-9.

李南，2013. 工程经济学［M］. 北京：科学出版社 .

刘晓君，2015. 工程经济学［M］. 3 版 . 北京：中国建筑工业出版社 .

刘亚臣，2013. 工程经济学［M］. 大连：大连理工大学出版社 .

全国监理工程师（投资）执业资格教材编写委员会，2012. 建设工程投资控制［M］. 北京：中国计划出版社 .

全国一级建造师执业资格考试用书编写委员会，2015. 建设工程经济［M］. 北京：中国建筑工业出版社 .

全国造价工程师执业资格考试培训教材编审委员会，2013. 建设工程造价管理（2013 年版）［M］. 北京：中国计划出版社 .

全国注册咨询工程师（投资）执业资格管理委员会，2012. 全国注册咨询工程师（投资）执业资格考试大纲［M］. 北京：中国计划出版社 .

全国注册咨询工程师（投资）执业资格教材编写委员会，2012. 现代咨询方法与实务［M］. 北京：中国计划出版社 .

全国注册咨询工程师（投资）执业资格教材编写委员会，2012. 项目决策分析与评价［M］. 北京：中国计划出版社 .

王力，程鸿，2015. 中国 PPP 模式现状及问题研究［J］. 现代工业经济和信息化（13）：1-5.

吴添祖，2005. 技术经济学概论［M］. 北京：高等教育出版社 .

赵彬，2003. 工程技术经济［M］. 北京：高等教育出版社 .

住房和城乡建设部组织编写，2013. 全国造价工程师执业资格考试大纲（2013 年版）［M］. 北京：中国计划出版社 .